# 社会主要矛盾转化视域下思想政治教育创新发展研究

王方　著

九州出版社　全国百佳图书出版单位
JIUZHOUPRESS

**图书在版编目（CIP）数据**

社会主要矛盾转化视域下思想政治教育创新发展研究 ／
王方著. -- 北京 ：九州出版社，2025. 3. -- ISBN 978-
7-5225-3710-8

Ⅰ. D64

中国国家版本馆CIP数据核字第2025D183D5号

社会主要矛盾转化视域下思想政治教育创新发展研究

| | |
|---|---|
| 作　　者 | 王　方　著 |
| 责任编辑 | 肖润楷 |
| 出版发行 | 九州出版社 |
| 地　　址 | 北京市西城区阜外大街甲 35 号（100037） |
| 发行电话 | (010)68992190/3/5/6 |
| 网　　址 | www.jiuzhoupress.com |
| 电子信箱 | jiuzhou@jiuzhoupress.com |
| 印　　刷 | 北京九州迅驰传媒文化有限公司 |
| 开　　本 | 720 毫米 ×1020 毫米　16 开 |
| 印　　张 | 15 |
| 字　　数 | 261 千字 |
| 版　　次 | 2025 年 7 月第 1 版 |
| 印　　次 | 2025 年 7 月第 1 次印刷 |
| 书　　号 | ISBN 978-7-5225-3710-8 |
| 定　　价 | 58.00 元 |

本书为 2021 年度天津市教委科研计划项目"新时代大学生美好生活观培育研究"（项目批准号：2021SK160）成果

# 前　言

　　中共中央、国务院印发的《关于新时代加强和改进思想政治工作的意见》中指出，"坚持守正创新，推进理念创新、手段创新、基层工作创新，使新时代思想政治工作始终保持生机活力"①。思想政治教育作为思想政治工作的理论指导和实践指引，必然要求与时俱进，深化基础理论创新，持续优化整体实践发展。

　　社会主要矛盾转化是中国特色社会主义新时代的显著标志，由人民群众日益增长的物质文化需要同落后的社会生产之间的矛盾转化为人民日益增长的美好生活需要和不平衡不充分的发展之间的矛盾。它集中体现了社会主义社会生产力、生产关系和上层建筑在新时代中国特色社会主义实践过程中的新特点，集中反映了包括经济、政治、文化等在内的社会各领域的现实问题与发展目标，规定着党领导人民群众在中国特色社会主义新时代的中心工作和主要任务，是新时代中国特色社会主义实践进程的根本动力。思想政治教育作为社会系统的重要组成部分，社会主要矛盾转化必然成为探究其新时代创新发展的首要前提；思想政治教育作为党的政治优势和优良传统，服从和服务于党的中心工作和主要任务，解决社会主要矛盾，也要求其作出时代改变。这就提出了新时代社会主要矛盾转化下思想政治教育创新发展的时代课题，即以"社会主要矛盾转化"为研究视域，以"思想政治教育"为研究论域，以"创新发展"作为研究的根本指向。

　　本书遵循"学理依据—历史寻踪—现实境遇—建构路径"的逻辑理路展开。首先厘定概念并剖析其中学理依据。"社会主要矛盾转化"和"思想政治教育创新发展"作为复合概念，两者皆为动力范畴和过程范畴的统一。具体到社会系

---

　　①　中共中央 国务院印发《关于新时代加强和改进思想政治工作的意见》[N]. 人民日报，2021-07-13(01).

1

统运行过程来看，前者是社会发展的根本推动力量，后者是不断进步的社会实践过程，两者存在着作用与反作用、协调并进的内在关联逻辑。其次，进行历史寻踪。党领导人民进行革命、建设和改革过程中，我国社会主要矛盾经历了由阶级对抗性矛盾转化为人民内部矛盾、人民内部矛盾由经济层面的供需矛盾转化为社会层面的供需矛盾。思想政治教育也随之表现出围绕阶级斗争教育开展全方位的思想改造、由阶级斗争教育发展为服务经济建设、由服务经济建设发展为实现人民美好生活的历史变迁。社会主要矛盾转化历程和思想政治教育发展历程体现了逻辑与历史的统一，为探究新时代社会主要矛盾转化下思想政治教育创新发展提供着实践依据。其三，运用辩证分析的方法观照新时代社会主要矛盾转化所形成的社会历史条件给思想政治教育提供的良好机遇和其面临的严峻挑战。社会物质文化生产丰富发展为思想政治教育奠定坚实基础的同时，发展的不平衡不充分影响着人们社会主义核心价值观的养成；人民群众美好精神生活需要拓展思想政治教育作用空间的同时，美好生活的"选择悖论"又一定程度上影响着社会主义意识形态建设；思想政治教育自身运行机制提供持续发展内生动力的同时，供给结构不完善影响着自身实效性。最后，选取结构与功能、内容与形式两对基本范畴，重点探究思想政治教育创新发展的具体建构。依据结构与功能的辩证关系，剖析新时代社会主要矛盾转化对思想政治教育结构和功能创新发展的原则要求，提出思想政治教育社会结构的关系完善、思想政治教育系统结构的体系整合、思想政治教育要素结构的整体平衡；思想政治教育功能的时代发展体现为价值引领功能、培育时代新人功能、人文关怀功能。结构优化和功能发展形成整体形态，要求新时代思想政治教育增强系统性和协同性。依据内容与形式的辩证关系，剖析新时代社会主要矛盾转化对思想政治教育内容和形式创新发展的原则要求，提出以习近平新时代中国特色社会主义思想为核心的思想教育丰富主导性教育内容，开展美好生活教育增强主题性教育内容的时代感，开展中国特色社会主义文化教育拓展社会化教育内容；思想政治教育形式创新呈现精细化、生活化和立体化。内容发展和形式创新形成有效性实践，助力解决社会主要矛盾、实现人民美好生活，增强新时代思想政治教育的实践性和实效性。

以新时代社会主要矛盾转化是思想政治教育创新发展的根本前提为研究立足点，以剖析社会主要矛盾转化与思想政治教育创新发展的理论逻辑、历史逻辑、现实逻辑为基础，以探讨新时代思想政治教育形态和实践为落脚点。相较于思想政治教育要素性发展研究来说，属于整体性发展研究，一方面是选取

"社会主要矛盾转化"这一辐射经济社会全局的研究视域具有整体性的特征，从而使"思想政治教育创新发展"体现了科学性的要求；另一方面是选取"结构与功能""内容与形式"这两对关涉思想政治教育要素系统的基本范畴具有整体性的特征，体现了思想政治教育元理论探究的意蕴。这在一定程度上为新时代思想政治教育基础理论探究和实践实效探索提供了新的观点和方法，为思想政治教育研究者和从事各领域思想政治工作人员提供了新的学科观念和工作理念。

# 目　录

# 绪　论

党的十九大报告中指出："中国特色社会主义进入新时代，我国社会主要矛盾已经转化为人民日益增长的美好生活需要和不平衡不充分的发展之间的矛盾。"① 新时代社会主要矛盾发生转化，既集中反映我国社会各领域的变化，又从根本上推动着社会各方面的发展。作为党的政治优势和优良传统，伴随着党领导人民进行社会主义革命、建设、改革过程，思想政治教育以与时俱进的样态对中国特色社会主义事业做出了卓越的贡献。为更好地推进思想政治教育适应新时代社会主要矛盾转化，也为解决社会主要矛盾、实现人民美好生活，全面建成社会主义现代化强国，更好地发挥思想政治教育实效性，需从学理层面对新时代社会主要矛盾转化下思想政治教育创新发展做出系统研究。

## 第一节　缘由与意义

新时代社会主要矛盾转化下思想政治教育创新发展研究，是基于一定的时代背景提出的时代课题，也是深化思想政治教育发展本体论的理论课题，更是中国特色社会主义现代化进程中提升思想政治教育实效性的实践课题。

### 一、研究缘由

中国特色社会主义进入新时代，最显著的标志是社会主要矛盾发生转化。思想政治教育作为党的政治优势和优良传统，无论是从理论研究还是实践活动考虑，都要求结合时代背景和时代任务，作出与时俱进的创新发展研究。

---

① 习近平 . 决胜全面建成小康社会　夺取新时代中国特色社会主义伟大胜利——在中国共产党第十九次全国代表大会上的报告 [M]. 北京：人民出版社 ,2017:11.

（一）新时代社会主要矛盾转化表征的全局性要求

社会主要矛盾是社会基本矛盾在特定社会发展阶段的集中体现，集中体现了社会生产力、生产关系、上层建筑在社会发展过程中的新特点，集中反映了社会发展的现实问题和目标要求，规定着特定社会发展阶段的中心工作和主要任务，是推动社会发展的根本动力。所以，社会主要矛盾转化是关系全局的历史性变化，形成社会实践活动新的社会历史条件。人民日益增长的美好生活需要表明，人民群众在满足基本物质文化需要的基础上开始追求更全面的、更高质量的生活需要，包括政治的、经济的、文化的、社会的、生态的，等等；不平衡不充分的发展表明，我国社会整体生产力水平不断提高，社会生产能力在很多方面已经进入世界前列，而包括不同地区、不同领域、不同行业、不同劳动者在内的整个社会生产呈现出不平衡和不充分的发展问题；人民群众需要与社会生产特点，使人们获得了更好的满足自身需要的条件、更大的提升自身发展的空间和更多的追求自身自由的时间，人们的生产方式及交往形式日益复杂化。这些体现了生产力、生产关系和上层建筑在新时代实践中的新特点，表明经济层面的供需矛盾凸显转向社会层面的供需矛盾凸显，形成了经济、政治、文化等社会各领域实践活动的时代条件，规定着党和国家着力解决好发展不平衡不充分问题，更好推动人的全面发展、社会全面进步。

从科学实践活动的属性来看，思想政治教育作为社会系统的组成部分，是作用于人的思想和行为的实践活动，反映和调整人的思想和行为，使人民群众形成符合社会发展和个人发展的思想观念、政治观点、道德规范。从思想政治教育的阶级性本质来看，它作为中国共产党的政治优势和优良传统，服从和服务于党的中心工作和主要任务，具有关乎经济工作和一切工作生命线的地位和功能。新时代社会主要矛盾转化，是关系全局的历史性变化，形成社会实践活动的时代背景，又规定着党和国家的中心工作和主要任务，所以，归根结底来说"新时代社会主要矛盾转化是思想政治教育创新发展的根本前提"。当然，思想政治教育相应的变化并不是机械的，还表现为它对社会主要矛盾的能动作用。思想政治教育依据社会主要矛盾转化反映的社会存在，调整自身的结构和功能、内容和形式，形成符合新时代社会发展和人的发展的形态和实践，积极引导人们的思想和行为，为实现党和国家的中心工作和主要任务提供思想动力和精神凝聚力，这也就为解决社会主要矛盾发挥了能动作用。所以，选取"新时代社会主要矛盾转化视域下思想政治教育创新发展研究"，是"新时代社会主要矛盾转化是关系全局的历史性变化"的现实要求，也是"新时代社会主要矛盾转化是思想政治教育创新发展的根本前提"的本体论要求。

（二）丰富思想政治教育理论的需要

理论研究既基于实践的需要又推动理论的发展。研究新时代社会主要矛盾转化下思想政治教育创新发展的具体样态，既需要依据其理论基础和实践经验做出理论分析，又需要构建新时代思想政治教育学。因此，总体上就推动了思想政治教育发展理论的丰富和提升。

目前，学术界关于思想政治教育发展研究形成了诸多研究成果，包括不同时代背景下、特定理论视域下、特定领域或教育对象的思想政治教育发展研究等。但是，同思想政治教育领域中其他研究主题相比，"发展研究"缺乏系统性和针对性，形成的理论体系相对泛化、薄弱。社会主要矛盾是社会发展的根本动力，以社会主要矛盾转化为研究视角进行的思想政治教育发展研究，相较于围绕"发展的外在影响因素"研究来说，抓住了发展研究的根本性前提。因此，依据社会矛盾动力论、社会主要矛盾转化的社会系统意义和思想政治教育地位功能论，立足中国共产党思想政治教育发展史，结合党领导人民进行革命、建设和改革进程中社会主要矛盾转化的历史考察，剖析新时代社会主要矛盾转化下思想政治教育的机遇与挑战，具体以结构与功能辩证分析方法、内容与形式辩证分析方法，探讨结构优化和功能发展形成新时代思想政治教育形态、内容发展和形式创新形成新时代思想政治教育实践，对思想政治教育基础理论、发展理论都有一定的意义。

（三）增强新时代思想政治教育实效性的需要

人类社会历史本质上是实践的，理论研究归根到底要推动实践发展。思想政治教育作为经济工作和一切工作的生命线，在社会主义实践进程中发挥着积极作用。同时，随着时代与环境的变迁，思想政治教育存在着实效性不强等问题，一定程度上面临着合法性追问和合理性质疑等困境。思想政治教育作为上层建筑的一部分，其本质是主流意识形态的主导与灌输，立足于经济基础又反作用于经济基础，增强其实效性的要求与时俱进推动其创新发展。

本研究以社会主要矛盾转化作为思想政治教育发展的根本前提，依据社会运行系统中社会主要矛盾的作用过程，认识社会主要矛盾运动过程与推动思想政治教育发展过程的关系结构、活动方式与活动效果，归纳出新时代社会主要矛盾转化下思想政治教育发展样态，包括它的存在状态和运行方式、作用过程和活动效果。这就在一定程度上对新时代思想政治教育实践活动过程有着宏观层面、整体层面的指导意义，能够增强实践活动的有效性。

## 二、研究意义

本研究拟解决以下问题：一是探索思想政治教育发展与社会主要矛盾转化的内在关系，剖析新时代社会主要矛盾转化下思想政治教育创新发展的理论逻辑、历史逻辑和现实逻辑。二是形成新时代思想政治教育创新发展理路，包括结构优化和功能拓展形成新时代思想政治教育整体性形态、内容发展和形式创新形成新时代思想政治教育有效性实践，以新时代思想政治教育的存在状态和运行方式、作用过程和活动效果，从宏观上、整体上指导新时代思想政治教育理论研究与实践活动。立足此研究目的，以期突显如下研究意义：

（一）理论意义

其一，拓展思想政治教育创新发展理论的研究视野。依据矛盾动力论对思想政治教育发展的根本动力进行学理研究，一定程度上拓展了其创新发展研究的理论视野，抓住了创新发展研究的根本性前提。社会主要矛盾转化与思想政治教育发展的内在关联体现着唯物史观逻辑、唯物辩证法逻辑，本质属于马克思主义理论视域，这一理论研究相较于围绕"发展的外在因素"研究具有根本性、前提性的意义，是思想政治教育发展的本体论研究。

其二，丰富思想政治教育基础理论研究。通过剖析新时代社会主要矛盾转化下思想政治教育创新发展的理论逻辑、历史逻辑和现实逻辑，形成创新发展理路，即新时代思想政治教育的存在状态和运行方式、作用过程和活动效果。这是对思想政治教育结构和功能、内容和形式的综合考察，包括了思想政治教育的内部要素和外部要素，以及要素间的作用关系和运行过程，是认识论和实践论的统一。相较于思想政治教育要素发展、领域发展研究来说，丰富了思想政治教育的结构论、过程论，对其发展的动力论建构也有一定的意义。

（二）实践意义

其一，探索新时代思想政治教育发展样态。运用逻辑与历史相统一的研究方法，结合中国共产党领导人民群众进行革命、建设、改革过程中社会主要矛盾转化与思想政治教育发展的历史考察，归纳总结社会主要矛盾转化是思想政治教育发展的根本前提。基于此，在新时代社会主要矛盾发生转化的社会实践中，探讨两者的具体作用过程，构建新时代思想政治教育实践体系。

其二，增强新时代思想政治教育实效性，满足人民美好生活需要。基于新时代社会主要矛盾转化下思想政治教育创新发展的理论逻辑、历史逻辑和现实逻辑，探讨思想政治教育的结构优化和功能拓展、内容发展和形式创新，从根本上回答新时代思想政治教育实践过程中目标、任务、教育者和教育对象、内容、形式、原则、方法、载体等要素的时代关系与作用过程，以系统的平衡充分发展，实现思想政治教育效果的整体性和有效性。为不断平衡和促进经济社会充分发展、实现人民美好生活凝聚思想共识、提供精神动力，助力解决社会主要矛盾并推动其进行下一阶段的转化。

# 第二节　研究现状

理论研究只有建立在已有研究基础之上，才能取得科学性和与时俱进性的成果。创新发展，从哲学角度来说，是进步性的、呈上升趋势的变化。思想政治教育遵循马克思主义的立场、观点、方法，其理论研究和实践活动都处在不断地变化发展之中。伴随着中国共产党的成立和发展，思想政治教育对中国特色社会主义事业发挥着与时俱进的推动作用，其理论也随着实践的发展而进行着深入、系统的创新发展研究，思想政治教育作为一门学科也在不断地丰富、完善和发展。综观思想政治教育领域的研究成果，创新发展研究形成了较为丰富的内容。对已有研究成果的梳理与分析，能够为本研究奠定学理基础、为本研究的重点提供方向指导。

新时代社会主要矛盾转化下思想政治教育创新发展研究，研究论域是新时代社会主要矛盾转化，研究主题是思想政治教育，研究归旨是思想政治教育发展。基于此，以"思想政治教育发展"为主题进行文献检索，梳理其研究的整体概况；以"社会主要矛盾与思想政治教育"为主题进行文献检索，梳理社会主要矛盾视域下有关思想政治教育研究的状况；以"新时代思想政治教育"为主题进行文献检索，梳理中国特色社会主义新时代形势下思想政治教育的相关研究。

## 一、思想政治教育发展研究综述

以"思想政治教育发展"为主题进行文献检索，有丰富的研究成果，包括专著、文章和报告等。思想政治教育发展内涵研究集中于将其理解为思想政治教育现代化；领域思想政治教育发展研究成果主要集中于高校和大学生思想政治教育发展，形成数量颇丰的专著；特定理论视域下、时代背景下的思想政治教育发展研究成果也较丰富，此方面研究成果体现了思想政治教育发展是一个动态的、多角度的综合研究；还有关于思想政治教育要素发展研究，也形成了较显著的成果；结合具有标志性年份来进行思想政治教育发展的历史回顾、经验总结和未来展望的研究内容也相当可观。这些类别研究中内容有重叠和交叉，下面就基于此做具体的、归纳性的文献内容分析。

（一）思想政治教育发展的宏观研究

宏观研究，是指关于思想政治教育发展的内涵、特点、趋势、历程、经验、展望等宏观性研究。这些研究既有纯理论研究，也有结合时代特点总结发展趋势的研究，还有结合特定年份特定事件做历史考察、经验总结和未来展望。

首先，思想政治教育发展的内涵研究。内涵，是确定研究内容的本体论问题。在已有研究中，有对思想政治教育发展做内涵界定的，但是大多数研究中并没有对思想政治教育发展内涵做出解释，而直接以不言自明的态度来使用"发展"一词表示"思想政治教育变化"。其一，发展即思想政治教育现代化。郑永廷从哲学角度认为传统思想政治教育各方面适应并促进现代社会发展和人的发展需要，实现思想政治教育现代化，这一过程即发展。[①]张耀灿等认为思想政治教育发展的本质是思想政治教育现代化的问题。[②]其二，发展即思想政治教育现代转型。持这种观点的论者将"转型"作为思想政治教育发展的关键环节，认为传统向现代转变的过程就是发展。[③]学界关于此方面的研究越来越丰富、系统，其中以孙其昂团队为代表，认为"思想政治教育现代转型是指从传统思想政治教育形态向现代思想政治教育形态的转变"[④]，同时指出，之所以称"转型"，是指形态的转变，而"发展"是研究用语，"发展是一个普遍在使用的用语，也是思想政治教育理论研究中使用较多的用语"[⑤]。其三，将发展理解为进步的、上升的变化，在研究中没有专门解释思想政治教育发展的内涵，直接论述其变化发展的表现。

其次，思想政治教育发展的全面性研究，包括发展的依据、特点、表现等，具有纲要性意义。郑永廷认为思想政治教育发展是受社会发展实践和社会发展理论推动和指导的，包括和平与发展的理论与实践、改革开放的理论与实践、可持续发展理论与实践、人才资源开发的理论与实践。[⑥]这一观点也体现在相关论者的研究内容中，比如人民美好生活需要的理论与实践下思想政治教育发

---

① 郑永廷.思想政治教育发展的哲学思考 [J].社会主义研究,2001(05):31-34.

② 张耀灿,郑永廷,吴潜涛,等.现代思想政治教育学 [M].北京:人民出版社,2006:60.

③ 陈清.转型:思想政治教育发展的重要环节——思想政治教育现代转型研究述评 [J].湖北社会科学,2018(11):178-183.

④ 孙其昂.思想政治教育现代转型研究 [M].北京:学习出版社,2015:30.

⑤ 孙其昂.思想政治教育现代转型研究 [M].北京:学习出版社,2015:29.

⑥ 郑永廷.思想政治教育发展的哲学思考 [J].社会主义研究,2001(05):31-34.

展研究①，这些为社会发展和人的发展提供的实践基础、指导社会发展和人的发展的现代理论，都是认识和实现思想政治教育发展的理论与实践依据。发展的特点，包括思想政治教育内涵发展、外延发展、各要素的发展。内涵发展即本质属性和功能属性的发展；外延发展即作用的时空范围扩大，思想政治教育向宏观领域的发展、未来领域和微观领域的拓展。②各要素的发展，既包括思想政治教育本质发展、观念发展、目的发展，也包括领域发展、功能发展，还包括内容、模式、方法、载体等方面的发展。③有论者运用系统论的方法认为思想政治教育发展包括要素、结构、功能的发展。④孙其昂认为思想政治教育正在发生着整体性发展，知识形态向科学知识发展、思维方式向系统思维发展、职能向合理定位发展、中心任务向为人服务与为社会服务统一发展、核心内容向中国特色社会主义教育发展、活动方式向多种方式并用发展、体制向多元整合发展、在党的领导下实现更好发展。⑤

最后，思想政治教育发展趋势研究。发展趋势是理论与实践发展的现实预测和方向指引。张耀灿等编著的《现代思想政治教育学》中，将思想政治教育发展趋势归纳为特色化、现代化、社会化、规范化、国际化。⑥平章起等编著的《思想政治教育基本理论问题研究》中最后一编"发展论"中提出了思想政治教育的科学化、现代化、国际化发展趋势。⑦此方面研究还集中于回顾和总结思想政治教育发展历程和历史经验，结合时代要求和社会发展理论提出其发展新向度、发展新特征。依托里程碑事件，选择具有重要纪念意义的年份，比如改革开放四十周年、建党九十周年、新中国成立七十周年，回顾思想政治教育发展历程、总结历史经验、展望未来发展趋势。这一研究是将"发展"理解为理论和实践不断变化的过程。余双好在研究中称，改革开放实践过程中，思想政治教育围绕中心工作实现了科学化、制度化和常态化，积累了领域拓展、载体创新、方法多样的历史经验；未来发展在改革开放以来的实践基础上，将在理念上、教育内容上、队伍建设上、学科建设上、科学研究上实现新的调整，推进

---

① 宋芳明,余玉花.人民美好生活视域下思想政治教育发展的新任务[J].思想理论教育,2018(02):44-49.

② 郑永廷.论思想政治教育外延与内涵拓展[J].华南理工大学学报,2001(01):11-16.

③ 郑永廷.思想政治教育发展的哲学思考[J].社会主义研究,2001(05):31-34.

④ 杨威.思想政治教育发展的系统分析[J].思想理论教育,2008(01):48-52.

⑤ 孙其昂.思想政治教育发展的多维探析[J].马克思主义研究,2008(11):92-96.

⑥ 张耀灿,郑永廷,吴潜涛,等.现代思想政治教育学[M].北京:人民出版社,2006.

⑦ 平章起,梁禹祥.思想政治教育基本理论问题研究[M].天津:南开大学出版社,2010.

思想政治教育科学发展。①也有论者只做历史回顾和经验总结，如改革开放以来我国思想政治教育经历了恢复和重建阶段、规范化发展阶段、创新和加速发展阶段②；建党九十年以来，思想政治教育从传统向现代发展转变、从显性教育为主到显性教育与隐性教育整合、从运动式向规范化发展、从经验到科学、学科的发展③。基于历史回顾和经验总结，梳理不足之处，论者结合中国特色社会主义进程中呈现的时代特点，提出与时俱进的发展态势，使其更加凸显作为中国特色、中国风格的理论工具的地位和功能。如实现思想政治教育从重工具价值到既重工具价值更重目的价值的整合发展、以传承中华文化提升思想政治教育文化内涵和精神底蕴、不断实现领域拓展和载体创新。④

（二）思想政治教育发展的研究视域

研究视域，是突出发展研究的局域性、针对性。从分析已有研究成果可将思想政治教育的研究视域分为党的理论创新视域、特定时代背景、经典理论、现代社会发展理论视域等。

首先，党的理论创新视域下思想政治教育发展研究。这一研究内容是基于马克思主义中国化理论成果指导下思想政治教育该作何发展。作为中国共产党的实践产物，伴随着党的成立、发展而形成、发展，党的理论创新必然要求思想政治教育以最新理论成果武装群众、宣传群众、服务群众。马克思主义作为中国特色社会主义的指导思想，结合中国特色社会主义实践的发展形成了丰富的马克思主义中国化理论成果。每一时期最新理论成果的形成都要求思想政治教育以其为理论武装，并以此为理论指导作出理论与实践的发展。有论者研究科学发展观对思想政治教育改革与发展的指导意义，用科学发展观的内容指导思想政治教育的根本宗旨、根本目标、重要原则作出调整；⑤有论者通过探究价值观的层次总结社会主义核心价值观视域下思想政治教育发展样态；⑥房正认为党的创新理论是思想政治教育发展的根本指导，用党的创新理论指导是最能体

①　佘双好.改革开放以来思想政治教育的基本经验及发展趋势[J].思想理论教育,2009(01):25-31.
②　郑敬斌,王立仁.改革开放以来思想政治教育发展的历史回顾与思考[J].兰州学刊,2011(06):155-159.
③　刘基,闫立超.建党九十年以来思想政治教育发展的特征与基本经验[J].学术论坛,2011(12):49-53.
④　徐国亮,王景仪.新时期思想政治教育发展特点研究[J].理论学刊,2011(04):89-92.
⑤　郑永廷.以科学发展观为指导推进思想政治教育的改革与发展[J].思想·理论·教育,2004(04):3-6.
⑥　佘双好.价值观的层次性与思想政治教育发展与变革[J].探索,2015(02):160-163.

现思想政治教育政治性的关键环节。①

　　其次，时代背景视域下思想政治教育发展研究。思想政治教育发展的动力来源于内在运行和时空境遇的合力，其发展具有极强的现实根据。时代图景下思想政治教育发展研究致力于回答社会大环境下思想政治教育发展的时代样态。有论者专注"国际化与思想政治教育创新发展研究"课题研究，总结出国际化进程中发展样态呈"比较思想政治教育，思想政治教育文化样态、社会化样态、人本化样态"。②秦在东研究中国话语形态下的思想政治教育发展战略，着力于构建 21 世纪中国话语形态的思想政治教育学理论；③也有论者专门探讨思想政治教育发展的中国语境及其逻辑，提出发展的历史语境与运行逻辑、文化语境与价值逻辑、国情语境与现实逻辑。④还有关于网络信息社会下思想政治教育发展研究。互联网信息技术日新月异，无人不网、无日不网，思想政治教育的传播途径、话语方式等实践的要求使这一视域下的成果更加丰富。有对信息社会条件下思想政治教育发展做宏观研究的，内容包括信息社会作为其发展的现实场域的分析，信息社会条件下其发展的现实挑战、创新发展的表现。⑤也有论者依据网络信息技术的更新换代，选取最新信息技术所营造的环境，聚焦于发展的策略研究，如探讨新时代大数据思想政治教育创新发展研究⑥。

　　最后，社会发展理论视域下思想政治教育发展研究。社会发展理论包括经典理论和现代社会发展理论。前者的研究视域是运用马克思主义理论结合社会发展过程中的现实问题，探讨思想政治教育发展进路。马克思主义理论作为思想政治教育的理论基础，为其理论研究和实践活动提供根本理论指导。社会发展过程中所出现的问题可以追根溯源至马克思主义经典理论，它能够为解决实际问题提供根本的思路和方法。有论者依据马克思社会有机体论研究思想政治教育发展路径，提出以人为本的、系统育人的、与时俱进的思想政治教育。⑦现代社会发展理论研究视域更能体现其发展的社会整体性和与时俱进性，有助

　　① 房正.党的理论创新与思想政治教育发展年度研究述评[J].思想教育研究,2018(02):27-31.
　　② 元林.国际化进程中思想政治教育发展样态研究[J].思想教育研究,2013(04):13-16.
　　③ 秦在东.中国话语形态下的思想政治教育发展战略[J].学校党建与思想教育,2014(12):25-26.
　　④ 王宝鑫.思想政治教育发展的中国语境及其逻辑[J].东北师大学报,2019(01):130-135.
　　⑤ 王学俭,顾超.信息社会条件下思想政治教育发展研究[J].安徽师范大学学报,2018(03):13-18.
　　⑥ 徐徐.新时代大数据思想政治教育创新发展研究[J].学校党建与思想教育,2018(11):77-79.
　　⑦ 江晓萍.马克思社会有机体理论指导下思想政治教育发展路径研究[J].广西社会科学,2014(07):197-200.

于丰富思想政治教育理论体系、提升思想政治教育有效性。现代社会发展理论是指随着社会发展进程所形成的能够反映和指引现代社会发展的科学理论，思想政治教育作为社会实践的组成部分，借助这些理论指导能够取得有效的发展。邱柏生借用生态学研究提出了思想政治教育生态学，学界论者运用此理论进行思想政治教育发展的社会生态分析，明确新的社会生态强化了其人民性本质、技术进步提出教育主客体的信息对称问题、思想政治教育要研究政党、政府与社会的关系问题、理论与实践的协调问题。①随着人文关怀、人文教育的推进，有论者将人文关怀作为发展的重要维度，要求思想政治教育注重人文关怀的时代价值和实践路径；②有论者进行现代人文教育推进思想政治教育发展的研究，引进人文教育拓展其内容、方法。③

（三）思想政治教育要素发展研究

从其理论与实践来看，思想政治教育基本要素有：目标、功能、教育者、受教育者、内容、方法、载体、话语、环境、机制、管理等。思想政治教育要素发展研究，即针对某一要素发展所做的微观研究。

根据已有研究成果来看，思想政治教育要素发展的研究涉及发展动力研究、功能发展研究、方法发展研究、话语发展研究、内容发展研究等。其一，发展动力研究。廖志诚从宏观层面即思想政治教育所处的社会结构、中观层面即现代思想政治教育的基本组织形式、微观层面即教育者和受教育者三个层面构建思想政治教育发展动力系统，④并著有《思想政治教育创新动力论》一书，认为"创新是思想政治教育的生命线"，对创新动力不足的表现及其影响、成因进行分析，在梳理创新动力观的发展脉络基础上构建思想政治教育创新动力系统。⑤冯刚认为探索思想政治教育的创新发展，必须回归到它的活动本身，从中国改革开放的伟大实践中、从青年学生成长需求中、从思想政治教育内在规律中寻找其前进发展的内生动力。在他所著的《探索思想政治教育发展的内生动力》一书中，提出内生动力包括创新思想政治教育体制机制、优化供给结构、增强文化蕴涵、借助多学科理论和方法。⑥其二，功能发展研究。张耀灿等学者认为

① 蔡志强.思想政治教育生态与思想政治教育发展[J].福建师范大学学报,2006(03):15-22.
② 孙瑛辉.人文关怀：思想政治教育发展的重要维度[J].东北师大学报(哲学社会科学版),2015(02):160-163.
③ 蒋平.人文教育对思想政治教育发展的作用探析[J].湖北社会科学,2010(10):192-195.
④ 廖志诚.论思想政治教育发展动力系统的构成[J].马克思主义与现实,2009(06):194-106.
⑤ 廖志诚.思想政治教育创新动力论[M].北京：社会科学文献出版社,2014.
⑥ 冯刚.探索思想政治教育发展的内生动力[M].北京：人民出版社,2017.

由思想政治教育结构发展决定的思想政治教育功能，由复制功能向超越功能发展、由单一功能向多样功能发展、由传承功能向创新功能发展。① 其三，方法发展研究。郑永廷围绕方法论研究课题，对思想政治教育方法发展做了系列研究，提出将古代德治德教方法和党在过去革命与建设时期的思想政治教育方法与现代思想政治教育方法相结合。② 万美容对思想政治教育方法发展理论基础、逻辑起点等作出方法论体系研究。③ 董娅对当代思想政治教育方法发展的研究价值、历史起点、坚实基础、指导思想等作出系列研究；④ 邹绍清围绕当代思想政治教育方法理论及实践中所凸显的问题对方法论发展进行全面考察；⑤ 其四，话语发展研究。随着思想政治教育话语体系在学术界受到广泛关注，论者形成了话语转换发展研究、网络思想政治教育话语发展研究、话语权发展研究。⑥ 其五，内容发展研究。有论者做了关于中国共产党思想政治教育内容体系发展研究，全面探析其形成与发展的基础、发展脉络与特点、内容体系的理论构建与要素结构。⑦ 还有学科发展研究，学界专家在学科成立周年纪念会上对此主题探讨较多，包括学科发展历程梳理、经验总结、未来展望等。

（四）领域思想政治教育发展研究

"领域"，即针对不同对象进行思想政治教育所形成的作用领域，包括党内、学校、军队、农村、社区、企业思想政治教育等。自思想政治教育诞生以来，以军队思想政治工作、党内思想教育为开端，发展至人民群众的宣传动员，再到系统的学校思想政治教育。实践在各领域一直开展着，而理论研究则存在着领域的不平衡，党内、学校、军队思想政治教育是学界研究的焦点领域，其他领域的研究相对不足。反映到思想政治教育发展研究上来，同样存在领域不平衡的现象，研究成果以学校、大学生思想政治教育发展研究最为丰富。

从国家图书馆书目收录检索情况来看，最早以"高校思想政治教育发展研究"为题名的专著是 2006 年出版的傅进军的《高校思想政治教育的创新与发展研究》，以收录 57 篇论文的形式探讨了党建理论与思想政治教育、学生管理与

---

① 张耀灿，郑永廷，吴潜涛，等 . 现代思想政治教育学 [M]. 北京：人民出版社，2006:90-95.
② 郑永廷，孟源北 . 论思想政治教育传统方法与现代手段的结合 [J]. 高校理论战线，2010(10):34-38.
③ 万美容 . 思想政治教育方法发展研究 [M] 北京：中国社会科学出版社，2007.
④ 董娅 . 当代思想政治教育方法发展新论 [M]. 北京：中国社会科学出版社，2012.
⑤ 邹绍清 . 当代思想政治教育方法论发展研究 [M]. 北京：人民出版社，2013.
⑥ 邱仁富 . 思想政治教育话语研究：现状、问题与发展 [J]. 思想理论教育，2014(09):37-43.
⑦ 周湘莲 . 中国共产党思想政治教育内容体系的发展与构建 [M]. 长沙：中南大学出版社，2016.

思想政治工作、素质教育与教育教学改革、高校管理与队伍建设等诸多问题①。之后关于高校思想政治教育发展研究的专著呈高速增长态势。期刊学术论文关于此研究更为丰富。从研究成果来看，研究内容将高校思想政治教育发展作为研究整体，以大学生为主要对象，涉及的方面如上述宏观思想政治教育发展研究一样，包括整体性研究、形态发展研究、要素发展研究、不同视域下的发展研究。

首先，高校思想政治教育发展的整体性研究。以沈壮海为项目负责人的团队所进行的"中国大学生思想政治教育发展报告"持续对大学生思想政治教育发展做年度报告，采用抽样调查、相关文献选编的形式，从高校思想政治理论课、日常思想政治教育维度，客观分析大学生思想政治教育引导状况及成效。关于高校思想政治教育发展整体性研究的专著类，呈年度增长的特征。冯刚探讨了在新时期加强和改进高校思想政治教育要着力解决的理论创新、把社会主义核心价值体系融入其全过程、建立健全长效机制促进其科学发展等问题。②他还以改革开放40周年为契机在著作中论述改革开放40年高校思想政治教育发展历程、主要成就、基本经验、发展展望。③王鑫对新时期大学生思想政治教育的理念、本质与任务、内容、原则、方法与路径做了系统研究。④郭文娟从基础巩固、进阶提高、创新实践三个维度做了当代大学生思想政治教育的现状与历史追溯、管理概述、创新的思路与必要性、载体等要素创新。⑤荆秀芳等从高校思想政治教育的基本理论和现状出发，阐述了新时期它的定位与取向、原则与方法、任务与功能，着重分析了它的核心理论，提出了高校思想政治教育的发展理论。⑥王晖慧等对中国特色社会主义新时代环境下大学生思想政治教育现状、理论基础、方法、主客体，以及新媒体与大学生思想政治教育、中国传统文化与大学生思想政治教育、队伍管理、评估等做了系统研究。⑦这些专著依据时代发展特点和大学生成长成才特点，对高校思想政治教育发展做整体性分析，涉及各个要素方面。

---

① 傅进军.高校思想政治教育的创新与发展研究[M].杭州:浙江科学技术出版社,2006.
② 冯刚.高校思想政治教育创新发展研究[M].北京:中国人民大学出版社,2009.
③ 冯刚.改革开放以来高校思想政治教育发展史[M].北京:人民出版社,2018.
④ 王鑫.新时期大学生思想政治教育理论与实践发展研究[M].北京:中国时代经济出版社,2013.
⑤ 郭文娟.当代大学生思想政治教育创新发展研究[M].北京:现代教育出版社,2015.
⑥ 荆秀芳,赵明,王珊.高校思想政治教育理论与发展研究[M].北京:现代教育出版社,2016.
⑦ 王晖慧,李伟斯,李萌杰.新时代大学生思想政治教育探索[M].长春:吉林大学出版社,2018.

其次，高校思想政治教育发展研究视域。作为重要对象之一，青年学生又处在价值观形塑的关键时期，其是高校研究的焦点领域。研究视域有理论视域、时空境遇。理论视域，包括以马克思主义人的全面发展理论为指导，确立大学生思想政治教育的目的和归宿是不断促进大学生全面发展进步；① 哲学解释学对话理论指导下有效改变高校思想政治教育对话存在着的种种"失真"现象，重构高校思想政治教育对话意识；② 新发展理念对高校思想政治教育发展起着的引领方向、凝聚力量、建构机制、拓展视野、明确指向作用；③ 等等。时空境遇下高校思想政治教育发展研究，指时代背景、社会空间变化形成的境遇，包括现代化视域下、国际化视域下、中国梦背景下、人类命运共同体视阈下等，网络信息技术日新月异所形成的新的传播途径和传播空间，这方面研究所形成的成果有很强的更迭性，有新媒体环境、"互联网＋"时代、大数据时代，等等，高校思想政治教育过程中所要求和所呈现出的创新发展。还有依据理论视域、时空境遇变换探讨高校思想政治教育发展趋势，有论者在常态化理论指导下总结大学生思想政治教育常态化与非常态化发展的历史与经验教训，提出构建其常态化发展目标；④ 还有结合多元化理论分析全球化背景下高校思想政治教育观念、内容、原则与方法等方面的创新思路，推进其多元化发展；⑤ 有论者围绕高校思想政治教育的生态化发展价值，探究高校思想政治教育环境优化，构建生态观教育，推进其生态化发展。⑥

最后，高校思想政治教育要素发展研究。有以分析大学生思想政治教育路径的契机艺术、模式构建，探索路径发展。⑦ 也有从大学生思想政治教育载体的基本理论入手，重点阐述推进其载体创新的途径和措施，尤其对课堂教学、校园文化、管理服务、校园传媒、社会实践等载体做出了深入思考。⑧ 还有关于高校思想政治教育目标发展研究，有论者提出"应当促进目标总体指向一致性

① 卜建华,胡玉宁,王群林.马克思主义人的全面发展理论与大学生思想政治教育创新研究 [M].南昌：江西人民出版社,2016.

② 蒋平.哲学解释学对话理论对高校思想政治教育发展的启示 [J].湖北社会科学,2012(03):195-198.

③ 任瑞姣.以新发展理念引领高校思想政治教育发展 [J].教育探索,2017(04):70-74.

④ 季惠斌.大学生思想政治教育常态化发展研究 [M].沈阳：辽宁人民出版社,2018.

⑤ 汤雪峰.高校思想政治教育多元化发展 [M].长春：吉林大学出版社,2016.

⑥ 赵宏文,曾辰,王更芳.高校思想政治教育及其生态化发展探究 [M].北京：光明日报出版社,2015.

⑦ 高涵.大学生思想政治教育路径探索与创新发展研究 [M] 长春：吉林大学出版社,2016.

⑧ 张勘.大学生思想政治教育载体的发展与创新 [M].长沙：湖南科学技术出版社,2011.

和具体内涵创新性相统一，观照党的意识形态理论创新、国家人才培养规格和经济社会环境变化等核心点位"[1]，构建目标体系。高校思想政治教育内容发展研究，围绕时代发展特点丰富教育内容，如注入生态道德教育[2]。冯刚还做了高校思想政治教育管理发展研究，回顾了改革开放以来它经历的发展阶段，提出进入新时代以来更加侧重坚定的政治方向、规范的体制机制、科学的质量保障，其内涵是追求更高质量的高等教育，培养符合时代需要的一流人才。[3]

## 二、新时代思想政治教育发展研究综述

中国特色社会主义进入了新时代，新时代具有特定的时空定位。"新时代的时间定位是一个发展的过程，是党的十八大以来以习近平同志为核心的党中央领导全党全国各族人民奋力开创中国特色社会主义新局面的发展过程中逐步形成的。"[4]"新时代的空间定位，特指中国特色社会主义进入了新阶段。"[5]随着新时代这一重大战略判断的提出，社会各领域关于新的社会历史条件下的发展研究相继推出，思想政治教育发展研究也不例外，形成了系列研究成果，并呈上升趋势。通过梳理相关文献，可将新时代思想政治教育发展研究归纳为以下几个方面。

（一）新时代思想政治教育发展的基本遵循

其一，时代遵循与历史使命。新时代思想政治教育发展，首先要明确其发展所处的时空环境和时代要求，依据时空环境和时代要求提出自身发展的时代遵循和时代任务。此相关研究论者主要依据中国特色社会主义新时代的科学内涵、中国共产党的历史使命来谈新时代思想政治教育发展的时代遵循。李辉认为思想政治教育要因事而化、因时而进、因势而新，离不开对新时代的理解和把握，从中华民族伟大复兴的历史趋势、科学社会主义历史发展进程、现代化进程来理解新时代的时间概念和空间判断，明确思想政治教育的定位和发展视

---

① 申雪寒，李忠军.论新时期大学生思想政治教育目标的内涵发展与体系构建 [J].湖北社会科学 ,2014(05):181.

② 袁雄，刘爱军.生态道德教育与当代大学生思想政治教育内容的新发展 [J].继续教育研究 ,2017(03),43-45.

③ 冯刚，严帅.改革开放 40 年高校思想政治教育管理的发展历程 [J].2019(01):10-22.

④ 包心鉴.新时代的科学内涵与新思想的鲜明特质 [J].当代世界与社会主义 ,2018(01):20.

⑤ 包心鉴.新时代的科学内涵与新思想的鲜明特质 [J].当代世界与社会主义 ,2018(01):20.

野。① 张澍军认为社会主要矛盾的历史性变化是思想政治教育发展的新起点②，张毅翔在其研究中指出新时代社会主要矛盾的变化是思想政治教育发展的深层根源③。依据时代遵循和党的时代实践，论者也集中提出了新时代思想政治教育的历史使命，即发展目标、发展任务。相关论者对新时代思想政治教育发展目标的论断有微观和宏观之别。李辉将思想政治教育功能定位为培养有理想、有本领、有担当的时代新人。④ 张毅翔在其研究中指出，新时代思想政治教育的新使命是围绕新时代中国特色社会主义建设的总目标总任务，用习近平新时代中国特色社会主义思想凝聚共识、汇聚力量，保障和推进社会主义现代化强国和中华民族伟大复兴的早日实现。⑤ 刘宏达认为思想政治教育在新的历史方位上要明确自身的历史使命，即以加强全社会的理想信念为目标引领、以大力提高人民的思想道德素质为任务驱动、以增强人民的"四个自信"为责任担当。⑥ 骆郁廷依据新的历史起点和历史方位澄清了思想政治教育"立德树人的铸魂工程""实践发展的中心环节""治党治国的政治优势"三位一体的战略定位。⑦ 王学俭指出要推动新时代思想政治教育充分发挥思想引领、理论导向、价值塑造、精神激励、政治保障等方面作用，为中国式现代化提供更强大的思想政治保障。⑧

其二，思想遵循与理论遵循。新时代思想政治教育发展理应以习近平新时代中国特色社会主义思想为理论遵循。有论者在总结改革开放 40 年思想政治教育发展进步的经验启示中指出："新时代要继续坚持马克思主义作为理论基础和指导思想地位不动摇，为思想政治教育的发展提供强大理论支撑和正确思想指引。"⑨ 骆郁廷在指出创新发展的思想遵循中，还认为"八个明确"的丰富内涵和

① 李辉．新时代与思想政治教育新定位 [J]．马克思主义理论学科研究，2018(04):126-138.

② 张凯，张澍军．新起点新定位新征程：迈向新时代的思想政治教育建设之路 [J]．思想教育研究，2018(04):13-17.

③ 张毅翔，刘钟基．新时代思想政治教育发展的实践逻辑及其建构 [J]．学校党建与思想教育，2018(03):22-25.

④ 李辉．新时代与思想政治教育新定位 [J]．马克思主义理论学科研究，2018(04):126-138.

⑤ 张毅翔．新时代思想政治教育的新使命和新要求 [J]．思想教育研究，2017(11):19-23.

⑥ 刘宏达．新时代思想政治教育的历史使命、理论基础与实践要求 [J]．学校党建与思想教育，2017(12):10-15.

⑦ 骆郁廷，轩宣．论思想政治教育的战略定位 [J]．马克思主义理论学科研究，2024(10):118-127.

⑧ 王学俭，赵文瑞．论新时代思想政治教育与中国式现代化 [J]．思想理论教育，2023(04):61.

⑨ 卢忠萍，程雄飞，王先亮．论改革开放 40 年思想政治教育的"变"与"不变"[J] 思想理论教育导刊，2019(05):123.

"十四条基本方略"为新时代思想政治教育创新发展指明了维度指向，也提供了具体思路。① 黄蓉生在新时代思想政治教育学科创新发展的思考中也指出应有清醒的理论自觉，新时代条件下思想政治教育工作者高度重视用习近平新时代中国特色社会主义思想指导思想政治教育学科践行时代使命。② 还有论者基于习近平关于思想政治工作的重要论述做新时代思想政治教育发展思想遵循的微观研究。张澍军等人认为，习近平新时代中国特色社会主义思想政治教育观以凝聚和巩固共同理想信念为逻辑主线，以全过程、全覆盖、以人民为中心的理念和方法为逻辑支点，形成了具有重大指导意义的思想政治教育理论逻辑系统。③ 李辉等人在其研究中将习近平关于思想政治工作提出的一系列新理念、新思路和新战略，归纳为指导新时代思想政治教育发展的思想论纲。④ 刘建军将"只能加强、不能削弱"的原则、"高举旗帜、引领导向"的原则、"重点人群、关键少数"的原则等习近平对思想政治工作原则的创新发展作为新时代思想政治工作的十大原则。⑤

其三，发展趋势与实现路径。新时代思想政治教育发展研究还处于起步阶段，相较于其时代遵循、思想遵循的研究成果来说，研究其发展趋势所形成的成果相对较少，而实现路径所呈现的研究成果则相对较多。关于新时代思想政治教育发展趋势整体指向"高质量发展"，刘建军认为"高质量"在于实现"扩大再生产"，关注发展的规模和数量，更注重发展的质量和效益；⑥ 沈壮海提出"以创新、协同、精准、开放、高效为关键词，进一步强化党的领导、人民中心、问题导向"展现其回应现实、应对挑战的高质量解题能力。⑦ 具体的发展趋势，顾红亮认为党的十八大以来思想政治教育领域呈现着数字化、跨界化、国际化、赋能化趋势；⑧ 还有论者认为新时代思想政治教育正在或即将体现目标人

---

① 骆郁廷，项敬尧.论新时代思想政治教育创新发展的基本遵循[J].思想理论教育,2018(01):4-9.

② 黄蓉生.新时代思想政治教育学科创新发展若干思考[J].思想理论教育导刊,2018(03):95-98.

③ 张凯，张澍军.论习近平新时代思想政治教育观的思想渊源和逻辑脉络[J].思想政治教育研究,2018(05):17-21.

④ 李辉，刘修华.习近平思想政治工作思想论纲[J].思想政治教育研究,2018(01):6-10.

⑤ 刘建军.新时代思想政治工作的十大原则——习近平对思想政治工作原则的创新发展[J].学术界,2018(09):05-17.

⑥ 刘建军，邱安琪.论新时代思想政治教育的高质量发展[J].思想理论教育,2021(04):49.

⑦ 沈壮海，刘灿.论新时代思想政治教育的高质量发展[J].思想理论教育,2021(03):04.

⑧ 顾红亮.新时代思想政治教育的新变化和新趋势[J].国家教育行政学院学报,2022(10):3-7.

本化、内容体系化、方法开放互动化以及价值评价平衡化等现代性发展趋势。①

比较集中的观点是以弘扬优秀传统文化为切入点，提升文化自觉与培育文化自信，形成文化育人的发展样态。王海亮等人在推动新时代思想政治教育内涵式发展研究中，提出坚定"四个自信"这个出发点，把增强文化认同、文化自觉、文化自信作为关键点，寻求弘扬优秀传统文化实现思想政治教育内涵式发展。②冯刚认为文化育人是新时代思想政治教育的重要路径，"充分发挥文化的特点和优势，创建和运用文化载体，丰富文化活动和文化产品，对于改善育人效果、提升新时代高校思想政治教育质量、实现其内涵式发展、增强其内生动力具有重要意义"③。

新时代思想政治教育发展的实现路径研究，相关论者既从宏观着手提出实现发展的整体性思维，也从思想政治教育要素入手提出具体发展路径。张毅翔以"整体性发展"来回应新的历史方位提出的"坚持和发展什么样的新时代思想政治教育、怎样坚持和发展新时代思想政治教育"重大命题，他认为运用系统思维、协同思维、辩证思维、创新思维是实现新时代思想政治教育发展的路径。④有论者认为要坚持"问题导向""系统观念""胸怀天下"进行新时代思想政治教育守正创新。⑤关于新时代思想政治教育内容深化，有论者提出深入开展"四个自信"教育、加强社会主义核心价值观教育、广泛开展理想信念教育；⑥还有论者提出除此相同内容外，要深化意识形态教育内容、社会主义思想道德建设的教育内容；⑦还有论者认为突出弘扬爱国主义教育，秉承"公平正义"传承传统美德、增强服务意识，培养科学的思维方式、引导人们转变价值观念。⑧新时代思想政治教育方法发展，有原则方法，即要坚持以人民为中心的发展思想。具体的方式方法，要加大推进新兴媒体技术在思想政治教育中的普及力度，培育互联网思维、树立共享精神，并创新思想政治教育手段和方法。⑨新时代

① 俞光华,黄瑞雄,赵红.新时代思想政治教育发展趋向探析[J].广西社会科学,2018(08):201-207.
② 王海亮,李庆华.推动新时代思想政治教育内涵式发展的三个逻辑点[J].马克思主义与现实,2018(03):170-175.
③ 冯刚.新时代文化育人的理论考察[J].学校党建与思想教育,2019(03):06.
④ 张毅翔.新时代思想政治教育图景:构设、挑战与方略[J].思想教育研究,2018(10):35-39.
⑤ 虞花荣.新时代思想政治教育的守正创新[J].思想理论教育导刊,2023(09):119-126.
⑥ 骆郁廷,项敬尧.论新时代思想政治教育创新发展的基本遵循[J].思想理论教育,2018(01):04-09.
⑦ 余双好.论新时代思想政治教育发展的新使命[J].思想理论教育,2018(05):46-51.
⑧ 王建敏.新时代思想政治教育的特征及实现路径[J].马克思主义与现实,2018(05):165-170.
⑨ 王建敏.新时代思想政治教育的特征及实现路径[J].马克思主义与现实,2018(05):165-170.

思想政治教育载体发展，是对新时代经济社会发展、信息技术发展、人们思想观念发展的回应，进行继承创新、整合优化，使载体呈现多样化、融合式发展。

（二）新时代具体论域下思想政治教育创新发展研究

新时代提出新课题，新课题催生新思想，新思想引领新实践。思想政治教育的时代发展也在具体的时代课题下推进，梳理新时代思想政治教育创新发展的具体论域，形成较丰富研究成果的有以下几个方面。

基于推进国家治理体系和治理能力现代化的思想政治教育发展。如何更好地发挥思想政治教育的治理效能，日益成为重要议题。首先，思想政治教育要对"治理"进行回应，理解它与治理之间的关系及其功能价值。这是其系统自身建设的需要，也是它服务治理的需要，自身需要治理的理念和方式。[①] 思想政治教育治理是管理的超越与升华，是国家治理理念在自身运行系统内的应用。[②] 其二，回应国家治理的需要。杨威认为，思想政治教育的体系化，既是它自身发展的必然趋势，更是党治国理政的逻辑要求 [③]。治理体系和治理能力的现代化要求不断推进思想政治教育实践、理论、制度体系等方面的现代化。其三，治理理论所强调的多方参与、协调合作、良性互动等理念和原则运用于高校思想政治教育，拓展其内涵、创新其实践路径，形成高校思想政治教育治理体系。

文化自信，是更基础、更广泛、更深厚的自信。文化自信视域下思想政治教育创新发展，把文化自觉和文化自信的培育作为发展向度，增强新时代思想政治教育文化蕴涵。依据两者的关系，有论者认为需要明确思想政治教育文化哲学思维，提升价值导向上的自觉与自信，形成思想政治教育的文化力，并使之成为思想政治教育发展的新动力。[④] 思想政治教育话语是中国特色社会主义文化内容的主要表达方式，全面创新和完善话语体系，有利于促进思想政治教育的整体发展。相关论者提出从话语主体、话语内容、话语表达形式上创新思想政治教育话语体系。与此紧密关联的还有"世界向度"，即创新发展思想政治教育面向世界的和合共生力、叙事传播力、话语阐释力和自信力。[⑤]

---

① 孙其昂,张宇.论思想政治教育与治理——基于"推进国家治理体系和治理能力现代化"[J].思想政治教育研究,2015(02):65.

② 张建东,邓倩.思想政治教育治理:国家治理现代化的重要维度[J].思想理论教育,2016(02):47.

③ 杨威,董婷.思想政治教育体系与国家治理现代化建设.[J].思想理论教育,2020(02):20-21.

④ 段海超.文化自觉和文化自信的培育与思想政治教育发展向度[J].国家教育行政学院学报,2015(01):47.

⑤ 曾令辉,卜路平.论新时代思想政治教育创新发展的世界向度[J].思想教育研究,2024(06):54.

社会交往方式的变化，尤其是新技术、新应用对人们交往形式的改变，形成社会传播新格局。基于此探索思想政治教育的创新形成了大数据时代、人工智能时代思想政治教育创新发展。"大数据"和"人工智能"存在一定的关系又有本质的不同，此两方面都是思想政治教育创新发展的信息传播论域，相关研究据此提出思维方式的转变、方法的创新，形成思想政治教育全新的发展态势：精准思政和智能思政。吴满意认为，由思想政治教育创新发展的数字驱动、网络驱动、智能驱动，形成思想政治教育的精准定向、精准定位和精准定法，以提高和优化思想政治教育工作实效为主旨，着眼于智慧教育环境的建设和智慧教育体系的建构，打造和实施智能识别、智联互通、智慧治理的全程性思想政治教育。[①] 有论者探索了"智能思政"这一新形态的具体路径包括打造智能化的思想政治教育数据库、绘制精确的思想政治教育制导图、设置云端思想政治教育实践场等。[②]

（三）新时代思想政治教育发展研究

新时代思想政治教育创新发展研究仍然以党内、军队和学校为焦点，也依据时代背景向基层、新兴行业拓展，但后者聚焦于实践层面，相关理论研究仍薄弱。

高校思想政治教育作为领域研究的焦点，新时代中国特色社会主义条件下它的发展研究仍呈上升趋势。从现有研究成果来看，依据2016年党中央召开的全国高校思想政治工作会议、党的十九大报告的思想政治教育意蕴、习近平新时代中国特色社会主义思想，有论者提出新时代高校思想政治教育发展目标和遵循，即要以"三培养"和坚定"四个服务"为发展的根本方向，担负起培养民族复兴大任时代新人的重任；[③] 有论者提出新时代高校思想政治教育的基本理念和方法，即以高校思想政治理论课为主渠道，以"三势"和"三因"为基本理念，以高校教师队伍建设为关键；[④] 还有论者提出高校思想政治教育内容创新发展，即拓展青年学生社会主义核心价值观教育内容、加强青年学生的历史观、

① 吴满意，王丽鸽.从精准到智慧：思想政治教育创新发展的根本态势分析 [J].马克思主义与现实,2019(04):198-204.

② 崔建西，白显良.智能思政：思想政治教育创新发展的新形态 [J].思想理论教育,2021(10):83.

③ 王秀阁，张虹.新时代高校思想政治教育的新使命新任务新作为 [J].学校党建与思想教育,2018(08):09-13.

④ 顾海良.新时代高校思想政治教育的理论指导和发展理念——学习习近平新时代中国特色社会主义思想 [J].思想理论教育导刊,2018(01):04-10.

民族观、国家观、文化观教育。[①] 孙其昂将"以大学生为中心"作为领会"以人民为中心"思想的具体举措，在大学生思想政治教育中，确立大学生的主体地位，以大学生发展为本，培养大学生为主体，构建以大学生为中心的思想政治工作发展体系。[②] 冯刚认为以文化人、以文育人是新时代高校思想政治工作的基本要求，高校要在创建和运用文化载体中发挥文化育人优势，通过发挥文化力量，提升高校思想政治工作的有效性和针对性。[③] 也有论者专门探讨新时代社会主要矛盾变化对大学生思想政治教育主题、内容和方法的新要求，要适应新时代社会主要矛盾变化带来的挑战和问题，坚持以人为本，贴近时代要求，强化实践教育，实现以理想信念教育为根本，引导大学生树立"四个正确认识"，弘扬和践行社会主义核心价值观。[④] 基于习近平主持召开学校思想政治理论课教师座谈会并发表重要讲话，学界围绕新时代思政课改革创新的"八个统一"做深入系统研究，还提出"大中小学思想政治理论课一体化建设"来丰富新时代思想政治理论课改革创新。

新时代全面加强党内思想政治教育的相关研究，主要围绕"深入开展党的群众路线教育实践活动和'三严三实'专题教育""加强政治建设和理想信念教育""加强制度建设和纪律教育""开展'两学一做'学习教育和'不忘初心、牢记使命'主题教育"进行，对这些教育活动做思想政治教育过程发展研究，包括相关主题的准备阶段、展开推进阶段、常态化制度阶段。新时代围绕强军目标，加强和改进军队政治工作，相关研究围绕军队思想政治建设方面的问题，进行新时代军队政治工作的时代主题研究，"政治工作是革命军队的生命线"地位功能研究，剖析新时代军队建设存在的问题，恢复和发扬军队政治工作的优良传统，以符合新时代军队政治工作"四个牢固立起来"的根本要求和"五个着力抓好"的重点方面以及抓好全军政治机关和政治干部队伍建设。

### 三、社会主要矛盾与思想政治教育发展相关研究综述

社会主要矛盾的研究一直受到学界不同领域的关注，并呈现几次研究热潮，

① 刘丽娟,陈坤.论党的十九大报告视域下高校思想政治教育理论新发展 [J].思想政治教育研究,2018(03):05-08.

② 孙其昂,刘红梅.新时代以大学生为中心推进思想政治教育发展 [J].思想理论教育,2018(07):59-63.

③ 冯刚.增强高校思想政治工作的文化力量 [J].思想理论教育,2017(07):04-09.

④ 魏建功,任爽.新时代社会主要矛盾变化视域下的大学生思想政治教育及实践路径 [J].学术探索,2018(10):145-151.

分别在党的八大前后关于社会主要矛盾的论断、党的十一届三中全会关于恢复党的八大对社会主要矛盾的正确认识、党的十九大报告关于新时代社会主要矛盾的论断提出的时间节点。社会主要矛盾转化是关系全局的变化，对党和国家各项工作具有根本指导作用，在每一次社会主要矛盾发生转化的时间节点上学界各领域都会做相关研究。思想政治教育领域也不例外，综观相关研究，集中于人民内部矛盾与思想政治教育研究、思想政治教育化解社会矛盾研究，新时代社会主要矛盾转化下思想政治教育研究随着新时代社会主要矛盾论断的提出而逐渐凸显。

（一）社会主要矛盾视域下思想政治教育相关研究

早期研究集中于社会主要矛盾与思想政治工作实践研究。研究焦点是人民内部矛盾与思想政治工作，成果集中于正确处理人民内部矛盾与思想政治教育关系研究、转型期人民内部矛盾与思想政治工作、思想政治工作在化解人民内部矛盾中的作用、针对新时期人民内部矛盾做好思想政治工作等。新中国成立以来，社会主要矛盾由对抗性转化为非对抗性，社会主要矛盾表现为人民内部的矛盾，革命斗争的方式已经不适用于解决非对抗性的社会主要矛盾，人民内部矛盾需要"团结—批评—团结"等说服教育的方式方法，思想政治教育作为宣传动员人民群众的优良传统，在继续做好团结群众、激励群众工作的同时，更要注重发挥其说服教育的作用，以更好地解决人民内部矛盾。同时，毛泽东《关于正确处理人民内部矛盾的问题》这一经典文献一直指引着社会主义建设、改革时期的思想政治工作，学界也有大量关于此方面的研究，包括思想政治教育的方针政策、主要内容、基本方法，等等。除此集中研究主题外，学界关于社会主要矛盾与思想政治教育之间的研究还表现在"运用思想政治教育化解社会矛盾"。社会主要矛盾是社会各领域具体矛盾的集中反映，我国处于社会转型期，社会矛盾凸显，构建社会主义和谐社会，全面建设社会主义现代化国家，必须正视和不断化解社会矛盾，加强和改进思想政治工作是化解社会矛盾的重要手段和有效途径。基于经济因素、政治因素、文化因素、思想认知因素产生的社会矛盾，通过思想政治工作渠道让各阶层的群众有充分表达自己意见和情绪的机会，通过思想政治工作沟通信息增进理解，通过利益调整维护社会和谐，通过自身发达的信息反馈系统预防矛盾的激化。[①] 这就建立起了思想政治工作的诉求表达机制、矛盾调处机制、利益协调机制、预警预测机制。[②] 有论者从

---

① 连会仁.思想政治工作在化解人民内部矛盾中的作用[J].理论前沿,2008(12):33-34.

② 陈成文,孙树文.论加强思想政治工作与化解社会矛盾[J].思想教育研究,2010(03):08-12.

人们具体的思想认知因素出发，认为现阶段我国社会矛盾在很大程度上与人们对"利益""公正"等问题的认识偏差有直接的关系，思想政治教育要通过对收入分配差距、先富与后富等的引导，使人们树立正确的利益观、共富观、公正观。①

（二）新时代社会主要矛盾转化下思想政治教育相关研究

自党的十一届三中全会关于恢复党的八大对社会主要矛盾的正确认识，到新时代社会主要矛盾发生转化，"人民日益增长的物质文化需要同落后的社会生产之间的矛盾"论断延续了改革开放新时期和新世纪社会主义现代化建设进程。其间，学界也对社会主要矛盾是否发生变化作出过探讨，党代会上都给出了社会主要矛盾没有变的论断。党的十九大报告作出"人民日益增长的美好生活需要和不平衡不充分的发展之间的矛盾"论断。这对中国特色社会主义现代化理论研究和中国特色社会主义现代化实践进程都将树立起新的风向标。新时代思想政治教育领域的理论研究和实践发展也不例外。从学术界研究成果来看，这一研究呈现上升和深化的趋势。

从宏观上把握社会主要矛盾转化对思想政治教育的影响。王习胜依据"思想政治教育的主要性质和发展方向是由其主要矛盾决定的"展开"新时代思想政治教育的主要矛盾"课题研究，认为新时代社会主要矛盾转化下应遵循历史唯物主义方法论，从当代中国社会的生产力和生产关系、经济基础和上层建筑的矛盾变化中把握新时代思想政治教育主要矛盾的性质和特征，进而推动思想政治教育的创新和发展。②宇文利提出新时代社会主要矛盾的转化为思想政治教育创新提供了时代条件和社会要求，个人与社会之间的矛盾、物质生活与精神生活之间的矛盾在新时代的表现影响着思想政治教育的变革和创新。③张毅翔从唯物史观角度剖析了社会主要矛盾转化决定新时代思想政治教育主要矛盾及其他矛盾的变化，影响它的整体结构，并提出新时代思想政治教育的战略实施包括引导人们追求美好的思想政治道德需要、供给"充分"的思想政治道德产品和服务，④擘画"新时代思想政治教育图景"，开展"新时代思想政治教育整

① 李春华.加强"三观"引导：思想政治教育化解社会矛盾的着力点[J].思想政治教育研究,2016(02):86.
② 王习胜.思想政治教育主要矛盾研究的方法论抉择[J].思想教育研究,2019(11):46.
③ 宇文利.新时代思想政治教育创新之魂[J].思想理论教育,2019(01):57-61.
④ 张毅翔.社会主要矛盾转化影响新时代思想政治教育的机理、根源与应对[J].思想理论教育,2019(04):46-51.

22

体性发展创新研究"。① 在考察思想政治教育与社会主要矛盾转化内在联系基础上，提出新时代思想政治教育在教育资源、教育理念、教育重心等方面的顺势而"变"，又坚持本质、原则、方针的"不变"；② 思想政治教育更加关注社会思想和价值观层面不平衡不充分的发展现实，把新时代提出的思想、政治、道德等方面的新要求和人们精神需求上的新需要结合起来，继续抓住社会主义核心价值体系和社会主义核心价值观这条主线以回应新时代社会主要矛盾的变化。③推动思想政治教育的精准转型、科学转型、高效转型。④

依据对社会主要矛盾转化所表现的两个方面的深度剖析来谈思想政治教育发展的具体指向，尤其是关于人民美好生活需要这一方面。余玉花等人剖析人民美好生活追求与思想政治教育的内在关联，提出思想政治教育在开创人民美好生活中的新任务包括深化学术研究与融入社会生活相结合、适应新的社会任务凸显思想政治教育人本价值、提升思想政治教育理论功力和实践方略。⑤颜晓峰认为要提供美好精神生活的内容、解答满足美好精神生活需要的矛盾，给予达到美好精神生活的途径，以回答人民日益增长的美好精神生活需要对思想政治教育提出的新的课题。⑥陈华洲等人深入研究美好生活视域下思想政治教育现代化转型，包括思维方面实现精神转型、内容方面实现科学转型、方法方面实现高效转型。⑦李敏探析了实现人民美好生活的思想政治教育路径，包括提升思想性满足人民精神生活的多元性需求、推进公共化转化构建和谐的生活方式。⑧

（三）国外相关研究

国外以我国思想政治教育发展为研究主题的内容甚少，几乎没有专门性研究，但是关于中国特色社会主义理论体系和实践进程的研究相对较多，我们可以从这些研究内容中梳理出一些与本研究相关的内容，以作参考。新时代经济

① 张毅翔.新时代思想政治教育图景：构设、挑战与方略 [J].思想教育研究,2018(10):35-39.

② 刘卫琴.刍论新时代思想政治教育"变"中"不变"——基于社会主要矛盾转化视角[J].理论导刊,2019(04):79-84.

③ 王永益.问题与思路：新时代社会主要矛盾变化下的思想政治教育 [J].湘湘论坛,2018(02):70-75.

④ 陈华洲,赵耀.社会主要矛盾视域下思想政治教育的现代转型 [J].思想理论教育,2019(02):16-23.

⑤ 宋芳明,余玉花.人民美好生活视域下思想政治教育发展的新任务 [J].思想理论教育,2018(02):44-49.

⑥ 颜晓峰.人民日益增长的美好精神生活需要对思想政治教育提出的新课题 [J].思想教育研究,2018(03):10-13.

⑦ 陈华洲,赵耀.美好生活视域下思想政治教育的现代转型 [J].思想教育研究,2018(11):29-35.

⑧ 李敏.实现人民美好生活的思想政治教育路径探析 [J].思想理论教育,2019(02):24-29.

社会发展的时代境遇以及习近平新时代中国特色社会主义思想引发了国外学界的研究热潮。首先，经济发展方面，国外学者普遍认可"中国已经进入经济发展新常态"的战略判断，并围绕此判断探究全面深化经济改革的思想。中国已经达到了中等收入水平，但面临人口红利结束等挑战，这促使中国转向集约型发展方式，由此催生经济新常态。[①] 基于此，中国进行供给侧结构性改革，优化结构，以多元供给方式实现扩大有效和中高端供应的目的；[②] 实施创新驱动发展战略，以科技创新培育中国经济增长来源，"中国制造2025"引发国外学者热议，认为中国科技将从"追随者"成为"领跑者"。其二，民主政治方面，基层民主制度备受关注。国外学者认为新时代中国政治实践对基层政治参与做了从上而下的整合，这是充分发挥人民当家作主的创新性途径；[③] 还有网络政治参与的机遇与挑战，也被国外学者所关注；[④] 全面依法治国的举措也引发热议，有国外学者认为新时代的法治发展模式对政治稳定和经济发展有很大帮助。[⑤] 其三，政党建设方面，这是海外学者研究的重点。关于政党角色的研究，有学者认为中国共产党的建设与国家前途紧密相连，赋予党内意识形态实现国家强盛和民族复兴的涵义，产生了巨大凝聚力。[⑥] 还有关于文化软实力的相关讨论，基于中国传统文化的创造性转换和创新性发展策略，中华文化对人类共同价值的构建成为争论焦点。除新时代中国特色社会主义实践的研究外，就中国共产党对社会主要矛盾的认识的研究内容国外专门研究相对较少，有一些学者在研究毛泽东思想、邓小平理论等相关内容时有一定的涉及，内容集中于关于主要矛盾与次要矛盾、矛盾的主要方面与次要方面的新的思想是对马克思主义矛盾的观点的发展。

---

① Woo Wing Thye,"An Introduction to the first principles for macro-stability and sustainable growth in China's New normal",See from (https://w w w.resea rchgate.net/publica-tion/321735021_ A n _Introduction _to_the_First_Principles_for_Macro-Stability_and_Sustainable_Growth_in_China's_New_Normal).

② Wong,John,"China' Economy 2018:Stabilising Slowdown to Gear up for a New Mode of Growth ",East Asian Policy,Vol.10,No.1,2018,pp.15-31.

③ Fu,Di na,and Greg Distelhorst,"Graroots particip ation and repressio nunder Hu Jintao and Xi Jinping",The China Journal,Vol.79,No.1,2018,pp.100-122.

④ Creemers,Rogier,"Cyber China:Upgrading propaganda,public opinion work and social manage-ment for the twenty-first century.",Journal of Contemporary China,Vol.26,No.103,2017,pp.85-100.

⑤ DeLisle,Jacques,"Law in the China model 2.0:Legality,developmentalism and Leninism under Xi Jinping",Journal of Contemporary China,Vol.26,No.103,2017,pp.68-84.

⑥ Brown,Kerry,and Una Aleksandra Bērzina-cerenkova,"Ideology in the Era of Xi Jinping",Journal of Chinese Political Science,Vol.23,No.3,2018,pp.323-339.

#### 四、研究评析

通过以上对学界关于思想政治教育发展研究的内容梳理，可以总结此研究目前在学界所涉及的研究内容、研究焦点、研究成熟度、研究过程中存在的问题、日后努力的方向。运用马克思主义的立场观点方法，认识已有研究内容，形成如下观点：

（一）思想政治教育发展研究总体上表现为具体研究视域下要素发展研究

通过以上文献综述可知，思想政治教育发展研究作为思想政治教育领域研究主题之一，其研究框架是建立在思想政治教育的实践经验与理论体系基础上的，并随着理论和实践的发展而丰富着的。关于"思想政治教育发展的内涵和外延"，除郑永廷教授作出科学界定外，大多数的相关研究都将思想政治教育发展作为不言自明的"变化"之意而直接使用。已有思想政治教育发展研究内容丰富，从整体研究数量、研究方向和研究成果来说，呈现"具体研究视域下要素发展研究"的特征，研究思维路径是：在剖析具体研究视域下思想政治教育发展的必要性的基础上，提出其要素的具体变化，包括单一要素或多要素。思想政治教育作为社会系统的子系统，其变化发展必然是时代境遇和自身运行作用的结果，具体研究视域下要素发展研究建构了其发展研究的基本框架，形成丰富研究成果，指导着思想政治教育理论与实践的发展；同时，这也显示了本体论研究和整体性研究相对薄弱，前者包括思想政治教育发展的基本逻辑，如理论逻辑、动力逻辑等，后者指思想政治教育要素间结构关系的变化研究，发展研究需要由要素分析向系统结构分析侧重。

（二）思想政治教育发展的研究视域丰富，选取视角存在一定的局限性

立足唯物史观，思想政治教育从根本上来说属于社会意识，是社会存在的反映并反作用于社会存在，所以它的发展是社会实践活动的结果。思想政治教育发展研究总体上呈具体研究视域下要素发展研究，这些具体研究视域是社会实践活动的体现。从对思想政治教育发展的研究内容梳理来看，研究视域具体可归类为时代背景视域、党的理论创新视域、社会发展理论视域，这些研究视域下思想政治教育发展研究是直接影响着其理论与实践的，也是理论与实践发展的要求，对丰富理论体系、增强实践有效性都有积极的意义。但是，纵观思想政治教育发展研究视域，在一定程度上缺乏根本性、前提性，需要从它的基本范畴出发，选取影响其发展的根本性前提，如社会主要矛盾视域下，当然由于社会主要矛盾具有稳定性，其转化也是社会实践活动的结果，但是从社会生

产力、生产关系和上层建筑在社会实践中的变化特点着手考察思想政治教育发展，相较于已有研究视域，具有根本前提性。另一方面，具体研究视域下思想政治教育发展研究在一定程度上存在着选取视域的失衡。党的理论创新视域、时代背景视域、社会发展理论视域，这些是从已有研究成果中分门别类归纳的所属研究视域范畴，具体来看论者在研究视域范畴中所选的具体研究视域，存在大量的重复性研究。如党的理论创新视域下思想政治教育发展研究中关于科学发展观视域下思想政治教育发展研究的研究成果较集中；时代背景视域下思想政治教育发展研究中关于信息社会条件下、互联网技术更新视域下思想政治教育发展研究内容最丰富；社会发展理论视域下思想政治教育发展研究中所选取的视域相对较多、较散，以理论为指导的学科交叉研究较为集中。这些选取视角的集中性，也造成了研究成果的重复性。研究视域呈现的这些特点，要求日后相关研究中应从思想政治教育发展的根本前提出发，探索其发展的根本动力和内在动力。

（三）思想政治教育发展研究要实现要素发展与系统结构发展相融合

梳理已有研究成果，无论是哪一种研究方式，研究内容都涉及思想政治教育要素发展研究。思想政治教育要素在学界说法不一，综合来看，思想政治教育发展研究成果中已囊括所有的思想政治教育要素，包括理论、目标、功能、价值、主体、客体、方法、载体、话语等等。具体研究视域下集中于讨论思想政治教育某一要素的发展研究，方法发展研究、载体发展研究和话语发展研究是成果最多的，也有以思想政治教育运行过程的必要要素着力于思想政治教育的目标、内容、方法的综合发展研究。除此之外，在其发展研究中，要素发展的实现路径部分呈现面面俱到的现象，也存在忽视选取的研究视域是否对思想政治教育每一要素都有促进作用。要素组成系统，聚焦于单一要素的发展研究是思想政治教育发展的基础，但仅仅讨论要素发展，忽视要素间的作用关系，即思想政治教育结构，会削弱其发展研究的科学性；同时，要素性发展研究在一定程度上忽视了理论与实践的综合性，更多是从思想政治教育实践出发讨论要素的发展，忽视了思想政治教育理论层面这一思想前提和立足点。还有，作用对象、场域、区域的不平衡不充分使发展研究中也存在不同领域思想政治教育的失衡，这在一定程度和范围内也影响了发展研究的科学性。领域思想政治教育发展研究成果集中于学校、党内、军队，尤其以高校为焦点领域。随着社会实践的发展，社会各行业各领域人民群众都提出了满足精神需要的要求，各类信息庞杂交错、信息传播渠道多样，需要思想政治教育积极引导人们的精神生活需要，所以领域发展研究要尽可能地覆盖社会所有领域、所有群体。这就要求日后思想政治教育发展研究重心从要素分析向系统结构倾斜，实现两者的融合。

（四）新时代思想政治教育发展研究问题凸显，未形成系统化成果

随着"新时代"论断的提出，新时代思想政治教育发展研究问题凸显，研究内容涉及其创新发展的基本遵循、新时代具体视域下的发展研究、新时代领域思想政治教育发展研究。这一研究仍同上述所言思想政治教育发展的研究思维一致，有整体时代背景分析和要素性发展研究。"社会主要矛盾转化作为中国特色社会主义进入新时代的显著标志"也使得思想政治教育结合新时代社会主要矛盾的研究涌现出来。这在一定程度上抓住了发展研究的根本性前提，以此来探讨新时代思想政治教育主要矛盾的变化，探索其发展的内在机制。这些初步构建了新时代思想政治教育发展研究框架，推进着学界从不同视角、不同研究方法出发具体开展此方面的研究，以期形成系统性成果。

通过以上简要述评，发现已有研究呈现出丰富性、与时俱进性等特点，同时也存在一定的局限性。总的来看，论者关于思想政治教育发展研究，以具体研究视域下要素性发展研究为主，对思想政治教育发展的根本动力、基本逻辑以及其系统结构发展的探究相对较少。以明确思想政治教育发展的根本前提为研究方向，以剖析思想政治教育发展的内在逻辑为研究主题，将研究方法由要素性发展向整体性发展的转变，才能形成客观的、全面的发展研究样态，这是关于思想政治教育发展研究的努力方向。新时代社会主要矛盾转化下思想政治教育创新发展研究，就是既借鉴以往发展研究丰富成果又注重弥补研究局限，抓住思想政治教育发展的根本前提，探索新时代思想政治教育发展样态。

## 第三节　研究思路、研究内容与研究方法

从研究缘由的几点论述，结合相关研究内容的简要述评，可确定研究思路和研究内容，以新时代社会主要矛盾转化是思想政治教育创新发展的根本前提为研究立足点，剖析社会主要矛盾转化与思想政治教育发展的理论逻辑、历史逻辑、现实逻辑，运用结构与功能的辩证分析方法、内容与形式的辩证分析方法，以构建新时代思想政治教育形态和实践为落脚点。

## 一、研究思路

就社会存在性来说，思想政治教育作为社会系统的组成部分，社会主要矛盾转化必然要求其作出相应的变化发展；就阶级性本质来说，思想政治教育作为中国共产党的优良传统和政治优势，服务和服从于党的中心工作和主要任务，解决社会主要矛盾，也要求其作出时代改变。新时代社会主要矛盾转化下思想政治教育创新发展研究，"新时代社会主要矛盾转化"是研究视域，"思想政治教育"是研究论域，"创新发展"是研究的根本指向。

首先要对"社会主要矛盾转化"和"思想政治教育发展"这两个"研究主体"作理论分析，剖析两者的内在关联，为新时代社会主要矛盾转化下思想政治教育发展研究奠定理论基础；接着对党领导人民进行的社会主义实践过程中社会主要矛盾的转化历程、思想政治教育发展历程进行历史考察，厘清社会主要矛盾转化与思想政治教育发展的阶段一致性，为新时代社会主要矛盾转化下思想政治教育发展研究提供历史依据；在理论逻辑和历史逻辑的基础上，进行现实逻辑分析，即新时代社会主要矛盾转化下思想政治教育的机遇与挑战，描述现实境遇。依据理论逻辑、历史逻辑和现实逻辑，对"新时代社会主要矛盾转化下思想政治教育创新发展"进行结构和功能的创新发展审视、内容和形式的创新发展审视。本书选取的是"宏观思想政治教育"研究，不同于"新时代思想政治教育研究"现有研究内容着眼于思想政治教育创新发展的时代遵循、思想遵循、目标遵循、内容遵循、方法遵循等具体要素的微观研究，或者是具体领域的要素创新研究。鉴于社会主要矛盾作为社会系统的核心问题，其转化对社会系统的影响是根本前提、根本动力意义上的，"新时代社会主要矛盾转化下思想政治教育创新发展"从思想政治教育本体论来讲也应是"思想政治教育发展"的前提性意义上的。事物的结构和功能表现为事物的形态，事物的内容和形式表现为事物的实践。通过结构与功能的辩证分析，考察新时代社会主要矛盾转化下思想政治教育的结构优化和功能拓展，形成新时代思想政治教育整体性形态。通过内容与形式的辩证分析，考察新时代社会化主要矛盾转化下思想政治教育的内容发展和形式创新，形成新时代思想政治教育有效性实践。

## 二、研究内容

依据研究思路形成本书的研究内容。本书包括绪论和五个章节内容，每章节具体研究内容如下：

第一章，相关概念界定和学理解读，剖析研究主题的理论逻辑。"社会主要矛盾转化"和"思想政治教育创新发展"都是复合概念。通过对"矛盾""社会主要矛盾"和"转化"的剖析来理解"社会主要矛盾转化",通过对"思想政治教育""发展""创新发展"的解读来理解"思想政治教育创新发展",归纳出两者皆是过程范畴和动力范畴的统一。运用马克思主义的立场观点和方法,阐明社会主要矛盾转化下思想政治教育创新发展的理论基础,包括马克思主义矛盾学说、社会存在与社会意识辩证关系原理、马克思主义社会发展理论、创新发展的相关理论。结合概念界定依据理论基础,归纳出两者存在紧密的内在关联逻辑,具体表现为前者是后者的根本动力、后者能动作用于前者、两者协调并进。

第二章,社会主要矛盾转化与思想政治教育发展的历史考察,认识研究主题的历史逻辑。采用逻辑与历史相统一的研究方法,对中国共产党领导人民进行的革命、建设、改革过程中社会主要矛盾的转化历程以及思想政治教育历史变迁做梳理,以汲取和借鉴历史经验。社会主要矛盾经历了三次转化,以新中国成立初期为节点,由中国人民同"三座大山"之间的矛盾转化为无产阶级与资产阶级之间的矛盾,这一矛盾转化是阶级对抗性矛盾间的转化;以社会主义制度基本确立为节点,阶级对抗性矛盾转化为人民内部矛盾,主要表现在经济层面的供需矛盾;以新时代为节点,人民内部矛盾发生局部转化,由经济层面的供需矛盾凸显转化为社会层面的供需矛盾凸显。思想政治教育也随之经历着围绕阶级斗争教育开展全方位的社会主义思想政治教育,由阶级斗争教育发展为服务经济建设,由服务经济建设发展为实现人民美好生活。

第三章,新时代社会主要矛盾转化视域下思想政治教育的机遇与挑战,明确研究主题的现实逻辑。经济层面供需矛盾的凸显转向社会层面供需矛盾的凸显,集中体现了生产力、生产关系、上层建筑在中国特色社会主义新时代发展阶段的特点,形成的社会历史条件,给思想政治教育提供了良好机遇,构建适应人民和社会发展的精神家园,明确了思想政治教育极端重要的功能定位;物质生产丰富基础上注重精神生产,思想政治教育有了稳固的经济基础;人民日益增长的美好精神生活需要,为思想政治教育掌握和武装群众拓展了作用空间;新时代社会主要矛盾直接推动思想政治教育主要矛盾发生时代转化、具体矛盾凸显,为思想政治教育提供内生发展动力。机遇与挑战并存,物质文化生产发展的不平衡不充分又加剧了传播主流价值观的困难;人民美好生活的"选择悖论",给思想政治教育的主流意识形态灌输、价值观引导带来挑战;思想政治教育供给结构的不完善带来挑战。

第四章，新时代社会主要矛盾转化视域下思想政治教育结构和功能的创新发展，这是新时代思想政治教育形态研究。结构与功能相对，组成一对基本范畴，事物的结构决定事物的功能，事物的功能反作用于事物的结构，事物结构与功能表现为形态。运用结构与功能的辩证分析方法，认识新时代社会主要矛盾转化对思想政治教育的结构优化和功能发展的原则要求，归纳新时代思想政治教育结构优化包括其社会结构的关系完善、其系统结构的体系整合、其要素结构的整体平衡，思想政治教育功能拓展体现在发挥价值引领功能、培育时代新人功能、人文关怀功能。结构优化和功能拓展，形成整体性形态。整体性形态是整体性成为中国特色社会主义实践的重要战略思维、整体性发展成为我国发展的主导形态这一时代背景下思想政治教育的系统性存在和协同性运行。

第五章，新时代社会主要矛盾转化视域下思想政治教育内容和形式的创新发展，这是新时代思想政治教育实践研究。内容与形式作为一对基本范畴，是事物统一体的两个侧面、二重性质。选取实践操作层面的理解，内容和形式表现为实践。思想政治教育内容、形式与效果的辩证关系，表明只有内容与形式都适当，并且两者关系协调时才有效果，所以，思想政治教育实效性要求内容与形式随时代境遇和人的发展诉求不断实现辩证统一。从实践操作层面来讨论，思想政治教育要解决新时代社会主要矛盾，实现人民群众美好生活，需要调整丰富其内容，包括以习近平新时代中国特色社会主义思想丰富主导性教育内容、以美好生活教育增强主题性教育内容的时代感、以中国特色社会主义文化教育拓展社会化教育内容；探索创新其形式，包括思想政治教育形式的精细化、生活化和立体化。内容发展和形式创新，形成有效性实践，增强新时代思想政治教育的实践性和实效性。

## 三、研究方法

在辩证唯物主义和历史唯物主义的方法论指导下，具体运用以下研究方法：

其一，文献研究方法。对思想政治教育发展研究相关专著、期刊论文、报告、学位论文、报纸摘要等文献进行搜集、梳理，形成研究综述，为本研究的可行性和价值性提供依据。阅读马克思主义经典著作、马克思主义理论相关著作、党的文献资料、思想政治教育著作及文件法规、哲学社会科学相关著作及学术成果中与主题相关的内容，启发思路，为本研究提供理论基础和内容借鉴。

其二，逻辑与历史相统一的方法。思想政治教育发展与社会主要矛盾转化的内在关联和历史演进部分研究主要运用此方法，为新时代社会主要矛盾转化下思想政治教育创新发展研究提供理论基础和历史依据。

其三，比较研究方法。社会主要矛盾转化、思想政治教育发展，体现的是社会变化和过程，需要比较前后两个时期、两种状态的异同，以总结转化和发展的形态。运用此研究方法，包括纵向比较和横向比较，前者体现在对比前后两个时期社会主要矛盾的具体转化、思想政治教育的具体发展样态，后者体现在比较社会主要矛盾内部各个方面、思想政治教育内在结构要素的不同。

其四，系统研究方法。系统研究方法就是将研究对象看作是一个整体的动态的系统，把握其内在关联性和外在规律性，对其实现合理优化。运用系统研究方法，思想政治教育作为社会系统中的一个子系统，要将其创新发展放在社会主要矛盾转化引起的历史性变化中进行总体把握；从思想政治教育系统来看，其创新发展是自身系统要素的作用关系，要对由要素构成的结构和功能、内容和形式进行具体分析。

## 第四节　研究创新点与难点

### 一、研究创新点

其一，将思想政治教育创新发展置于社会主要矛盾转化视角下进行研究。社会主要矛盾是中国特色社会主义现代化建设的根本动力，其转化关系全局性工作。从理论上说，社会主要矛盾是社会主义社会生产力和生产关系在各阶段的集中体现，又集中体现着社会主义社会各类社会矛盾，是我国社会主义社会根本性质和发展阶段的表征。从实践上说，社会主要矛盾关系着全局性的工作，决定着党的中心任务，为中国特色社会主义现代化建设提供根本动力。作为中国共产党的政治优势和优良传统，思想政治教育随着党的中心工作的变化而发生转变。选择新时代社会主要矛盾转化作为其创新发展的研究视角，体现其发展研究的马克思主义本质属性，是思想政治教育发展的本体论研究，相较于已有发展研究视域，此研究视角抓住了发展的根本前提，对思想政治教育发展的宏观、中观、微观研究都具有根本前提意义。

其二，运用结构与功能的辩证分析方法、内容与形式的辩证分析方法对思想政治教育创新发展做整体性研究。遵循事物是发展的观点，发展研究贯穿思想政治教育研究始终，综述发展研究成果以及新时代思想政治教育创新发展研究成果，已有研究内容更多是就思想政治教育目标、内容、教育者和教育对象、原则和方法、载体等要素发展研究，并且以领域思想政治教育发展尤其是高校、党内、军队思想政治工作的发展研究为主。本书运用结构与功能分析方法，着眼于要素间的关系发展研究，探索新时代社会主要矛盾转化下思想政治教育存在状态和运行方式，即通过思想政治教育社会结构关系、自身系统结构、要素结构的优化，拓展其基本功能的时代价值，形成整体性形态，体现新时代思想政治教育的系统性和协同性。运用内容与形式辩证分析方法，着眼于实践活动的研究，探索思想政治教育在解决新时代社会主要矛盾、满足人民美好生活需要的实践活动中发展思想政治教育内容、创新思想政治教育形式，以内容适当、形式适当和内容与形式的协调形成新时代思想政治教育有效性实践。

## 二、研究难点

其一，运用逻辑与历史相统一的方法考察社会主要矛盾转化与思想政治教育发展的历史演进过程中，社会主义曲折发展时期关于社会主要矛盾的误判与思想政治教育发展样态的关系难以把握。其二，运用结构与功能辩证分析方法、内容与形式辩证分析方法对新时代社会主要矛盾转化下思想政治教育形态和实践的研究，这样的研究思路是否合理严谨，仍需在新时代思想政治教育发展过程中考察；同时，关于形态和实践的研究，都是宏观思想政治教育形态和实践的整体认识，对于领域思想政治教育研究、思想政治教育分众化研究的针对性指导意义存在一定程度上的欠缺，这也需日后对新时代思想政治教育形态和思想政治教育实践的具体研究中补充和完善。

# 第一章 概念界定和学理解读

新时代社会主要矛盾转化下思想政治教育创新发展研究，是一个时代课题。这一时代课题的研究主题是社会主要矛盾转化与思想政治教育创新发展的内在关联。准确把握两者的内在逻辑关联，需要科学界定社会主要矛盾转化、思想政治教育创新发展的内涵，厘清马克思主义理论体系中描述两者关联逻辑的理论基础。所以，立足马克思主义的立场、观点和方法，进行相关概念界定和学理解读，是为这一时代课题研究提供科学的理论依据。

## 第一节 相关概念界定

"社会主要矛盾转化"和"思想政治教育创新发展"都是复合概念。通过对"矛盾""社会主要矛盾"和"转化"的剖析，理解"社会主要矛盾转化"作为过程范畴和动力范畴的统一，是社会发展的根本推动力量；通过对"思想政治教育""发展""创新发展"的解读，理解"思想政治教育创新发展"作为过程范畴和动力范畴的统一，是不断进步的社会实践过程。

### 一、"社会主要矛盾转化"的内涵

社会主要矛盾转化，是由"社会主要矛盾"和"转化"组成的复合概念。科学理解社会主要矛盾转化的内涵，需要坚持以"唯物辩证法的核心"为出发点、以"实践的观点"为落脚点。"矛盾"体现的是动力范畴、过程范畴，"转化"也体现的是动态过程，所以，社会主要矛盾转化是动力范畴和过程范畴的相统一。

（一）矛盾与社会主要矛盾

"作为唯物辩证法的范畴，矛盾就是指事物内部或事物之间的对立统一关系。"①矛盾是普遍存在的，无处不在、无时不有，存在于每一事物的发展过程中。但每一事物或事物之间的矛盾是不同的，矛盾的普遍性需要通过具体矛盾表现出来，即矛盾的特殊性。现实存在的矛盾都不是由单一的矛盾构成的，而是复杂的矛盾群体。在复杂的矛盾群中，各种矛盾在事物发展中的地位不同、作用不同，可区分为主要矛盾和非主要矛盾。主要矛盾是指处于支配地位的、对事物发展起着决定作用的矛盾；非主要矛盾则是指处于从属地位、对事物的发展过程不起决定作用的矛盾。两者的关系是辩证的，相互作用，并在一定条件下相互转化。事物的性质是由主要矛盾的主要方面决定的。

社会矛盾是人类社会中各要素之间的对立统一关系。马克思、恩格斯第一次运用唯物辩证法观察人类社会，提出"全部社会生活在本质上是实践的"，指明生产实践构成社会发展的根本动力，即生产力与生产关系的矛盾运动。经济基础与上层建筑的矛盾和生产力与生产关系的矛盾紧密相关，共同构成了社会的基本矛盾。社会主要矛盾是社会基本矛盾在社会特定发展阶段的集中反映。两者之间是普遍和特殊、绝对和相对、抽象和具体的关系，前者贯穿人类社会发展的始终；后者则是社会发展某一阶段的集中表现，对某一阶段社会的发展起支配和决定作用。社会基本矛盾的性质、特点决定社会主要矛盾的性质、特点，社会基本矛盾的解决有赖于社会主要矛盾的解决。

综上，矛盾作为唯物辩证法的范畴，存在于一切事物之中，并形成复杂的矛盾群，基本矛盾决定事物的性质，主要矛盾在事物发展过程中起决定性作用。考察人类社会及发展过程，生产力与生产关系的矛盾、经济基础与上层建筑的矛盾是人类社会发展过程中的基本矛盾，每一社会形态在特定阶段都有自身的主要矛盾，集中体现社会基本矛盾，并对具体社会形态的特定阶段发展进程起支配和决定作用。

（二）转化与矛盾转化

"转化"在《辞海》中有三种释义，一是一般词汇意义上的"转换，变化"；二是哲学意义上的"矛盾的双方经过斗争，在一定的条件下走向自己的反面。一般说来，转化的趋向是前进的，发展的，表现为旧事物的灭亡和新事物的产生；但是也有局部的、暂时的倒退现象"；三是生物学意义上的"一个微生物

① 李秀林，王于，李淮春.辩证唯物主义和历史唯物主义原理[M].北京：中国人民大学出版社,2004:178.

细胞吸收来自另一细胞的包括某些基因的脱氧核糖核酸片段，从而转变成为具有相应遗传性状的细胞的现象"。① 我们这里取哲学意义上的释义，放在唯物辩证法的核心范畴中来讲。矛盾的普遍性表明事物发展过程中不存在无矛盾状态，但矛盾却有一个逐步展开的过程，差异、对立、对抗、转化就是表达矛盾不同发展程度的概念。差异，一般是指矛盾的潜在状态或萌芽状态；对立、对抗，是指矛盾由潜在走向显在；转化则是矛盾对抗达到一定限度时产生的一个过程向另一个过程、一种矛盾系统向另一种矛盾系统的飞跃。这是对矛盾转化的狭义理解。从广义上来说，矛盾转化是泛指矛盾运动的全过程，包括矛盾的发生、发展和解决的整个过程。按照马克思主义经典作家的一贯论述，以及看问题办事情的通常情况，一般都采取狭义上的理解，矛盾转化专指矛盾运动的决定性转折阶段，或者说是矛盾运动的最后的解决阶段。

　　矛盾转化形式呈多样性，包括由于数量上的增减而引起的转化和由于事物的成分在排列次序和结构形式上的变化而引起的转化，顺进式的转化和逆退式的转化，爆发式的转化和非爆发式的转化，全局性的整体转化和局部性的部分转化，转瞬即逝的矛盾转化和持续增长的矛盾转化。矛盾转化是有条件的，从不同方面考察可以总结不同条件，如内部条件和外部条件、客观条件和主观条件、必然条件和偶然条件、可能条件和现实条件。矛盾转化的动力，即同一性和斗争性交互作用的总结果。斗争性是矛盾的对立属性，同一性是矛盾的统一属性，是矛盾所固有的两种相反而又相成的基本属性。同一是对立中的同一，对立是同一中的对立，事物的发展是矛盾同一性与斗争性共同起作用的结果。"转化"就不仅体现了矛盾的同一性，而且包含了破坏同一性的斗争性，是同一的相对性与斗争的绝对性获得充分和集中显示的阶段。矛盾转化还是一个过程，是时间的持续性和空间的伸张性的统一过程。矛盾转化具有客观性和普遍性，同时在矛盾转化过程中也包括人的主观能动性，提高和完善主体的认识能力和实践能力，达到促成转化的目的。矛盾转化的良性运行是一个复杂的系统工程，要在系统整体的平衡协调状态下实现，转化运行中系统诸要素要实现横向联系和纵向联系平衡协调，这一良性运行是推动事物发展的决定性动力。

　　（三）社会主要矛盾转化

　　由上述"矛盾转化"的内涵和特征理解"社会主要矛盾转化"。社会主要矛盾转化是矛盾运动的决定性转折阶段，或者说是矛盾运动的最后解决阶段，指

---

① 辞海（中）[M].上海：上海辞书出版社,1979:3067.

一种社会主要矛盾运动过程向另一种社会主要矛盾运动过程、一种社会主要矛盾系统向另一种社会主要矛盾系统的飞跃。社会主要矛盾的转化形式也呈多样性，在社会基本矛盾变化的情况下社会主要矛盾转化呈现根本性质上的转化，社会基本矛盾不变情况下社会主要矛盾转化呈现社会这一特定阶段发展到另一特定阶段过程中的社会主要矛盾的转化，同一特定社会阶段社会主要矛盾内部的转化。社会主要矛盾转化是社会基本矛盾运动过程的集中性体现，推动社会发展阶段的变化、更迭，这也就表明社会主要矛盾转化是过程范畴和动力范畴的统一。

矛盾转化是一个过程，是时间的持续性和空间的伸张性的统一过程，社会主要矛盾转化也是一个过程。过程是事物发展所经过的程序、步骤、阶段。对社会主要矛盾转化的过程范畴理解，包括反映生产力与生产关系、经济基础与上层建筑的社会要素间作用关系的变化过程，矛盾的形成、解决以至催生新的社会主要矛盾的阶段发展过程，社会主要矛盾转化不间断的动态连续过程。首先，社会主要矛盾是生产力、生产关系和上层建筑之间作用关系在特定社会发展阶段的集中体现，而生产力是不断发展变化的，催生生产关系的变化，综合形成具有新的特点的经济基础又推动上层建筑的变化，所以，社会主要矛盾转化是形成新特点的生产力、生产关系和上层建筑要素间的作用过程。其二，社会主要矛盾转化是包括三个阶段的发展过程，社会基本矛盾在特定社会发展阶段下集中体现为一种社会主要矛盾，随着生产力的发展、生产关系和交往方式形成新的特点，推动现有社会主要矛盾的解决，这一解决过程就体现为新的社会主要矛盾的形成，即完成一次社会主要矛盾的转化，所以，社会主要矛盾转化是社会主要矛盾的凸显、社会主要矛盾的解决、新的社会主要矛盾的成型三个阶段递进的统一。其三，社会主要矛盾转化不是一次转化成型就固定不变的，每一事物的发展过程中存在着自始至终的矛盾运动，生产力、生产关系和上层建筑作为社会的基本要素，要素间的作用关系呈现着社会是一个永恒发展的过程，也标志着社会主要矛盾转化是一个转化结果不间断的连接过程，即由不同的社会主要矛盾转化表现的动态连续过程。

矛盾是事物发展的动力，转化即变化、运动也体现的是动力作用，所以矛盾转化是事物运动和发展的推动力量，社会主要矛盾转化也属动力范畴。对社会主要矛盾转化作动力范畴理解，包括社会主要矛盾转化相较于社会基本矛盾的动力特征，社会主要矛盾转化在整个社会矛盾体系中的动力地位，社会主要矛盾转化在整个社会系统中的动力作用。首先，体现一定社会性质的社会基本矛盾在具体社会形态中是相对稳定的，决定着社会形态的根本性质，指引着社会发展的根本方向，对社会发展的动力作用呈现根本性和稳定性；而社会主要矛盾则处于绝对的变化中，体现一定社会性质的生产力、生产关系和上层建筑的变化发展推动着社会主要矛盾转化，社会主要矛盾转化的动力作用则呈现出直接性和变化性。其二，社会主要矛盾在整个矛盾体系中处于中间地位，是社会基本矛盾在特定社会发展阶段的集中体现，又是社会具体矛盾在特定社会发展阶段的集中反映，社会主要矛盾转化影响着社会基本矛盾和社会具体矛盾，社会主要矛盾转化体现社会基本矛盾的时代特征，社会主要矛盾转化积累到一定程度能够影响社会基本矛盾性质的变化；社会主要矛盾转化是社会具体矛盾变化特征的集中反映，又影响着社会具体矛盾的变化。其三，从社会实践范畴上讲，社会主要矛盾是特定社会阶段上社会各领域发展问题和发展目标的集中体现，是社会整个系统的核心问题，反映社会各领域现实状况又规定社会各领域发展目标，这一现实与目标的统一就为社会实践提供推动力量，社会主要矛盾转化表明社会核心问题的变化，意味着社会实践领域已有问题的解决和新问题的产生，新矛盾转化过程又以社会各要素间的对立统一关系为社会系统运动和发展提供推动力量。

## 二、"思想政治教育创新发展"的内涵

思想政治教育创新发展，是由"思想政治教育"和"创新发展"组成的复合型概念，前者是主体，后者是主题。"思想政治教育创新发展"被广泛运用于思想政治教育研究领域，从已有相关研究来看，它的适用范围特别广泛，作为概念范畴专门对其进行科学界定的并不多，通常情况下论者都将其作为状态范畴直接使用，用"思想政治教育创新发展"来指代思想政治教育运动变化状态。本书立足马克思主义实践的观点，以探究推动思想政治教育创新发展的根本动力为着力点，科学界定思想政治教育创新发展概念。

（一）思想政治教育

思想政治教育这一术语由宣传工作、思想政治工作、政治思想工作发展而来，指思想工作中的政治性部分内容和政治工作中的思想性部分内容。思想政治教育学原理中对思想政治教育的界定有一个变化的过程，由最初编写的著作中"思想政治教育这一社会实践活动，就是一定的阶级或政治集团，为实现一定的政治目标，有目的地对人们施加意识形态的影响，以期转变人们的思想，

进而指导人们行动的社会行为。"① 面向 21 世纪的思想政治教育学原理认为"思想政治教育是指社会或社会群体用一定的思想观念、政治观点、道德规范，对其成员施加有目的、有计划、有组织的影响，使他们形成符合一定社会或一定阶级所需要的思想品德的社会实践活动。"② 随着思想政治教育研究范式由社会哲学范式向人学范式的转变，认为"思想政治教育是一定的阶层、社会、组织、群体与其成员，通过多种方式开展思想、情感的交流互动，引导其成员吸纳、认同一定的社会观念、政治观点、道德规范，促进其成员知、情、意、信、行均衡发展和思想品德自主建构的社会实践活动。"③ 将人的发展需要纳入思想政治教育内涵界定中，认为"思想政治教育是教育者与受教育者根据社会和自身发展的需要，以正确的思想、政治、道德理论为指导，在适应与促进社会发展的过程中，不断提高思想、政治、道德素质和促进全面发展的过程。"④

以上关于思想政治教育概念界定可归纳为"施加论""转化论""内化论""需要论"，每一界定各有侧重。综合概念界定的演进，遵循中国化马克思主义的思想政治教育学立场、观点和方法，结合本研究视角，本书认为，思想政治教育是上层建筑的组成部分，反映并反作用于中国特色社会主义社会经济基础，以符合社会主义意识形态和实现人民美好生活的思想观念、政治观点、道德规范，通过多种多样的方式实现教育主体和教育客体的共同作用，提升社会成员在适应与促进社会发展和个人全面发展过程中的思想政治道德水平。

（二）发展与创新发展

随着"发展"一词在人文社会科学研究中运用的日益广泛，其内涵日益丰富、外延越来越宽泛，综合起来说，"发展"的内涵可以从以下三个方面来理解。其一，哲学世界观意义上的"发展"。发展是在运动、变化的基础上进一步揭示物质世界运动的整体趋势和方向性的范畴。发展主要指事物由低级向高级，由简单到复杂，由无序向有序的前进的、上升的运动。其二，社会历史观意义上的"发展"。马克思将科学的实践观引入社会历史领域，认为人是社会历史发展的主体，没有人和人的实践活动，就不会有社会发展的历史。在此意义上，我们可以说所谓历史观也就是发展观。其三，当代发展理论上的"发展"。当代发展理论是第二次世界大战以后以发展经济学为主体的发展理论研究，围

① 陆庆壬.思想政治教育学原理[M].上海：复旦大学出版社,1986:04.
② 张耀灿,陈万柏.思想政治教育学原理[M].北京：高等教育出版社,2001:04.
③ 张耀灿.推进思想政治教育研究范式的人学转换[J].思想教育研究,2010(07):05.
④ 教育部思想政治工作司组编.大学生思想政治教育理论与实践[M].北京：高等教育出版社,2009:02.

绕"什么是发展""为什么要发展""怎样发展""如何评价发展"形成了不同的发展观，依次是"发展＝经济增长""发展＝经济增长＋社会变革""发展＝可持续发展""发展＝以人为中心的综合发展"，还有中国共产党人在马克思主义的指导下，在建设和发展中国特色社会主义实践中，对发展问题作出创新性的回答，逐步形成了具有中国特色和较强普遍意义的科学发展观。

　　本书探讨思想政治教育发展与社会主要矛盾转化的内在关系，所以选取哲学世界观意义上的"发展"，从辩证唯物主义和历史唯物主义的观点出发、运用实践思维方式来界定发展。世界的普遍联系必然导致事物的运动、变化和发展，发展是指前进的变化或进化，是在运动、变化的基础上进一步揭示物质世界运动的整体趋势和方向性的范畴。①同时，这一运动过程是人们通过改造人与自然、人与社会、人与自我之间关系的实践活动以满足自身需要而不断进步的实践历史进程。

　　"创新"这个词和创新现象都由来已久，是人们根据社会历史条件的变化和发展要求，主动地改变现有实践，以更好地适应社会发展的需要。创新，也是马克思主义思想宝库中的重要组成部分，马克思主义的创新思想是一个包含理论创新、科技创新、制度创新和文化创新的有机体系，主张在经济社会中对思想观念、生产工具、生产关系、全部社会关系进行革命。而所有这些创新的本质又都是实践活动，所以，对创新的本质的理解仍要坚持实践的观点。社会生活在本质上是实践的，实践是人类发挥主观能动性改造周围世界的活动，是人的主观标准和物的客观标准的辩证统一体。这也就表明实践是创新性和常规性的矛盾体，创新性和常规性既相互依存又在一定条件下相互转化。"随着人类实践能力的不断发展和实践水平的不断提高，实践内含的创新性和常规性之间的矛盾关系也在经历着历史性的发展和变革，实践的本质日益由原初的常规性占主导地位逐渐向创新性占主导地位发展，实践日益从常规发展成为创新性实践。"②实践作为人类社会存在和发展的基本方式，创新性实践逐渐占主导地位，也就表明社会历史发展逐渐由传统发展升华为创新发展。所以，创新发展是指人类实践发展到创新实践占主导地位，并由此成为实践活动的主导形式的基础上，社会生产呈现出以创新为主要驱动、主要内容、主导形式、主要价值取向的社会历史发展阶段及其过程。

---

　　①　李秀林，王于，李淮春. 辩证唯物主义和历史唯物主义原理 [M]. 北京 : 中国人民大学出版社 ,2004:156-157.

　　②　杨启国. 创新发展论 [M]. 北京 : 人民出版社 ,2014:51.

（三）思想政治教育创新发展

"思想政治教育发展，就是传统思想政治教育的观念、内容、方式、体制、模式等各个方面适应现代社会发展和人的发展需要，并促进社会发展和人的发展的改革、转变，就是实现思想政治教育现代化。"① 这种观点是将思想政治教育发展理解为两个过程，一是传统思想政治教育向现代思想政治教育转变过程，二是现代思想政治教育完善深化过程。这同现代思想政治教育学的观点一致，"思想政治教育的发展，是以现代思想政治教育为指向，以传统思想政治教育为参照，在思想政治教育观念、体制、内容和方法等方面的现代化"②，"思想政治教育发展的实质是实现思想政治教育现代化"③。思想政治教育的当代发生与发展趋势研究中以发展的视野来审视它的未来走向，认为"思想政治教育的发展既是以社会发展和人的发展的现状为现实基础，也以推动社会发展和人的发展为最终目的；既是对思想政治教育传统的承接，也是对思想政治教育传统的创新；思想政治教育的发展既内含着其内部诸要素的发展，也带动着其整体结构和表现形态的发展。"④ 除此专门对"思想政治教育发展"概念界定外，发展研究中，思想政治教育的转变、创新发展、发展趋势，思想政治教育地位的提升、内容的深化、领域的拓展、理论的创新等，都冠之以"思想政治教育发展"。思想政治教育发展年度报告集中探讨了此领域有关重大理论和现实问题的研究进展、理论成果及其深化路径；中国大学生思想政治教育发展年度报告从教育实务的角度反映我国大学生思想政治教育工作新进展、区域大学生思想政治教育创新发展的新探索、新经验、新思考。这其中也是用思想政治教育发展表达其理论与实践的变化。

结合以往研究中对"思想政治教育发展"的界定和使用，依据上述立足本书视角对"思想政治教育""发展""创新发展"所下定义，将"思想政治教育发展"理解为，思想政治教育在社会实践环境中通过改造社会关系尤其是人们思想领域关系发挥作用的实践活动，以提升教育实效性而不断推进的实践进程；"思想政治教育创新发展"，是指思想政治教育实践进程中以创新实践为主导形式的，注重以创新为主要驱动、主要内容、主要价值取向的思想政治教育发展阶段及其过程。由思想政治教育创新发展的内涵，可以看出它也是过程范畴和

---

① 郑永廷，唐鸣．思想政治教育发展的哲学思考 [J]．社会主义研究，2001(05):31.
② 张耀灿，郑永廷，吴潜涛．现代思想政治教育学 [M]．北京：人民出版社，2006:65.
③ 张耀灿，郑永廷，吴潜涛．现代思想政治教育学 [M]．北京：人民出版社，2006:64.
④ 杨威．思想政治教育发生论 [M]．北京：中国社会科学出版社，2009:297.

动力范畴的统一。思想政治教育创新发展作为过程范畴，一方面是从实践角度来看，思想政治教育发展是改造人们思想领域关系的实践活动，思想领域实践活动是思想领域要素关系作用的过程；另一方面从运动过程来看，思想政治教育发展是由低级到高级、由简单到复杂的上升的有方向的实践历程。这是一个不断进步的实践历史进程。思想政治教育创新发展作为动力范畴，是从创新作为思想政治教育实践的主导驱动和主导形式来理解，创新是思想政治教育发展的主导途径，体现的是思想政治教育发展的动力要素。

# 第二节　相关理论基础

理论基础在一定意义上是相对于实践基础而言的，理论基础表达阐明的是实践成立、实践发生，或理论成立和发生的学理条件，即学理层面的条件性、可行性。具体到"社会主要矛盾转化下思想政治教育创新发展的理论基础"，在一定意义上就是指那些回答社会主要矛盾转化背景下思想政治教育发展何以可能、如何发生、何种性质，阐明社会主要矛盾转化下思想政治教育创新发展的前提性、本源性问题的理论内容，它对于社会主要矛盾转化下思想政治教育的实践发生和理论建构具有前提性和基础性意义。社会主要矛盾转化下思想政治教育发展的理论基础一定是马克思主义理论基础，即将此理论基础放在马克思主义的学理视角中分析和探讨，而非泛化地、一般地探讨。

## 一、马克思主义矛盾学说

考察社会主要矛盾转化论域中的思想政治教育创新发展，首要的理论基础当属马克思主义矛盾学说。矛盾作为唯物辩证法的核心，马克思主义经典作家及马克思主义发展过程中形成了丰富的矛盾理论内容。为此研究提供直接理论指导的有矛盾的地位和作用理论、矛盾的特殊性理论、正确处理人民内部矛盾理论。

（一）矛盾的地位和作用理论

运用辩证唯物主义的观点，观察自然界、人类历史和人的精神活动，整体是一幅普遍联系和变化发展的辩证图景。唯物辩证法的总特征，是人们考察事物、分析问题的基本原则。对立统一规律揭示了普遍联系的根本内容和变化发展的根本动力，是唯物辩证法的实质和核心。矛盾即对立统一。所以，矛盾规定着事物普遍联系的根本内容，是事物变化发展的根本动力。

矛盾规定着事物的实质内容。矛盾具有普遍性和特殊性，矛盾的特殊性表明矛盾是一事物区别于另一事物的根本标志，抓住了事物独有的矛盾就能够正确认识此事物。社会主义社会矛盾是体现社会主义性质的生产力与生产关系、体现社会主义制度先进性的经济基础与上层建筑的矛盾反映在经济、政治、文化等领域的对立统一关系。资本主义社会矛盾是体现资本主义性质的生产力与生产关系、体现资本剥削的经济基础与上层建筑反映在社会各领域的对立统一关系。社会主义社会和资本主义社会以其各自特有的社会矛盾体现了两种社会性质、制度、经济体系、文化观念、生活方式的不同。社会主义社会不同发展阶段也因社会具体矛盾而呈现不同的特征，社会主义社会是共产主义社会的组成部分，是共产主义社会的不发达阶段，这就是依据社会主义社会在共产主义社会发展历程中特有的社会矛盾表现而判断确立的。资本主义国家开展的政治教育是解决资产阶级统治思想的传播过程中的矛盾的过程，中国共产党的思想政治教育是解决主流意识形态主导和人民群众思想政治素质发展之间的矛盾，两者形成鲜明的不同。

矛盾是事物发展的动力。矛盾即对立统一，是事物各要素间的对立统一关系，表现为同一性和斗争性。事物内部矛盾着的双方既同一又斗争，双方力量此消彼长，不断变化，一旦力量对比发生根本性的变化，双方地位便发生相互转换，于是新矛盾取代旧矛盾，新事物战胜旧事物。这就是矛盾对事物发展的动力作用机制。半殖民地半封建性质的中国社会，封建剥削的生产关系束缚着生产力的发展，要求变革社会制度的政治力量与落后的经济基础不能为其提供充分的经济社会条件，这两对关系的对抗就决定了变革封建剥削的生产关系的必要性、建立民主的社会政治制度的迫切性，中国共产党领导的新民主主义革命的胜利，消除了封建剥削的生产关系，建立了人民当家作主的新中国，实现了中国社会由半殖民地半封建社会向新民主主义社会、社会主义社会的发展。这一过程中党的思想政治工作也随着社会矛盾的变化而表现出新的思想关系对立，这一思想关系对立走向同一的过程就是党的思想政治工作的发展过程。

（二）主要的矛盾和主要的矛盾方面理论

毛泽东对"唯物辩证法的实质和核心"做了丰富和发展，尤其是"主要的矛盾和主要的矛盾方面"。"在复杂的事物的发展过程中，有许多的矛盾存在，其中必有一种是主要的矛盾，由于它的存在和发展规定或影响着其他矛盾的存在和发展。"①"无论什么矛盾,矛盾的诸方面,其发展是不平衡的。"②"矛盾着的两方面中,必有一方面是主要的,其他方面是次要的。其主要的方面,即所谓矛盾起主导作用的方面。"③ 这就要求在把握事物发展过程中善于把握事物的主要矛盾和矛盾的主要方面。

主要的矛盾起着引领、决定作用,其他的矛盾则处于从属地位,所以,在把握有两个或两个以上矛盾组成的复杂事物或复杂过程时,首先要找出主要矛盾,"捉住了这个主要矛盾,一切问题就迎刃而解了"④。新民主主义革命时期,我国社会存在着经济水平低下,人民的物质生活得不到满足、社会生产力水平低,人民群众处于被剥削状态、民族社会遭受殖民统治,中国共产党与国民党关系多变,人民群众对先进文化的需要与封建落后的文化桎梏的矛盾,等等,面对社会矛盾林立的境况,依据抓主要矛盾的分析方法,可归纳出社会主要矛盾是中国人民同帝国主义、封建主义、官僚资本主义的统治之间的矛盾,这一主要矛盾决定了推翻"三座大山",建立人民当家作主的政治制度这一根本任务。中国共产党领导的新民主主义革命就是领导人民群众推翻"三座大山"建立中华人民共和国,这就是新民主主义革命时期社会矛盾的解决方法。同抓社会主要矛盾一样,面对新民主主义革命时期思想政治工作领域呈现的不同矛盾,主要矛盾是中国共产党领导的人民当家作主的思想观念与封建落后的剥削奴役思想观念的矛盾,党领导的政治动员过程中只要抓住这一主要矛盾,思想领域的其他问题就迎刃而解了。

坚持两点论和重点论相统一。"两点"即矛盾体系中的主要矛盾和非主要矛盾、某一矛盾中的主要方面和非主要方面,"重点"即矛盾体系中的主要矛盾、某一矛盾中的主要方面。坚持两点论与重点论相统一,即在解决矛盾体系过程中既要善于抓住主要矛盾又要考虑非主要矛盾、解决某一矛盾过程中既要善于把握矛盾的主要方面又要顾及矛盾的非主要方面。非主要矛盾在矛盾运动过程中也因条件的变化可能成为主要矛盾、矛盾的非主要方面在矛盾解决过程中也会随之转化为矛盾的主要方面,这就要求在处理矛盾体系和某一矛盾过程中既要抓重点又要顾全局,坚持两点论和重点论的统一。社会主义建设时期和改革开放新时期,我国社会主要矛盾是人民的物质文化需要与社会生产供给之间的

① 毛泽东选集(第一卷)[M].北京:人民出版社,1991:320.
② 毛泽东选集(第一卷)[M].北京:人民出版社,1991:322.
③ 毛泽东选集(第一卷)[M].北京:人民出版社,1991:322.
④ 毛泽东选集(第一卷)[M].北京:人民出版社,1991:322.

矛盾，在围绕这一矛盾的社会主义实践中，既要抓住这一主要矛盾，又要整体把握其他矛盾，如政治生活中的公平正义问题、经济生活中的共同富裕问题、文化生活中的价值观问题、社会生活中的各类民生问题、生态领域中的人与自然和谐发展问题。只有既抓住经济层面的生产与需要的矛盾，又统筹其他社会矛盾，才能有效地解决经济层面的供需矛盾，推进我国社会主义建设繁荣发展至下一个阶段。

（三）正确处理人民内部矛盾理论

正确处理人民内部矛盾理论，是中国共产党人依据马克思主义矛盾学说，结合我国社会主义实践，由党的第一代领导集体提出，并经过以后各代领导集体发展的理论，为解决我国社会主义实践过程中的社会矛盾提供了科学的理论指导。

正确区分两类不同性质的矛盾。社会主义革命胜利消灭了资产阶级，解决了无产阶级与资产阶级之间的矛盾，但是导致阶级斗争的因素仍存在，一定条件下阶级矛盾还会被激化。所以，社会主义社会中存在两种不同性质的矛盾，即人民内部矛盾和阶级对抗性矛盾，前者是我国社会主义建设时期的主要矛盾，后者是非主要矛盾，社会主义实践过程中要集中力量解决人民内部矛盾，同时也警惕阶级对抗性矛盾。区分人民内部矛盾和敌我矛盾的标准也在社会主义实践进程中不断丰富发展，由政治标准到法律标准，再到以人们的思想政治状况和社会主义实践表现为判断依据。同时，人民内部矛盾的内容、表现形式和特点也随着社会主义实践的变化呈现复杂化，由政治方面转向经济方面及社会整体方面，党的领导集体也随着新形势下人民内部矛盾的特点，引导人们正确认识和处理我国改革开放和社会主义现代化建设中的人民内部矛盾，以避免将人民内部矛盾误判为敌我矛盾、将敌我矛盾当成人民内部矛盾来解决。党的八大报告中指出，阶级对抗矛盾随着新民主主义革命、社会主义革命的胜利而得到解决，落后的社会生产同先进的社会制度之间的矛盾成为社会主要矛盾。然而1957年在国内外形势下党的指导思想受到"左"倾错误思想影响，将人民内部的矛盾当作敌我矛盾，导致社会主义建设曲折发展，甚至出现一定程度的倒退。

正确处理人民内部矛盾是我国政治生活的主题。社会主义社会中，同时存在人民内部矛盾和敌我矛盾。在我国社会主义实践进程中，正确区分两类不同性质的矛盾，认识到人民内部矛盾就地位来说，已经越来越处于突出位置，就比重来说，成为广泛存在于社会生活各个领域中的最大部分的矛盾，所以，正确处理人民内部矛盾已经成为党领导社会主义建设的"主题"。对这一"主题"

的把握和处理关系到巩固党的执政地位、维护社会稳定、调动一切积极因素推进社会主义现代化建设。人民内部矛盾是指人民群众根本利益一致基础上的社会各领域的对立统一关系，是社会主义先进制度下社会基本矛盾运动的体现。社会主义制度下，经济层面的供需矛盾和社会层面的供需矛盾都是人民内部矛盾性质的，通过进一步解放和发展生产力、调整生产关系、进一步完善政治制度来解决。相较于阶级对抗的敌我矛盾，人民内部矛盾的解决是在坚持民主原则下，抓住经济这个基础，用经济手段来进行利益调节，加强法治建设，以法治手段实行民主与法治、自由与纪律、民主与集中的结合和统一，同时对人民群众进行思想道德教育，将依法治国和以德治国结合起来。"正确处理人民内部矛盾是我国政治生活的主题"这一命题对思想政治教育提出了直接的要求，"思想政治工作是经济工作和其他一切工作的生命线"这一地位功能，也是这一命题的写照。社会主义制度在我国确立、完善、发展过程中，形成的社会矛盾都属于人民内部矛盾，需要发挥党的思想政治教育功能，更好解决社会矛盾推动中国特色社会主义现代化建设。

## 二、社会存在与社会意识辩证关系原理

历史唯物主义的观点，认为社会生活本质上是实践的，以社会存在与社会意识的关系原理来认识整个人类社会。社会矛盾是社会存在与社会意识的综合反映；思想政治教育属于思想上层建筑，本质上是社会意识，所以，社会矛盾作用于思想政治教育。

（一）社会矛盾是社会存在与社会意识的综合反映

社会历史现象从表面上看纷繁芜杂，但从总体上把握其实质时，可以将其划分为两大基本方面：社会生活的物质方面和社会生活的精神方面，也就是社会存在与社会意识。社会存在包括物质生产方式、地理环境和人口因素等。其中，物质生产方式是社会历史发展的决定性力量，决定并制约着人们的经济生活、政治生活和精神生活等全部社会生活。社会意识是社会存在的反映，由诸多层次和因素构成，是一个复杂的体系。从对社会存在的反映程度和性质来看，社会意识包括社会的政治法律思想、哲学、道德、艺术、科学、宗教等意识形式，以及风俗、习惯等社会心理现象。马克思主义还将社会存在与社会意识的关系认识具体运用到对社会结构的分析中，提出了经济基础决定上层建筑的论断。生产力和生产关系构成生产方式，这种生产方式就是"经济基础"，也就是

恩格斯所说的"作为历史上决定性基础的经济关系"。一定社会的社会意识形态以及与之相适应的社会制度和设施，是上层建筑，包括政治的上层建筑和思想的上层建筑，本质上属于思想的社会关系，与作为经济基础的社会的物质社会关系对应起来。

社会矛盾是指社会运动过程中要素间的对立统一关系。社会要素纷繁芜杂，从整体上可划归为社会物质生活方面和社会精神生活方面。社会要素间的对立统一关系构成社会矛盾，从根本上说就是社会存在与社会意识、经济基础与上层建筑的综合反映。社会矛盾又可区分为社会基本矛盾、社会主要矛盾和社会具体矛盾。社会基本矛盾是生产力与生产关系的矛盾运动、经济基础与上层建筑的矛盾运动。社会基本矛盾规定着社会发展的根本规律是社会发展的根本动力。社会主要矛盾是社会基本矛盾在特定社会发展阶段的集中体现，也就规定着特定社会发展阶段的发展方向并为其提供发展动力。社会具体矛盾反映社会各领域变化发展的现实问题和未来目标。从整体的社会构成来说，社会矛盾是物质生产实践和精神生产实践的综合反映，对生产实践发挥能动作用。

（二）把思想政治教育作为思想上层建筑

上层建筑包括政治上层建筑和思想上层建筑。思想政治教育是将符合社会发展和个人发展的思想观念、政治观点、道德规范进行有组织、有计划地传播，以提升社会成员的思想观念水平，推进主流意识形态建设。它的本质是主流意识形态的主导与灌输，实质上属于思想上层建筑。

社会存在决定社会意识、经济基础决定上层建筑，对于我们揭示社会意识的来源以及人的思想政治品德形成发展的社会基础，揭示思想政治教育发生的深层根源，具有重要的方法论意义。思想政治教育从根本上来说，属于思想上层建筑，是思想政治意识、观念的生产和传播。作为上层建筑领域里一种特殊的精神生产实践活动，思想政治教育紧紧围绕社会存在、经济基础发展的需要来进行。另一方面，社会意识反作用于社会存在、上层建筑或促进或阻碍经济基础的发展。思想政治教育作为精神性的社会实践活动，面对和解决的是人们思想观念领域的问题，对社会经济基础的巩固和发展发挥着能动作用。这就是思想政治教育的社会价值，尤其是对于社会经济发展的能动价值，经济与政治的发展高度统一，在坚持以经济建设为中心，推进社会主义现代化建设的实践中，要依凭经济基础与上层建筑的辩证关系，牢牢把握坚定正确的政治方向，重视社会思想上层建筑对于经济基础及社会发展的能动作用，高度重视并切实抓好社会的意识形态建设，坚持正确的前进方向，为经济建设提供方向保证和思想政治保障。

社会矛盾是社会存在与社会意识的综合反映，内蕴着思想政治教育的社会制约决定因素，又要求思想政治教育发挥能动作用。社会主要矛盾是社会基本矛盾在特定社会发展阶段的集中反映，社会主要矛盾转化自然表明社会存在与社会意识、经济基础与上层建筑发生一定程度和一定范围内的变化，必然影响思想政治教育发展要求它实现能动作用。我国主流意识形态是社会主义意识形态，社会主义意识形态的主导与灌输对我国社会经济基础发展起着巨大的促进作用。社会主义核心价值体系是社会主义意识形态的本质体现，思想政治教育以它为内容和载体为社会成员提供国家层面发展目标、社会层面价值取向、个人层面的价值准则，引导人们对利益追求的合理化和平衡态，协调不同利益主体间的矛盾和冲突。

### 三、马克思主义社会发展理论

马克思主义关于社会发展的理论揭示了人类社会的发展是经由其本身固有的内在的客观的社会基本矛盾运动的推动而实现的，是客观规律性和人类活动自觉性的相统一，以完成社会主义革命进入共产主义社会为人类社会发展的总的历史趋势。马克思主义社会发展理论为社会主要矛盾转化与思想政治教育发展的必然性奠定了理论基础。

（一）社会是不断自我更新的有机体

"辩证方法要我们把社会看作活动着和发展着的活的机体。"[1] 社会有机体形成于人的实践和交往活动之中，它的发展相较于自然发展来说，是有意识有目的的人们交互作用的结果。生产关系与生产力之间由适合到不适合再到新的适合，上层建筑适合经济基础状况促进生产力的发展，推动社会有机体从低级到高级的发展。社会物质生活、政治生活和精神生活的改进和社会形态由低级到高级的发展，既包括社会持久、缓慢的进化，又包括社会发展的质的飞跃。到目前为止，社会形态有五种类型，即原始社会、奴隶社会、封建社会、资本主义社会和社会主义社会；同一社会形态又有呈现不同特征的发展阶段。所以，"社会是不断自我更新的有机体"，即人类社会是不断发展着的，发展过程中呈现不同的社会形态，同一社会形态发展过程中又呈现不同特征的发展阶段，社会形态更替和社会发展阶段推移具有客观性和规律性。

---

[1]　列宁选集（第二卷）[M].北京：人民出版社,2012:55.

（二）社会发展规律的客观性和人类历史活动的自觉性

辩证唯物主义认为物质运动形式按照由低到高的发展顺序有机械、物理、化学、生物和社会等基本运动形式，在历史唯物主义视野内，社会这种高级物质运动形式也服从于客观规律，通过社会形态的演进展现为一种"自然史的过程"①。这就表明社会发展存在不依人的主观意志为转移的客观规律。然而，在社会领域内，各种社会现象、社会因素都要通过人的历史活动表现出来，而人的活动是有意识、有目的的，任何历史事件的发生都带有人的自觉意图。人的活动虽然不能改变和制造社会规律，但却能够创造或改变社会规律据以形成并发生作用的条件，从这个意义上说，人的自觉实践活动对社会规律具有某种选择性，随着社会进步和文明的发展，这种选择性愈益显现出人类对社会规律的驾驭能力。所以，人类社会的历史既是一个有规律的客观发展过程，又是人们的自觉活动创造的，社会发展规律的客观性与人类历史活动的自觉性是相统一的。

从人的自觉活动与社会发展过程的关系来看，人的活动总要受到历史条件的制约，任何人都无法改变历史发展的总趋势和总过程，但人的自觉活动却能够加速或延缓社会的具体进程。从人类活动的自觉意识和社会发展规律的关系来看，人类活动的成败及其自觉意识的实现程度，归根结底取决于是否符合客观规律及其符合的程度。从人类活动的目的性与历史发展结果的关系来看，人的目的、意志同历史发展总结果之间的差异是永恒存在的，但人类活动的目的性与历史发展总结果接近的趋势也是不断发展的，前者说明人们的历史活动终归要服从社会发展的客观规律，后者说明人们掌握和运用社会发展规律是一个历史过程。

社会发展的基本矛盾学说体现着社会发展的客观性，思想政治教育作为特殊的精神生产活动则在一定程度上体现着人的活动的自觉性。思想政治教育一方面反映着复杂多样的社会面貌、社会运行过程，另一方面因自身具有能动地反作用的特点，能够创造或改变社会发展规律据以形成并发生作用的条件，发挥着对社会发展规律的驾驭作用，影响着社会历史发展的进程。因此，社会发展规律的客观性和人类历史活动的自觉性的相统一，为讨论社会主要矛盾转化与思想政治教育发展的相互关系也提供了理论依据。

（三）关于社会历史发展总趋势和无产阶级历史使命的理论

马克思曾在 1859 年写的《政治经济学批判序言》中深刻地指出："社会的

---

① 马克思恩格斯文集（第 1 卷）[M].北京：人民出版社,2009:211.

物质生产力发展到一定阶段，便同它们一直在其中运动的现存生产关系或财产关系（这只是生产关系的法律用语）发生矛盾。于是这些关系便由生产力的发展形式变成生产力的桎梏。那时社会革命的时代就到来了。随着经济基础的变更，全部庞大的上层建筑也或慢或快地发生变革。"① 这表明了人类社会更迭的规律。马克思、恩格斯具体考察了资本主义社会的生产力和生产关系状况，认为资本主义社会生产力的发展与生产关系之间产生了根本矛盾和冲突，解决矛盾的唯一出路就是消灭私有制，实现生产资料的社会占有，用社会主义的公有制取代资本主义的私有制，这就意味着人类完成社会主义革命，进入共产主义社会是不可避免的历史必然。

历史发展的进步与社会更迭的实现，一定程度上和一定范围内是通过阶级斗争实现的，是革命阶级与反动阶级通过激烈的阶级对抗实现的。先进阶级只有通过阶级斗争去战胜反动落后阶级，历史发展的趋势才会变成现实。人类社会实现由资本主义向社会主义的过渡，也需要通过无产阶级反对资产阶级的阶级斗争去实现。无产阶级要担负起反对资产阶级，推动社会革命和发展的使命，一方面需要正确认识社会历史的发展趋势和规律，另一方面需要在思想观念上实现与旧观念的决裂。马克思、恩格斯在《共产党宣言》中深刻地指出，"共产主义革命就是同传统的所有制关系实行最彻底的决裂；毫不奇怪，它在自己的发展进程中要同传统的观念实行最彻底的决裂"②。与旧观念实现彻底决裂的过程是一件十分艰巨的任务，需要在意识形态领域经历复杂的斗争。

马克思主义关于人类社会必将走向共产主义的发展趋势的理论及无产阶级历史使命的理论充分表明，实现共产主义是人类历史发展规律的必然要求，而无产阶级要担负起实现共产主义的历史使命，需要使自己成为代表历史前进方向的先进阶级，需要开展无产阶级革命运动，而这一切要求无产阶级掌握革命的理论和先进的阶级意识与革命觉悟。中国共产党领导人民进行革命、建设、改革实践过程中的社会主要矛盾发生的转化，是以共产主义远大理想和中国特色社会主义共同理想为方向，紧紧围绕人民群众的根本利益，客观反映和引导我国社会主义实践进程的问题和目标。中国共产党的思想政治教育是无产阶级领导的传播先进的阶级意识与革命觉悟的实践活动，是与资产阶级思想体系作斗争的社会主义意识形态教育，体现着无产阶级肩负的阶级使命，是推动人类实现共产主义的必然要求。所以，关于社会历史发展总趋势和无产阶级历史使

---

① 马克思恩格斯选集（第 2 卷）[M]. 北京：人民出版社,2012:02-03.

② 马克思恩格斯选集（第 1 卷）[M]. 北京：人民出版社,2012:421.

命的理论为探讨社会主要矛盾转化与思想政治教育发展的时代必然性提供了理论基础。

### 四、创新发展的相关理论

马克思主义唯物辩证法关于发展是一个过程、创新是发展的动力、发展的本质就是创新，马克思主义系统观和系统科学理论，以及认识与实践辩证关系原理所揭示的理论创新与实践创新的统一，奠定了思想政治教育创新发展过程的理论基础，对新时代社会主要矛盾转化视域下思想政治教育创新发展的具体探究过程具有重大的指导意义。

（一）唯物辩证法的发展观点

唯物辩证法是整个马克思主义理论大厦的哲学基础。它是一系列普遍规律和范畴的科学体系，这些普遍规律和范畴从各个方面揭示事物的普遍联系和永恒发展。唯物辩证法一方面把整个世界及世间一切现象理解为不断发展的过程，同时又将真正的发展视为各种事物和现象的互相联系与辩证转化。它的两大总体特征，即联系的观点和发展的观点，要求人们在思想政治上对一切问题采取"具体地、历史地分析"的态度。在唯物辩证法看来，联系和运动密切相关，联系是运动中的联系，运动是联系中的运动。事物的运动、变化、发展同事物的普遍联系不可分，事物的相互联系构成运动、变化和发展。联系是普遍的，发展也是普遍的，事物的发展是从量变到质变、由简单到复杂、由低级到高级的无止境的前进变化。讲发展的普遍性，即讲永恒性。对此可以从过程性角度予以发挥。过程是事物发展在时间上的持续和空间上的延伸，自然界、人类社会和思维领域的一切事物和现象都是作为一个过程向前发展的。要想真正科学地把握事物的发展，必须把它作为过程历史地加以考察。历史地考察并不是只关注从过去到现在这一段，唯物辩证法的发展观点更全面，它在过去到现在的界限推移中看到"过程"也包含至未来的一面，它由过去、现在、未来的辩证关系中揭示了总结过去是为了立足现实、面向未来。任何符合社会历史发展规律的事物都处在过去和未来之间，以属于自己的"现在"不断变化适应"现在"，以承继过去、创造未来。思想政治教育作为反映人们思想观念的理论研究与实践活动，也是遵循辩证发展的观点，作为一个过程不断变化发展的。

马克思主义唯物辩证法认为，发展的实质，是新陈代谢，是新事物不断产生和旧事物不断灭亡，新事物由小到大、由弱到强，逐渐战胜和取代旧事物的过程。要实现不断的发展，那就需要不断创新，让合乎历史发展规律的事物不断取代不符合发展需要的事物。创新是历史进步的动力、时代发展的推手。"辩证法不崇拜任何东西，按其本质来说，它是批判的和革命的。"①马克思主义哲学批判的革命的本质，就是创新。这是因为人的实践活动本质上就是批判的、辩证的，具有创新精神，对现实的批判必须借助实践的力量，按照人的需要和事物发展变化的客观规律来改造自然、改造人类社会、改造人自身。这是从人的实践中理解创新的本质，即创新不是脱离实践的空想，而是建立在人的实践活动基础上的创新。从发展的动力和人的实践活动本质上来讲，发展的本质就是创新，创新的结果就是发展，创新是解决发展问题的根本途径。依据马克思主义的创新发展观点，思想政治教育作为不断发展的过程，也应该以创新作为发展的第一动力，认识到创新发展在思想政治教育发展过程中的核心地位，以不断的创新促进思想政治教育发展。

（二）系统理论

依据世界是普遍联系和永恒发展的观点，马克思主义系统观认为，宇宙间的任何事物都是相互联系、相互作用的一个系统，即使是微观领域的基本粒子或是最大的广漠宇宙都是系统。马克思创立了社会结构理论，阐明了上层建筑与经济基础之间的关系问题，并提出了一个深层结构（生产关系）与表层结构（政治、法律、文化）的对立模式；马克思、恩格斯还提出了物质结构层次理论，认为物质结构是存在很多不同层次的，而且是无限大或无限小的。另外，系统观念在现代科学研究和社会生活中已经获得了广泛的重视，系统科学理论认为，系统是由相互联系、相互作用的诸要素组成并具有一定功能的有机整体，系统有层次性、整体性和动态平衡性等特点，系统整体的性质和规律只存在于各要素的有机联系和相互作用之中，各要素的孤立活动的特征不能反映系统整体的功能和特征。系统科学理论反映了现代科学整体化和综合化的发展趋势，是解决现代社会中的政治、经济、科学、文化等各种复杂问题的方法论基础。思想政治教育作为多要素构成的一个系统，并且作为社会大系统中的一个子系统，理应将马克思主义系统观和系统科学理论作为思想政治教育创新发展的理论基础，将思想政治教育作为一个有机整体，把握其整体性、动态平衡性，运用结构分析方法和系统分析方法，审视思想政治教育各要素及要素之间的关系，凸显其整体功能和活动实效性。

---

① 马克思恩格斯选集（第2卷）[M]. 北京：人民出版社,2012:94.

（三）认识与实践辩证关系原理

马克思主义认识论，是以科学的实践观为基础的能动的反映论，揭示了认识与实践的辩证关系。实践是人类生存和发展的最基本的活动，是认识产生和发展的基础；认识是主体在实践基础上对客体的能动反映；认识不但来源于实践，而且是一个在实践基础上不断深化的发展过程。认识与实践的辩证关系，又深刻揭示了理论对实践的依赖关系以及理论对实践的指导作用，对于揭示事物创新发展的规律也是一把钥匙，即事物的创新发展在一个方面上是理论创新与实践创新的统一。理论创新，是关于概念、原理以及科学体系的创新；实践创新是活动过程中的创新，表现为实践过程与手段的创新。两者是相互联系的过程，并统一表现为创新过程中的双方互动。在两者互动中，实践创新具有基础性的意义，即一些重大理论创新往往是在指导实践的过程中实现的；实践创新又需要理论创新的支撑和引领，是在理论的创新精神和创新方法的指导下实现的。思想政治教育的发展特别是创新发展是有规律的，掌握了发展的规律，就可以更加自觉地推进思想政治教育的创新发展。理论创新与实践创新的互动作为事物创新发展的一条规律，为新时代社会主要矛盾转化下思想政治教育创新发展提供方法指导。

除此，还有关于创新发展实践经验和理念的借鉴，如中华优秀传统文化的"创新性发展"、新发展理念中的"创新发展"理念。前者是指在继承优秀传统文化的基础上通过创新形式或内容，实现优秀传统文化的继承发展，要求正确处理继承与发展的关系；后者是指创新驱动发展，以创新作为发展的动力，作为"五大发展理念"的首要遵循，强调创新在时代发展中的动力机制。

# 第三节　社会主要矛盾转化与思想政治教育发展的内在关联

"社会主要矛盾转化"和"思想政治教育创新发展"，皆是过程范畴和动力范畴的统一，并且社会主要矛盾是社会系统的核心问题，思想政治教育作为社会系统的重要组成部分，两者统一于社会发展过程。据此并结合社会主要矛盾转化与思想政治教育发展相互关系的理论基础，可归纳出两者存在着紧密的内在关联逻辑。

## 一、社会主要矛盾转化是思想政治教育发展的根本动力

从根本上说，社会主要矛盾转化是生产力发展的结果，生产力的发展驱动生产关系与其相适应，生产关系影响着包括交往关系在内的整个社会关系，人们在新的社会关系中形成新的思想特点和发展态势。所以，社会主要矛盾作为社会运行的核心，相较于其他社会要素的变化来说，其转化是根本性前提，推动着思想政治教育的发展。

（一）社会主要矛盾转化是思想政治教育发展的根本前提

"思想政治教育系统是社会系统的重要组成部分，两者具有关联性，意味着思想政治教育系统总是与社会系统不断地相互'渗透'、互涉并相互依赖。"[①]社会主要矛盾集中反映生产力、生产关系、上层建筑在特定社会阶段的特点和作用过程，是社会系统中的核心范畴。所以说到底，思想政治教育作为社会运行系统中的一个要素、一项实践活动、一种运行过程，其变化发展在根本上受社会主要矛盾的影响。也就是说，思想政治教育变化发展受社会整体系统要素的影响，而相较于其他要素变化的影响，生产力发展与交往形式变化发挥着根本性的影响，是思想政治教育变化发展的根本前提。

"物质生活的生产方式制约着整个社会生活、政治生活和精神生活的过程。"[②]生产力在生产方式中起着决定性作用，它处于不断发展变化之中，驱动生产关系、社会关系的变化。生产力的不断发展与社会的不断进步改变着人们的生活方式、生活需要和精神需求。生产力由落后的发展为先进的，基本解决了人们的物质文化需求；在此基础上生产力又进一步地解放和发展，人们提出更高的、更多样化的精神生活和政治生活需要。物质文化生活、精神生活和政治生活既为思想政治教育运行过程奠定基础，又都是其作用场域，这些需要的改变就必然要求思想政治教育创新发展。生产力的发展决定生产方式的发展，生产方式的发展尤其是分工的进一步扩展又决定了人们的交往形式。交往形式的变化，人们在交往关系基础上形成的思想、观念、价值等也随之发生变化，内在地影响着人们的思想发展和价值判断。协调交往关系变化过程中人们思想发展和价值判断与社会共同目标的和谐融洽，要求思想政治教育随着社会交往关系的变化而作出相应的变化。

（二）社会主要矛盾转化作用于思想政治教育矛盾变化

社会主要矛盾是社会基本矛盾在特定社会发展阶段的集中反映，是社会各

---

① 杨威.思想政治教育的社会学研究[M].北京：中国社会科学出版社,2014:13.

② 马克思恩格斯文集(第2卷)[M].北京：人民出版社,2009:591.

领域现实问题与发展目标的集中体现，揭示了社会发展阶段的经济、政治、思想等领域中人与社会间存在的总体性对立统一关系。思想政治教育主要矛盾揭示的是社会发展阶段的思想领域中人与社会间存在的最集中的对立统一关系。所以，在总体社会关系中社会主要矛盾和思想政治教育主要矛盾之间是不断"渗透"和"互涉"的，社会主要矛盾直接影响着思想政治教育主要矛盾。社会主要矛盾转化标志着包括经济、政治、文化等方面的整个社会领域在一定程度上发生变化，决定社会条件、供需关系、社会任务的变化。具体在思想政治教育领域，它决定着社会发展和个人发展的思想政治道德需要与满足这些需要的条件的变化，这些变化给思想政治教育营造了新的社会环境、提供了新的社会阶段特征，思想政治教育主要矛盾必定在这一特定阶段形成既符合其基本矛盾又反映时代特征的矛盾内容。所以，社会主要矛盾转化使思想政治教育矛盾体系中各矛盾因子发生质与量的变化，使各个矛盾所处的地位、功能发生变化，并在此基础上产生新的矛盾不平衡性，进而产生新的思想政治教育主要矛盾。

社会主要矛盾转化除了对思想政治教育主要矛盾产生深层影响，也对由两者共同决定的其他要素和矛盾产生影响。教育者、受教育者、教育内容、教育载体等要素在社会主要矛盾转化所体现的具有新特点的社会领域中也表现出新的特征，这些具有新特征的要素交互作用形成新的矛盾表现形态。矛盾是事物发展的内在动力，思想政治教育矛盾是其发展的内在动力，所以，社会主要矛盾转化作用于思想政治教育矛盾的变化，变化了的思想政治教育矛盾内在地推动自身发展。

## 二、思想政治教育发展是社会主要矛盾转化的重要途径

矛盾转化泛指矛盾运动的全过程，包括矛盾的发生、发展和解决的整个过程，矛盾转化是有条件的，形式是多样的。社会主要矛盾转化是指一种社会主要矛盾运动过程向另一种社会主要矛盾运动过程、一种社会主要矛盾系统向另一种社会主要矛盾系统的飞跃。作为思想上层建筑的思想政治教育，是服从和服务于社会经济基础的，在社会有机体构成的社会系统运行中发挥着能动作用，其发展过程不仅能够推动生产力的发展、协调社会需要与社会供给的关系，为解决现有社会主要矛盾提供基础，还创造一定条件促进社会主要矛盾发生新的转化。

（一）思想政治教育服务生产力发展，推动社会主要矛盾的解决

思想政治教育作为思想上层建筑，从总体上说思想政治教育对社会主要矛盾发挥着能动的反作用。具体表现在，一方面为解决社会主要矛盾提供思想认识前提、提供理论支撑；另一方面将精神力量转化为物质力量，通过发挥自身的基本功能，服务于经济建设和社会发展，推动社会主要矛盾的解决。

思想政治教育作为思想上层建筑，核心作用领域是思想领域，以符合社会发展和个人发展的思想观念、政治观点和道德规范，引领并提升以社会成员为核心的社会整体思想政治道德素质水平。社会主要矛盾规约着思想政治教育，对它提出新任务和新要求，反过来，思想政治教育对社会主要矛盾的解决发挥思想认识方面的能动作用。"社会系统中客观存在的思想领域，需要开展思想协调，也在客观上规定了思想政治工作的必要性"①，说明思想政治教育是社会系统发展动力系统传导机制上的重要环节。不同的社会发展阶段和社会历史条件，社会主要矛盾发生变化，而思想政治教育始终与该社会的经济政治文化社会发展相适应。发展中出现的问题用发展的办法来解决，这本身就是个重大的思想认识问题，解决认识问题就需要思想政治教育来发挥作用，所以社会主要矛盾的解决和转化过程中离不开思想政治教育。基于社会主要矛盾及其变化，思想政治教育首先在社会成员的思想认识领域宣传、阐释社会主要矛盾转化的内涵、逻辑，引导人们澄清认识上的偏差，进而达到认识上的统一，为解决社会主要矛盾转化提供思想认识前提，既为解决人们在社会发展中出现的困惑，又为人们更好地投入社会发展注入活力和动力提供理论支撑。

"理论一经掌握群众，也会变成物质力量"②。思想政治教育的价值不在于解释世界，而在于改造世界。思想政治教育的最终旨归就是运用先进的思想政治理论教育广大人民群众，形塑其思想观念、增强其政治觉悟、提升其道德素质，通过作用于生产力发展和社会发展而实现人的自由全面发展。所以，思想政治教育作为推进经济工作以及其他一切工作的"软力量"，发挥对社会发展的保障、引领、激励、凝聚、调适等功能，将精神力量转化为物质力量，为社会发展提供坚实的物质基础。马克思、恩格斯在《德意志意识形态》中清晰地描绘了未来生产发展基础上新型交往关系的美好图景，"只有在共同体中，个人才能获得全面发挥其才能的手段，也就是说，只有在共同体中才可能有个人自由"，③

---

① 孙其昂.社会学视野中的思想政治工作 [M].北京：科学出版社,2017:21.

② 马克思恩格斯文集 ( 第 1 卷 )[M].北京：人民出版社,2009:11.

③ 马克思恩格斯文集 ( 第 1 卷 )[M].北京：人民出版社,2009:571.

这种共同体的交往形式不再是"虚幻的"、使人们异化的"桎梏"，而是真正的共同体，"各个人在自己的联合中并通过这种联合获得自己的自由"①。思想政治教育本质上作为特定的精神生产活动，在服务经济工作中心的基础上服务这种"共同体"的实现，培养人们高尚的道德品质、共同的理想追求、良好的人际关系等，着重建立新型交往关系的"共同体"。思想政治教育作为经济工作和其他一切工作的生命线，开展有计划的精神活动和政治活动，最根本的是要服务生产力发展即经济建设，通过经济关系及其他交往关系对人们进行教育影响，其作用过程和作用目标实际上是推动社会主要矛盾的解决和转化。

（二）思想政治教育发展为社会主要矛盾转化创造条件

思想政治教育不仅作用于社会主要矛盾的解决，其发展过程还为促进社会主要矛盾转化创造条件。具体表现在两个方面，一方面思想政治教育发展在解决社会需要与社会供给矛盾基础上为人民群众提出新的需要奠定基础；另一方面思想政治教育在其发展过程中连同社会有机体的其他要素共同作用于生产力、生产关系和上层建筑，为其形成新的特征和作用关系提供一定的条件和基础。

思想政治教育一方面为社会主要矛盾的解决提供认识论前提，另一方面将精神力量转化为物质力量，服务生产力发展解决现有社会主要矛盾。面对社会需要与社会供给之间的矛盾，思想政治教育在其作用过程中将精神力量转化为物质力量，提升满足人民群众需要的社会供给能力和水平，另一方面思想政治教育作为特殊的精神生产活动，其作用过程直接生产社会精神产品，满足人民群众的精神文化需要，并引导人民群众的合理需要，如此，有效缓解人民群众需要水平与社会供给能力的不平衡，逐渐达到平衡。思想政治教育发展是在原有基础上结合新的物质活动开展的精神活动，这一新的精神活动结合物质活动促使人民群众在满足已有物质生活需要和精神生活需要的基础上提出更高的更多样化的生活需要。人民群众新的需要与社会供给能力和水平又形成新的不平衡，如此旧有社会主要矛盾解决后，产生新的社会主要矛盾，即社会主要矛盾发生转化。这就表明思想政治教育通过经济关系及其他交往关系对人们的影响，不仅能够促进人们物质需要的满足，也更有利于促进人们文化、政治、社会领域内的更多需要的满足和进一步提出，从而促进社会主要矛盾发生转化。

思想政治教育是社会有机体的重要组成部分，是解决"社会问题"必不可少的社会实践活动。它作为特殊的精神生产，属于思想上层建筑，其运行过程

---

① 马克思恩格斯文集（第1卷）[M].北京：人民出版社,2009:571.

必然与社会有机体的其他组成部分相互影响、共同作用。生产力和生产关系是社会发展的根本要素，所以这一共同作用，必然落到生产力、生产关系和上层建筑上。即思想政治教育发展进程，连同其他社会实践活动的共同作用，促进社会生产力、经济关系、交往方式等呈现新的特点和新的作用关系，而这一新的特点和作用关系就集中体现为社会主要矛盾转化的基础和条件。所以，思想政治教育发展过程也是促使社会主要矛盾转化有利条件的形成过程。

### 三、社会主要矛盾转化与思想政治教育发展的协调共进

社会主要矛盾转化是过程范畴与动力范畴的统一，思想政治教育发展也是过程范畴与动力范畴的统一。社会主要矛盾转化作为过程范畴内蕴于社会发展中，思想政治教育作为过程范畴也内蕴于社会发展之中；社会主要矛盾转化作为动力范畴从根本上推动社会发展，思想政治教育发展作为动力范畴也为社会发展提供精神动力。所以，两者统一于社会发展过程并共同作为社会发展的动力，两者在社会发展中协调共进。

（一）社会主要矛盾转化与思想政治教育发展统一于社会发展过程

社会基本矛盾决定着社会的根本性质和发展方向。同一社会基本矛盾在社会不同发展阶段体现的不同社会主要矛盾反映的是同一社会性质的社会不同发展阶段；社会基本矛盾发生变化所引起的不同社会主要矛盾反映的是不同社会性质的社会发展。所以，社会主要矛盾转化就包括体现同一社会性质的社会不同发展阶段的主要矛盾变化，体现不同社会性质的不同社会发展的主要矛盾变化，前者是同一社会性质的社会不同发展阶段的连续，后者是不同社会性质的社会形态的更迭。同一社会性质的社会不同发展阶段的社会主要矛盾转化集中反映代表着同一社会性质的生产力、生产关系和上层建筑的新特征和新型作用关系，其转化过程是社会发展阶段过程；不同社会性质的不同社会发展中社会主要矛盾转化集中反映代表着不同社会性质的生产力、生产关系和上层建筑的根本变革，其转化过程是社会更迭过程。

思想政治教育作为思想上层建筑，根植于社会经济基础并反作用于社会经济基础，其本质是主流意识形态的主导和灌输。思想政治教育发展源于社会经济基础的变化、受其他上层建筑变化的影响，其发展过程也是生产力、生产关系与上层建筑辩证关系推动的社会发展过程。思想政治教育发展，是随着社会发展、适应社会变化的变化过程。因为思想政治教育作为特殊精神生产活动，

受制约于社会物质活动，根本上服务于经济建设，构建符合社会发展和个人发展的社会精神文明，它的主题和任务随着社会发展的特征和目标的变化而变化。社会性质发生变化，思想政治教育主题也随之发生根本性变化，形成符合社会性质的主流意识形态的主导和灌输样态；社会性质不变，社会呈现不同发展阶段，思想政治教育则依据社会发展阶段特征、社会思想领域的问题和形态，构建适应社会发展阶段所需要的思想观念、政治观点和道德规范，形成推动社会发展阶段良好运行的思想样态和精神动力。

社会主要矛盾转化作为一个过程统一于社会发展过程，思想政治教育发展作为一个过程统一于社会发展过程，又社会主要矛盾转化是思想政治教育发展的根本动力、思想政治教育发展是社会主要矛盾转化的重要途径，所以社会主要矛盾转化的过程与思想政治教育发展的过程相互契合，统一于社会发展过程。社会主要矛盾转化过程与思想政治教育发展过程存在着相互促进的关系，转化方向和发展方向表现出与社会发展方向一致的特点，并共同作用于社会发展过程。

（二）社会主要矛盾转化与思想政治教育发展统一于社会发展的动力

生产力处在不断的变化发展之中，随着科学技术的发展等因素的变化，生产力不断得到解放和发展，整体社会的生产力水平不断提高。生产力水平提高必然引起生产关系包括经济关系、交往关系等的变化，生产力与生产关系的统一即生产方式，生产方式构成社会经济基础，所以生产力水平的提高和生产关系的变化引起社会经济基础的变化。随着经济基础的变化上层建筑也发生相应的变化。如此，生产力与生产关系之间的矛盾运动、经济基础与上层建筑之间的矛盾运动，就呈现新的特点和新的运行过程，这一新的矛盾过程集中表现为社会主要矛盾转化。生产力、生产关系和上层建筑变化表现出的新特点和新的作用方式，就是社会发展新阶段的特征和过程。所以，社会主要矛盾转化过程就是社会发展过程，社会主要矛盾转化从动力范畴上讲是社会发展的根本动力。

思想政治教育作为以思想领域为核心作用领域的理论与实践，其直接作用结果是引导人们形成适应社会发展和个人发展的思想观念、政治观点和道德规范，这些综合形成服务于社会发展的精神力量。思想政治教育是以人的思想的形成与发展为对象，物质转化为精神、精神转化为物质的双向转换彰显其物质力量。所以，思想政治教育将社会精神力量转化为物质力量，将激发出来的人民群众的创造热情转化为社会发展过程中注入的强劲创造活力，通过促进生产力的发展而创造丰富的物质资源，满足人民群众的物质生活需要。另一方面，思想政治教育本身作为特定的精神生产活动，有计划地开展精神活动和政治活动，生产精神产品满足人民群众的精神需要、道德需要、政治需要等，同时还以社会核心价值体系引领人民群众的物质生活需要和精神生活需要。思想政治教育满足和引导人民群众需要，是提升人民群众的思想政治道德素质和构建社会精神文明的统一，使社会发展获得更为强劲持久的精神动力。所以，思想政治教育发展反映的是人们思想领域的变化和主流意识形态构建的新形态，从社会意识形态领域为整体社会发展提供精神动力。

　　社会主要矛盾转化从动力范畴来讲是社会发展的根本动力，思想政治教育发展从动力范畴来讲为社会发展提供精神动力，又因社会主要矛盾转化与思想政治教育发展的相互作用，两者统一于社会发展的动力范畴。

# 第二章　社会主要矛盾转化与思想政治教育发展的历史寻踪

中国共产党成立以来，我国社会经历了四个时期，即新民主主义革命时期、社会主义革命和建设时期、改革开放和社会主义现代化建设新时期、中国特色社会主义新时代。从各时期社会主要矛盾的内容和性质来看，社会主要矛盾经历了三次转化，阶级对抗性矛盾转化为人民内部矛盾，人民内部矛盾凸显为经济层面的供需矛盾，经济层面的供需矛盾凸显转化为社会层面的供需矛盾凸显。思想政治教育作为党的政治优势和优良传统，立足社会主要矛盾转化决定的社会各时期中心工作和主要任务，经历着围绕阶级斗争教育实现社会主义思想政治教育的全方位展开、由阶级斗争教育发展为服务经济建设的教育、由服务经济建设发展为服务实现人民美好生活的历史变迁。通过社会主要矛盾转化与思想政治教育发展的历史考察，力求从中发现两者运动发展的规律，为新时代社会主要矛盾转化下思想政治教育创新发展这一时代课题提供经验借鉴。

## 第一节　社会主义革命和建设时期社会主要矛盾转化与思想政治教育发展

中华人民共和国成立后，我国社会主要矛盾由中国人民同帝国主义、封建主义、官僚资本主义的统治的矛盾（也简称"中国人民与'三座大山'的矛盾"）转化为工人阶级和资产阶级之间的矛盾。社会主义改造完成之后，工人阶级和资产阶级之间的矛盾转化为人民对于经济文化迅速发展的需要同当前经济文化不能满足人民需要的状况之间的矛盾。纵观新民主主义革命时期至社会主义革命和建设时期的社会主要矛盾演进，实质是阶级对抗性矛盾向人民内部矛盾的转化。这一矛盾转化决定社会主要任务是进行社会主义革命巩固新生人民政权，进而集中力量发展社会生产力、实现国家工业化。思想政治教育由新民主主义革命时期的军队政治工作和群众宣传动员，发展至全社会的社会主义思想政治教育，进而激发人民群众建设热情。这一时期也存在一定程度的遗憾，由于社会主要矛盾在主观认识上的误判，思想政治教育出现了以开展政治运动为中心的曲折。

## 一、阶级对抗性矛盾转化为人民内部矛盾

新民主主义革命的胜利，结束了"三座大山"对中国人民的统治，近代中国社会主要矛盾得以解决。国民党残余势力破坏着中国共产党执政及国民经济恢复和建设，社会主要矛盾演进为工人阶级和资产阶级之间的矛盾。随着社会主义制度的基本确立，生产力与生产关系的矛盾、经济基础与上层建筑的矛盾统一于社会主义社会条件之下，社会主要矛盾演进为人民对于经济文化迅速发展的需要同当前经济文化不能满足人民需要的状况之间的矛盾。从社会主要矛盾的内容和实质来看，社会主义革命和建设时期国内社会主要矛盾发生了质的转化，即社会主要矛盾由阶级对抗性矛盾转化为人民内部矛盾。而在认识论层面上，一定时期内存在党对社会主要矛盾的误判，重申"无产阶级和资产阶级的矛盾，社会主义道路和资本主义道路的矛盾"作为社会主要矛盾。

（一）中国人民与"三座大山"的矛盾已转化为工人阶级和资产阶级的矛盾

鸦片战争以后，中国逐步成为半殖民地半封建社会，帝国主义的侵略、封建腐朽的阶级力量及其形成的社会关系严重束缚了生产力的发展，社会生产水平极其低下，人民生活在被奴役的水深火热之中。近代中国社会主要矛盾集中表现为帝国主义和中华民族的矛盾、封建主义和人民大众的矛盾。这一矛盾决定了社会主要任务是进行阶级斗争。各种政治势力在中国舞台上粉墨登场、潦草收场。马克思主义传入中国，将中国一批先进分子汇集于马克思主义旗帜之下，并以此为指导思想开启了改造中国社会的革命斗争。新民主主义革命时期，历经中国共产党成立、大革命、土地革命、抗日战争、解放战争，党领导人民推翻了帝国主义、封建主义、官僚资本主义三座大山，建立了人民当家作主的新中国，民族实现独立、人民实现解放。

无产阶级夺取全国政权，面临着国民党残余势力破坏国家政权、破坏国民经济恢复和建设等严峻挑战，社会生产力仍被复杂的阶级关系所束缚。1949年3月党的七届二中全会在评估国内形势中指出，"革命在全国胜利并解决了土地

问题之后，中国还存在着两种基本的矛盾：国内是工人阶级和资产阶级的矛盾，国外是中国和帝国主义国家的矛盾。"①从国内形势及党对社会主要矛盾的论断可以归纳出，中华人民共和国成立后，社会主要矛盾集中表现为工人阶级和资产阶级之间的矛盾。这一矛盾是，中国共产党领导的人民群众巩固无产阶级政权同反动统治残余势力破坏无产阶级政权之间不可调和的阶级矛盾。不可调和的阶级矛盾决定了社会主要任务仍然是进行阶级斗争，社会主义革命应运而生。党领导人民肃清国民党反动残余武装力量和土匪，完成土地改革，进行社会各方面民主改革，镇压反革命，开展"三反""五反"运动，巩固了工人阶级领导的、以工农联盟为基础的人民民主专政的国家政权。

中国人民与"三座大山"之间的矛盾、工人阶级和资产阶级之间的矛盾都属于阶级对抗性矛盾。阶级对抗性矛盾是代表着不同利益集团的对立性阶级之间的矛盾，是不可调和的矛盾，只有通过具有革命性质的阶级斗争才能解决。社会主要矛盾由中国人民与"三座大山"之间的矛盾转化为工人阶级和资产阶级之间的矛盾，属于阶级对抗性矛盾间的转化。这一矛盾转化，决定着新中国成立初期，我国社会性质仍是新民主主义的社会性质，规定我国社会任务仍然是社会主义革命的阶级斗争。

（二）工人阶级和资产阶级的矛盾转化为"两个已经是"矛盾

过渡时期总路线的提出和指导实践，逐步实现了国家的社会主义工业化，并逐步实现了国家对农业、手工业和资本主义工商业的社会主义改造。社会主义基本经济制度建立，人民代表大会制度、中国共产党领导的多党合作和政治协商制度、民族区域自治制度基本确立。几千年来阶级剥削制度的历史基本结束，消除了束缚生产力发展的落后的、反动的生产关系，生产力得到解放。我国社会生产力和生产关系开始处于完整的社会主义制度之下，农业、工业、国防、科学技术、文化等亟待发展，生产力在解放的基础上与新的生产关系出现不适应的状况，亟须在新的生产关系下保护和发展生产力。党的八大报告中指出："我们国内的主要矛盾，已经是人民对于建立先进的工业国的要求同落后的农业国的现实之间的矛盾，已经是人民对于经济文化迅速发展的需要同当前经济文化不能满足人民需要的状况之间的矛盾。"②

---

① 中共中央文件选集（一九四九年十月——一九六六年五月）第24册[M].北京：人民出版社,2013:13.

② 中共中央文件选集（一九四九年十月——一九六六年五月）第24册[M].北京：人民出版社,2013:248.

　　基于社会主义改造基本完成以后的形势和党对社会主要矛盾的研判来看，我国社会主要矛盾不再是工人阶级和资产阶级的矛盾，而是人民对于经济文化迅速发展的需要同当前经济文化不能满足人民需要的状况之间的矛盾。这是对我国经济、文化发展远落在世界先进水平之后的现实考量，对我国经济、文化远不能满足社会主义制度基本确立下人民和社会需要的现象反映。社会主义基本制度确立，社会生产力得到解放，要求大力发展生产力，以适应先进的生产关系。落后的社会生产力与先进的社会制度之间的矛盾，决定着社会主义建设时期，我国社会的主要任务是集中力量发展社会生产力，实现国家工业化，逐步满足人民日益增长的物质和文化需要。

　　（三）这一时期社会主要矛盾转化是阶级对抗性矛盾转化为人民内部矛盾

　　纵观新民主主义革命时期、社会主义革命和建设时期社会主要矛盾的演进历程，社会主要矛盾实现了第一次转化。从矛盾的内容和实质来看，这一转化是阶级对抗性矛盾转化为人民内部矛盾。阶级对抗性矛盾也可称为敌我矛盾，人民内部矛盾是与敌我矛盾性质完全不同的矛盾，指人民群众根本利益一致基础上的矛盾，是可调和的矛盾。在阶级关系复杂的社会条件下，生产资料掌握在少数人手中，如资本家、富农和地主等，无产阶级处于被剥削、被压迫的地位，社会基本矛盾在这样的社会条件下集中体现的社会主要矛盾，属于敌我矛盾，是不可调和的阶级对抗性矛盾，只能通过阶级斗争来解决。随着对生产资料私有制的社会主义改造，实现生产资料公有制和按劳分配，生产力与生产关系的矛盾、经济基础与上层建筑的矛盾是集中体现的社会主要矛盾，属于人民内部矛盾，是通过社会主义制度的自我调节、自我完善来解决的。

　　新民主主义革命胜利，解决了中国人民与"三座大山"之间的矛盾，建立新中国，实现了民族独立和人民解放。社会主义革命和社会主义改造彻底完成国民党反动派围剿、镇压反革命的任务，巩固了工人阶级领导的、以工农联盟为基础的人民民主专政的国家政权，基本确立了社会主义制度，工人阶级和资产阶级的矛盾得到有效解决。至此，阶级对抗性矛盾不再是我国社会主要矛盾。人民对于经济文化迅速发展的需要同当前经济文化不能满足人民需要的状况之间的矛盾成为社会主要矛盾。这一社会主要矛盾是社会主义制度在我国确立之后，生产关系和生产力发展的特点和关系的集中体现，是人民利益根本一致基础上的矛盾体现，通过保护和发展生产力，不断提高社会生产水平，满足人民的物质和文化需要来不断解决。阶级对抗性矛盾的消解和人民内部矛盾的上升，这一在质性上发生的矛盾转化决定和指明了社会主义建设的方向，发展生产力，进行大规模的经济建设。

需要指出的是，这一时期社会主要矛盾在主观认识上存在着一定的遗憾。复杂的国内外形势，使党在八大中对社会主要矛盾的正确研判没能完全坚持下去。党开展的整风运动和反右派斗争，"大跃进"和人民公社化运动，"反右倾"斗争，后来又在"左"倾理论指导下重申"无产阶级和资产阶级的矛盾，社会主义道路和资本主义道路的矛盾"是我国社会的主要矛盾，以致发动"文化大革命"，党中央对国内外阶级斗争形势和社会主要矛盾做出错误判断。党对社会主要矛盾的误判，是认识论层面上对社会主要矛盾的偏差理解，即对社会主要矛盾的论断偏离了现实社会中的社会主要矛盾，社会客观现实内含的主要矛盾并没有变化，仍是落后的社会生产与先进的社会制度之间的矛盾。

## 二、由阶级斗争教育向社会主义思想政治教育的全方位展开

中国人民与"三座大山"之间的矛盾转化为工人阶级与资产阶级的矛盾，决定我国社会主要任务是进行社会主义革命巩固新生社会政权，思想政治教育围绕阶级斗争教育开展全方位的思想改造，以人民群众的阶级觉悟激发巩固无产阶级政权的精神力量和物质力量。工人阶级与资产阶级的矛盾转化为"两个已经是"矛盾，决定我国社会主要任务是领导人民开展全面的大规模的社会主义建设，思想政治教育致力于在各领域开展社会主义思想教育，激发人民群众的社会主义建设热情。发生"脱轨"，由于对社会主要矛盾的正确研判没有完全坚持下去，思想政治教育偏离了正常轨道，在社会主义建设曲折发展中严重受挫。

（一）围绕阶级斗争教育开展全方位的思想改造

马克思主义传入中国并被广泛传播，为中国共产党的成立提供了指导思想，思想政治教育作为伴随着中国共产党成立而形成的理论宣传和实践动员活动，在新民主主义革命时期，依据社会主要矛盾，围绕阶级斗争教育，主要进行思想宣传和革命动员，以军队政治工作为主要领域。大革命时期中国共产党思想政治教育要服务于党的民主革命纲领、服务于"民主联合战线"建设工作、遵循严格的组织纪律，在国民革命军中进行政治教育，教育农民投身大革命。土地革命时期，确立了"政治工作是红军的生命线"原则，加强部队的思想和组织建设、信念和纪律教育，在农村革命根据地改造地方武装和发动人民群众。

抗日战争时期，中国共产党围绕夺取抗日战争胜利这一中心任务，进行广泛的爱国主义教育，宣传党的抗日救国主张，激发军队和群众的革命热情，做好战略策略的宣传教育工作。解放战争时期，党的思想政治教育主题在于使解放区军民乃至全中国人民明了所面临的两种命运、两种前途以及中国革命所要求的两手策略，动员全国人民参加支援解放战争、激发广大指战员高昂士气和战斗精神、加强党的自身建设。解放战争胜利前夕，党的思想政治教育转向以巩固革命果实、教育人民认识无产阶级国家和投身新中国建设为重点的阶段。由此，新民主主义革命时期，思想政治教育实践从总体来说是以阶级斗争教育为核心，宣传、动员人民革命军和广大人民群众进行推翻"三座大山"的革命斗争，为建立人民当家作主的新中国而贡献自身力量；思想政治教育理论也在思想政治教育实践推动建党、建军、建国的进程中形成了以马克思主义世界观为基础的中国共产党思想政治教育理论体系，包括思想政治教育的理论基础和主要内容。

新中国成立以后，由激烈的革命战争时期发展为中国共产党执掌政权下建设新社会新国家时期，是阶级间矛盾缓解与资产阶级改造时期。由于工人阶级与资产阶级之间的矛盾，决定了党的主要任务和思想政治教育是扩大马克思主义在中国的宣传普及，使党的指导思想上升为国家主流意识形态，同时构建适应新中国经济、政治形势和思想文化需要的思想政治教育制度，全方位开展社会主义思想政治教育，为新兴社会制度的巩固和发展提供强大的思想保证、精神动力和舆论支持。党在土地改革中重视贯彻群众路线，依靠贫农、雇农，团结中农，充分发动广大农民，提高他们的阶级觉悟、组织程度和政治积极性；在镇压反革命运动中，全党动员、群众动员，广泛吸收各民主党派及各界人士参加，宣传党的路线方针政策，进行"纠偏"的教育，划清敌我界限，坚定阶级立场和政治立场；在恢复国民经济的任务和斗争中，全党全国开展有针对性地思想政治教育工作，教育全党和全国人民树立战胜困难的信心，启发调动工人阶级的主人翁觉悟，开展统一战线的教育，团结大多数，充分调动多种积极因素。所以，社会主义革命进程中，在内容上，思想政治教育紧紧围绕巩固新生政权、恢复国民经济、组织抗美援朝、宣传党在社会主义过渡时期的总路线等各项中心工作和中心任务，获得了广泛而坚实的群众基础，为推动新中国各项事业的顺利进展，发挥了有效的政治动员和组织保证作用。在领域和对象的思想政治教育上，中国共产党在推进党和国家事业建设的进程中，相继在党内和全社会中开展了大规模的思想政治教育运动，包括执政党的思想作风建设与党内思想政治教育、知识分子和思想文化界的思想政治教育、私营工商业者的思想政治教育、个体农民的社会主义教育改造。在加强自身思想政治建设的同时，成功地进行了对知识分子、个体农民、手工业者和私营工商业者的思想教育和思想改造，拓展了革命战争时期思想政治教育的作用领域和作用对象，实现了把人的思想改造同社会变革有机结合起来的创举。

由以上围绕阶级斗争教育开展全方位的思想改造可知，这一思想政治教育的发展过程从根本上说受阶级对抗性矛盾决定，并且其各阶段的表现直接受社会主要矛盾所主导。以马克思主义宣传和革命动员为主要形式的阶级斗争教育，是为着力解决中国人民同"三座大山"之间的矛盾、工人阶级与资产阶级之间的矛盾，以军队政治工作为重点领域，后又拓展至社会全方位的思想教育和思想改造，挤压资产阶级群体力量，削弱资产阶级意识形态的影响，壮大无产阶级群体力量，增强无产阶级意识形态的影响，引导人民认识无产阶级国家，激发人民团结在党的领导下建设新社会新国家的热情。新中国成立初期由军队政治工作和群众宣传动员向全面的社会主义思想政治教育发展，实现社会变革，表明思想政治教育依据阶级对抗性间的矛盾转化，以阶级斗争教育为主线，拓展作用领域和作用对象，改进作用方式，呈现出由局域性向全国性的变化发展，确立马克思主义在国家和社会意识形态领域的指导地位。1954 年 5 月，中国共产党召开第二次全国宣传工作会议，明确提出社会主义过渡时期宣传巩固工农联盟的重要性，宣传巩固国防、巩固人民民主专政的必要性，宣传统一战线，教育人民懂得加强团结的意义，警惕敌人的分裂阴谋。刘少奇在七届四中全会报告中总结指出，这个宣传教育工作，"使党在过渡时期的总路线获得了全国绝大多数人民的热诚拥护，使社会主义的思想在国内树立了压倒一切的优势，使资本主义思想受到了深刻的批判"[①]。

（二）正确处理人民内部矛盾是政治生活的主题

社会主义制度在我国基本确立，1956 年 9 月党的八大对我国社会主要矛盾和党的主要任务做出了正确的判断，即在新的生产关系下保护和发展生产力，也强调党在新的历史时期思想政治教育的极端重要性，社会主义建设时期思想政治教育的基本任务就是保证党在社会主义时期中心工作和各项任务的顺利实现。在这一基本任务下，特别重视和加强执政党的思想建设和党内思想政治教育，提高全党的马列主义思想理论水平，发扬党的实事求是、群众路线的优良传统，不断保持和增强无产阶级革命政党的先进性、纯洁性和战斗性。1957 年

---

① 中共中央文件选集（一九四九年十月——一九六六年五月）第 24 册 [M].北京：人民出版社,2013:259.

2月，毛泽东的《关于正确处理人民内部矛盾的问题》讲话发表，作为我国社会主义思想政治教育的第一个纲领性文献。讲话中提出我国进入全面建设社会主义时期，要正确区分社会主义制度下两类不同性质的社会矛盾，进一步明确正确处理人民内部矛盾是我国政治生活的主题，采用"团结—批评—团结"的方针和说服教育的方法积极引导人们认识和解决思想问题和是非问题，系统阐释了这一阶段党进行思想政治教育的基本原则、主要内容、方针方法。

党带领人民进行社会主义建设具体道路的探索实践中，思想政治教育围绕正确处理人民内部矛盾是政治生活的主题，引导人们增强对社会主义制度的认同、确立对社会主义道路的信心、提高自觉投身社会主义建设的积极性。实现了各条战线的思想政治教育社会化、制度化建设，形成了调查研究、榜样教育等思想政治教育方法。

（三）"脱轨"：以政治运动为中心的思想政治教育

党的八大对社会主要矛盾作出正确判断，并对社会主义思想政治教育的探索和认识也取得重要成果。但对社会主要矛盾的正确判断很快因反右派斗争而中断了，社会主义思想政治教育也因此逐渐偏离正确的方向、偏离正常轨道，受到严重危害。首先，思想政治教育的政治生态被恶化。"全面夺权"导致无政府主义急剧膨胀，全国动乱迅速升级，着眼于解决党内和人民内部矛盾的和风细雨的、耐心细致的党的思想政治教育完全被生硬的"批斗、打倒"所替代。其次，思想政治教育的理论是非被混淆。把只在一定范围存在的阶级斗争看作支配全局的主要矛盾，采取大规模群众性政治斗争的方法去处理，忽略了过去革命战争时期积累下来的丰富的阶级斗争经验的应用前提；把过去战争时期在革命队伍里曾行之有效的军事共产主义的生活经验，用来作为规划理想社会的某种依据，导致脱离实际的设想和对马克思主义教条化的理解。另外，思想政治教育的正确方针与原则也被破坏。用阶级斗争的方式处理人民内部矛盾，破坏了思想政治教育实事求是、"团结—批评—团结"等正确的方针原则。最后，思想政治教育的优良传统被败坏。理论联系实际、密切联系群众、批评和自我批评、反对个人崇拜等内容，是中国共产党一贯坚持的思想和工作作风，也是党的思想政治教育一贯坚持的优良传统。宣扬"全面专政论"，抹杀马克思主义关于无产阶级专政任务的丰富内容，不讲生产力的发展，不讲正确区分和处理社会主义社会中两类不同性质的矛盾，不讲发展科学文化和民主政治建设等一系列重大问题；形式主义在思想政治教育领域蔓延流行，实事求是的原则无法坚持，思想政治教育处于涣散无力状态，变质变味，导致相反效果。

由以上对思想政治教育的理论与实践的具体分析，思想政治教育在这一时期受党的"左"的错误思想的影响，依据党对社会主要矛盾的误判论断，围绕所谓阶级对抗的敌我矛盾，在"以阶级斗争为纲"的指引下，继续进行阶级斗争教育，将思想问题与政治问题混为一谈，以政治运动为中心任务。如此，思想政治教育并没有以社会主义建设时期如实存在的社会主要矛盾为实践依据，而是以中国共产党对社会主要矛盾的误判为指导，直接导致其走上阶级斗争这一错误道路。社会主义建设的曲折时期，党的思想政治教育在飞跃式发展中完成了向社会主义社会形态的发展转变，取得了短暂成效；又在挫伤式发展中以政治运动为主要形式，遭到了严重的挫折，陷入发展困境。

# 第二节　改革开放和社会主义现代化建设新时期 社会主要矛盾转化与思想政治教育发展

历经社会主义建设曲折发展，随着拨乱反正，党对社会主要矛盾的科学研判回归社会现实的社会主要矛盾，党将工作重心转移至经济建设上来。"两个已经是"的社会主要矛盾归纳被凝练为"人民日益增长的物质文化需要同落后的社会生产之间的矛盾"，这一矛盾论断贯穿于改革开放和社会主义现代化建设新时期。这一时期社会主要矛盾演进是人民内部矛盾中经济层面供需矛盾的凸显。思想政治教育"走上正轨"，依据经济层面供需矛盾的凸显，围绕由矛盾演进决定的社会主义经济建设为中心的社会主要任务，由因社会主要矛盾误判而延续的阶级斗争教育转变为激发人民群众建设热情，服务改革开放和社会主义现代化建设。

## 一、人民内部矛盾凸显为经济层面的供需矛盾

改革开放和社会主义现代化建设新时期，社会主要矛盾在社会经济发展形势和阶段推进中表现为"人民日益增长的物质文化需要同落后的社会生产之间的矛盾"。这一时期矛盾演进是人民内部矛盾的转化，人民内部矛盾凸显出经济层面的供需矛盾。

（一）"两个已经是"矛盾被凝练为人民物质文化需要与社会生产的矛盾

历经社会主义建设的曲折发展，独立的相对完整的工业体系和国民经济体系建立起来，农业生产条件也有所改变，科学、教育、文化等事业有所发展。与人民的生产生活需要、国家的建设发展需要比较起来，我国社会生产力发展

水平还很低，远不能满足人民和国家的需要。"社会主义的本质，是解放生产力，发展生产力，消灭剥削，消除两极分化，最终达到共同富裕。"①社会主义建设曲折发展形成的社会经济形势，集中表现为经济发展水平滞后、人民生活水平贫困，亟待生产力的进一步解放和发展。这一时期社会各领域中社会生产力与生产关系、经济基础与上层建筑的矛盾集中体现为人民的物质文化需要和社会生产不能满足人民需要的矛盾。这一社会主要矛盾，决定社会的主要任务是解放和发展生产力，使人民摆脱贫困，尽快富起来。这一社会主要任务，要求改革束缚生产力发展的不完善的经济和政治体制，协调以经济建设为中心的全局工作。

拨乱反正之后，党运用辩证唯物主义认识论分析国情，将党的工作重心转移至经济建设，既是由客观存在的社会主要矛盾决定的，也是基于党对社会主要矛盾的正确研判。党的十一届三中全会将全国全党工作的中心转移至社会主义现代化建设上来，实际上恢复了党的八大关于社会主义社会主要矛盾的正确认识。1981年《关于建国以来党的若干历史问题的决议》中指出，"在社会主义改造基本完成以后，我国所要解决的主要矛盾，是人民日益增长的物质文化需要同落后的社会生产之间的矛盾。"②党关于社会主要矛盾这一研判、论断，实际上与党的八大报告中对社会主要矛盾做出的"两个已经是"的论断是一致的，表述上更为简练，更能集体反映社会生产力与生产关系的特点和冲突。党的十二大通过的党章中重新明确，要正确区分和处理敌我矛盾和人民内部矛盾这两类不同性质的矛盾，人民内部矛盾是主要矛盾，在现阶段集中表现为人民日益增长的物质文化需要同落后的社会生产之间的矛盾。③之后，党的十三大、党的十四大、党的十五大、党的十六大、党的十七大，都重申着这一矛盾论断。"人民日益增长的物质文化需要同落后的社会生产之间的矛盾"，这一社会主要矛盾贯穿至改革开放和社会主义现代化建设新时期。基于对社会主要矛盾的正确研判，党将工作重心转移至经济建设上来，后又提出改革开放战略决策，改革经济体制和政治体制，扫除发展生产力的障碍，使生产关系更加适应生产力的发展；随着改革开放的深入和社会主义市场经济的发展，提出"三个代表"重要思想、科学发展观，指导解决和克服我国社会主要矛盾在经济发展各阶段所出现的新难题和矛盾，比如社会结构变化与党的执政基础巩固、收入差距拉大与

① 邓小平文选（第3卷）[M].北京：人民出版社,1993:373.

② 三中全会以来重要文献选编（下）[M].北京：人民出版社,1982:839-840.

③ 十二大以来重要文献选编（上）[M].北京：人民出版社,1986:65.

社会公平、城乡发展与区域发展的关系、经济发展与资源环境可持续的关系。

改革开放和社会主义现代化建设进程中，我国经济社会持续高速发展，社会现实发生很大变化，人们的思想认识也随之发生变化，关于社会主要矛盾是否转化在学术界引起争论。针对社会主要矛盾论断已经滞后于时代发展和社会进步，涌现出形形色色的"社会主要矛盾转型说"，如"公共品需求与公共品供应之间的矛盾"。纵观改革开放和社会主义现代化建设新时期，社会主要矛盾的表现出现了阶段性的演进特征，而经济社会的变化发展过程中，经济领域，生产力仍然处于低水平满足不了经济社会的需要；政治领域，社会主义民主政治和法制建设跟不上经济社会发展的要求；文化领域，人民群众精神文化需求与社会主义精神文明建设滞后；社会领域，多样化的经济成分、组织形式、就业方式、利益关系导致的社会问题层出不穷。"物质生产力的状况是所有一切思想和各种不同趋向的根源。"①生产力是最活跃、最革命的因素，它直接决定生产关系，并通过生产关系再决定上层建筑。所以，以上社会各领域的矛盾实质上是由于社会生产力发展水平低下所造成的与生产关系的矛盾状况。改革开放和社会主义现代化建设新时期的社会主要矛盾阶段性演进，实质是先进的社会制度同落后的社会生产力之间的矛盾，要求大力发展生产力，实现我国经济、政治、文化等的发展，满足人民的物质文化需要。

（二）这一时期矛盾演进是人民内部矛盾的经济层面供需矛盾凸显

人民群众的物质生活需要与社会生产供给不足，属于人民内部矛盾的范畴，是经济层面供需矛盾的凸显。经济层面供需矛盾的凸显，是指社会各领域矛盾都源于经济领域的矛盾，经济领域的矛盾又表现为基本的物质产品供给侧与物质生活需求侧之间的矛盾。列宁的"两个归结"经典判断："只有把社会关系归结于社会关系，把生产关系归结于生产力的水平，才能有可靠的根据把社会形态的发展看作自然历史过程。"②我国在确立了社会主义制度、推进社会主义社会发展的进程中，正是经济发展水平落后满足不了人民群众对于物质生活的需要，制约了社会主义社会发展过程和社会生活的各个方面。同时，从社会主义社会发展的长时段来看，社会主义初级阶段面临的首要的、第一个层面上的、集中的矛盾，就是人民和国家基本的物质文化需要与因落后生产力造成经济领域不能满足这种需要的矛盾。再者，从社会主要矛盾的解决来看，通过改革开放，推动社会生产力发展，通过"三个代表"重要思想、科学发展观等科学的

---

① 列宁选集（第二卷）[M]. 北京：人民出版社,2012:426.

② 列宁选集（第一卷）[M]. 北京：人民出版社,2012:8-9.

理论指导和行动指南，协调以经济建设为中心的社会发展全局，这一矛盾解决方式是人民内部矛盾的解决方式，是在人民群众根本利益一致基础上的特定领域、特定层面、特定问题的缓解和克服。所以，改革开放和社会主义现代化建设新时期的社会主要矛盾演进是人民内部矛盾范畴的转化，在社会主义社会发展中集中体现为经济层面的供需矛盾。

"人民日益增长的物质文化需要同落后的社会生产之间的矛盾"作为改革开放和社会主义现代化建设新时期社会主要矛盾的论断，横跨了改革开放起步阶段、社会主义市场经济确立时期、全面建设小康社会时期，虽然表述未变，但有体现各个时期的具体特征。这些特征表明了社会主要矛盾在同一转化过程中的阶段性演进。改革开放的不断推进，社会主义现代化的不断探索，社会生产力水平呈现不断提高的动态性，人民的物质文化需要也是一个动态的变化过程，在已有的满足程度上不断提出更高的要求，在发展社会生产力和满足人民群众物质文化需要的同时，社会运行过程中又会出现伴生社会主要矛盾解决的问题。这些伴生问题仍然隶属于社会主要矛盾，仍是社会主要矛盾的反映。就具体内容而言，可以归纳为社会生产水平不断提高满足人民群众的物质文化需要，而人民群众在满足物质文化需要的基础上又提出更高的要求，又对社会生产力发展提出更高要求，矛盾双方在平衡与不平衡间运动变化。

## 二、思想政治教育由阶级斗争教育发展为服务经济建设

随着党对社会主要矛盾研判的"回归"，思想政治教育也"走入正轨"，得以恢复重建，迈入为改革开放和社会主义现代化建设服务的历史新时期。思想政治教育的"生命线"地位全面确立，各领域的思想政治教育进行改革和探索，不断激发广大人民群众的创造活力和创造热情，为社会主义市场经济建设和发展提供精神凝聚力和智力支持，实现了科学化、制度化发展。

（一）思想政治教育是经济工作和一切工作的生命线

"党的思想政治工作，是经济工作和其他一切工作的生命线，是团结全党和全国各族人民实现党和国家各项任务的中心环节，是我们党和社会主义国家的重要政治优势。"[1] 相较于毛泽东在 1955 年首次明确提出"政治工作是一切经济工作的生命线"[2] 的论断，思想政治教育的"生命线"地位全面确立。这一地位决定了它作为上层建筑的重要组成部分，对发挥着决定性作用的经济基础产生

---

[1]　江泽民文选 ( 第 3 卷 )[M]. 北京 : 人民出版社 ,2006:74.

[2]　毛泽东文集 ( 第 6 卷 )[M]. 北京 : 人民出版社 ,1999:449.

着方向指引和思想定位的反作用。改革开放和社会主义现代化建设新时期，党和国家的各项工作都指向实现改革开放和推进经济建设，思想政治教育的"生命线"地位突出体现为顺应改革开放、服务经济建设的作用。

思想政治教育围绕党的中心工作，结合改革开放进程和社会主义市场经济建设实践，向人民群众宣传中国特色社会主义理论，遵循"党的思想政治教育是经济工作和其他一切工作的生命线"的原则，推动企业思想政治工作健康发展、深入开展农村社会主义精神文明建设、加强和改进学校思想政治教育、进一步加强军队政治工作的法制化规范化制度化建设、积极探索非公有制经济中党的建设和思想政治教育工作。党的十一届六中全会确立了改革开放政策，对经济体制、政治体制进行改革，探索中国特色社会主义道路，思想政治教育围绕此，在各个领域、各条战线进行新的改革，在机关、军队、农村、企业、学校等领域和部门探索专门化的职能、作用。基于改革开放带来的经济发展、社会转型，人们思想观念活跃，计划与市场的讨论，等等，对广大人民群众开展关于社会主义初级阶段理论的宣传、教育，十分重要和紧迫，各个领域、各条战线深入展开社会主义主题教育活动，弘扬社会主义主旋律，对党和国家在改革开放初期的总任务和总目标发挥着"生命线"作用。形成社会主义思想政治教育理论体系，并伴随着社会主义现代化建设不断丰富。党的十五大确立了邓小平理论作为党的指导思想的战略地位，思想政治教育在全党和全国人民中深入开展学习邓小平理论的活动，探索思想政治教育新方式，以整风精神对领导干部进行以"讲学习、讲政治、讲正气"为主要内容的"三讲"教育活动，依据《公民道德建设实施纲要》推动群众性道德实践活动广泛开展，为改革开放和发展社会主义市场经济提供了精神动力和思想保证。全面建设小康社会进程中党的思想政治教育用"三个代表"重要思想进一步武装全党、教育人民，以满足人民精神文化需求为出发点和落脚点，推进社会主义文化大发展大繁荣。在深入贯彻党的十七大精神活动中，思想政治教育在科学发展观指导下确立了以人为本的原则，尊重人民主体地位，尊重受教育者需要和利益，为人的全面发展服务，调动受教育者的积极性和主动性。

（二）思想政治教育激发人民群众投身经济建设的热情和创造力

由以上思想政治教育地位、作用、原则来看，它在改革开放和社会主义现代化建设新时期的两大任务是：顺应和保证改革开放，服务和推进经济建设。相较于阶级斗争教育，启发人民群众的阶级觉悟，以增强无产阶级的力量和无产阶级革命意识形态的影响，削弱资产阶级的力量和资产阶级革命意识形态的影响。围绕正确处理人民内部矛盾的思想政治教育是在无产阶级执政条件下激发人民群众的社会主义建设热情，为社会主义现代化建设提供物质基础和精神力量，将社会主义意识形态转化为社会经济基础建设的物质力量。改革开放和社会主义现代化建设新时期，人民内部矛盾表现为经济层面供需矛盾凸显，思想政治教育致力于顺应和保证改革开放、服务和推进经济建设，就是要以社会主义初级阶段理论教育、党的基本路线宣传教育、人民群众主体作用教育、社会主义意识形态建设，激发人民群众参与经济建设的热情和创造力，为发展生产力、提高社会整体生产水平提供精神动力和思想保障，并将精神力量转化为物质力量。

在我国实行对外开放、对内搞活经济这一新的历史条件下，各领域思想政治教育致力于结合经济工作激发人民群众的经济建设热情和创新创造能力。继承党的优良传统，以整风精神有步骤地进行整党，加强党员的党性党风党纪教育，使党内思想政治教育同改革、经济工作做到相互配合、相互促进。军队不仅成为保卫社会主义祖国的钢铁长城，而且成为建设社会主义物质文明和精神文明的重要力量。围绕党和国家工作的大局，服务国家的社会主义现代化建设，服务于军队的现代化建设，加强马克思主义理论教育，进行军民团结教育，开展爱国奉献、艰苦奋斗教育。工人阶级的政治觉悟高不高，组织性和纪律性强不强，是否精通本职业务、掌握现代科学技术，决定着现代化建设的成败。企业职工是工人阶级的主体部分，通过加强系统的共产主义思想体系教育，提高企业职工对所处的历史地位和历史责任的正确认识；结合经济工作，企业思想政治工作队伍启发、提高企业职工思想觉悟和政治素质，发挥社会科学和文学艺术的作用增强他们认识世界、改造世界的能力，促进其素质的全面发展。如此，企业职工较高的思想觉悟和业务能力是发展社会主义经济的重要保证，服务于经济建设。做好数量占比大的农民中的思想政治教育，是实现现代化建设目标的重要条件。农村思想政治教育与经济工作结合起来，围绕使广大农民尽快富裕起来，用马列主义、毛泽东思想，用集体主义、社会主义、共产主义思想教育农村干部、党员和群众，提高广大农民自觉抵制腐朽思想、反对不良社会风气的觉悟；正确地、全面地说明党的现行政策，进行坚持社会主义道路的教育和兼顾国家、集体、个人利益的教育，使广大农民逐渐锻炼成为有理想、有道德、有文化、守纪律的新型劳动者，使我国农村建设成为富裕的、文明的社会主义新农村。

社会主义市场经济条件下，党的思想政治教育和全社会思想政治教育进一步加强和改进，为社会主义市场经济体制的确立提供了强大的政治保障，为全面建成小康社会新目标提供了强大的理论武装和精神动力。企业思想政治教育从适应市场经济的客观要求出发，着力于工作思路改变、体制机制创新、政工干部队伍建设，发挥其对市场经济的导向功能，充分调动广大职工的积极性、创造性。农村思想政治教育围绕推动农村改革和经济建设以及群众关心的问题，以村党支部为领导核心，从对农民的思想教育、农村道德建设、农村文化发展等方面着手，激发农民群众自力更生、艰苦奋斗、走勤劳致富的道路，用社会主义思想占领农村阵地，满足农民日益增长的物质文化生活需要。学校思想政治教育遵循社会主义市场经济条件下社会发展要求和青少年思想政治品德形成规律，从学校党建、马克思主义理论教育内容、课程体系建设等方面加强和改进，培养有理想、有道德、有文化、有纪律的社会主义新人，保证改革开放和社会主义现代化建设后继有人。随着经济社会发展，各领域思想政治教育与时俱进，为全面建设小康社会进程提供了精神动力与思想保证。

（三）思想政治教育在这一时期实现了制度化、科学化的发展

这一时期，思想政治教育既在服务于改革开放和社会主义现代化建设进程中发挥作用，也实现了自身制度化、科学化的发展。同时，其这一发展特征或发展趋势，更好地保证了它为社会主义经济建设发挥精神动力和思想保证的"生命线"作用。

在这个阶段，思想政治教育在党内法规和国家宪法法律、政府法规中均有相关规定。各个行业也颁布了思想政治教育的条例、纲要、规定、决定等规章制度。党对思想政治教育的领导体制，政府对思想政治教育的管理体制，也逐步恢复、改革和完善，走上了制度化轨道。党的十二大通过的党章的总纲和相关条文，1982年宪法序言、总纲和相关条款中，还有政府法规中，对思想政治教育作出的相关规定，有力地推动了思想政治教育领导体制、运行机制、队伍建设等方面的发展。这一时期，中共中央先后制定、颁布、完善一系列的规范性文件，各地区、各部门、各行业制定一系列实施办法，实现党内、军队、企业、农村、学校等领域的思想政治教育规范化。如《关于加强党员教育工作的通知》《中共中央关于整党的决定》《关于新时期军队政治工作的决定》《关于全军科学文化政治理论教育的决定》《关于加强企业政治工作队伍建设问题的若干意见》《国营企业职工思想政治工作纲要（试行）》《关于加强农村思想政治工作的通知》《关于深入开展"五讲四美"活动的报告》《关于加强和改进高等院校

马列主义理论教育的若干规定》《关于改革学校思想品德和政治理论课程教学的通知》《国家教育委员会关于加强高等学校思想政治工作的决定》《关于改进和加强高等学校思想政治工作的决定》等一系列文件和实施办法，推进了思想政治教育制度化发展。

随着各行业思想政治教育的广泛开展，为提高它服务于改革开放和社会主义现代化建设的科学性、实效性，"思想政治工作是一门科学"这一命题被提出。围绕此命题，各地方、各行业的专家学者、实际工作者展开了大讨论，思想政治工作的科学性和专业性特征不断清晰、丰富，开始经历科学研究、专业建设、人才培养、学科建设的循序发展过程，形成专业化和学科化的发展特征。军队、地方和行业掀起了总结实际工作经验、归纳思想政治工作科学理论和规律的热潮；1984 年教育部在十二所院校设置思想政治教育专业，逐步推进教材建设、课程建设和教师队伍建设，增设硕士学位、博士学位，适应各行业对思想政治教育专门人才的需求；厘清学科归属，确认思想政治教育作为一门科学、一门学科、一门专业。以专门人才反哺各行业工作实际，形成各领域、各行业的思想政治教育专业化，更好地为各项工作提供思想保证和精神动力。

考察这一时期的思想政治教育，持续推进党内思想建设、广泛开展各行业思想政治教育、广泛开展群众性精神文明创建活动、改进学校思想政治教育、进一步加强军队思想政治工作、建设社会主义先进文化提高国家文化软实力、确立科学发展观指导下思想政治教育以人为本的原则、培育和践行社会主义核心价值观、思想政治教育日趋制度化、科学化等，这些都折射出思想政治教育围绕由经济层面供需矛盾凸显决定的经济建设中心工作，适时调整、丰富自身的工作内容，为社会主义现代化建设提供持续不断的精神动力和精神凝聚力。

## 第三节　中国特色社会主义新时代社会主要矛盾转化与思想政治教育发展

中国特色社会主义进入新时代，社会主要矛盾由"人民日益增长的物质文化生活需要同落后的社会生产之间的矛盾"转化为"人民日益增长的美好生活需要和不平衡不充分的发展之间的矛盾"。物质文化生活需要升级为美好生活需要，落后的社会生产转变为社会发展的不平衡不充分，这一矛盾转化实际上是由经济层面的供需矛盾转化为社会层面的供需矛盾，是人民内部矛盾的局部变化。它规定着党的中心工作和主要任务是推动社会平衡充分发展实现人民美好生活，思想政治教育随之也由服务经济建设发展为实现人民美好生活，引导人们确立美好生活的价值理想，协调社会利益关系，将满足人民需求作为其发展的价值取向和衡量标准。

**一、经济层面的供需矛盾已转化为社会层面的供需矛盾**

经过改革开放和社会主义现代化建设新时期，不断地解放和发展社会生产力，结束了落后的社会生产面貌，人民群众在物质文化生活满足的基础上提出了更高层次更多样化的需要。需求侧方面由物质文化需要升级为美好生活需要，是包括经济、政治、文化、社会、生态文明在内的整个社会各方面的需要；供给侧方面由落后的社会生产变为不平衡不充分的发展，表征着社会生产力在不断解放和发展过程中存在不平衡不充分的发展特点，是社会总体供给能力不足的表现。可以说，中国特色社会主义新时代的社会主要矛盾，由经济层面的供需矛盾凸显转化为社会层面的供需矛盾凸显。

（一）经济层面供需矛盾向社会层面供需矛盾的转化

物质文化需要升级为美好生活需要。经过解决温饱问题、实现小康水平，到全面建设小康社会，需求侧方面，人民群众需要表现出更多样的范围拓展和更高层次的质量要求。随着社会生产快速发展，人民生活水平不断提高，各方面需要也不断"升级换代"。我国人均国内生产总值从 1978 年的 156 美元增长到 2019 年的 10276 美元，已经达到中等偏上收入国家水平，同时全国居民恩格尔系数已下降至 28.2%。人的需要是不断发展着的，在满足基本生存性需要的基础上，不断提出精神性需要和发展性需要；同时，社会生产的发展不断创造出新的需要。在生存需要层面，人们追求更多样化的产品和服务。党的十八大之后的五年多时间里，我国的"消费贡献率由 54.9% 提高到 58.8%，服务业比重从 45.3% 上升到 51.6%"①。在发展需要层面，非物质性需求不断凸显，公共产品和服务需求提升，如 2019 年，文化及相关产业增加值达 44363 亿元，旅游及相关产业增加值达 44989 亿元，占 GDP 比重分别达 4.50%、4.56%②，全年国内游客 60.1 亿人次，比上年增长 8.4%③。"美好生活"揭示了人们生活需要的美好内涵。首先，生活需要的是"全面性"。"物质文化需要"到"民主、法治、公

---

① 李克强. 政府工作报告——二〇一八年三月五日在第十三届全国人民代表大会第一次会议上 [N]. 人民日报 ,2018-03-23(01).

② 满足人民文化需要 增强人民精神力量 [N]. 人民日报 ,2022-08-25(02).

③ 国家统计局 .2010 年 -2019 年国民经济核算（国民生产总值）年度数据 [EB/OL].http://data. stats.gov.cn/easyquery.htm?cn=C01.

平、正义、安全、环境等方面需要"，凸显了人民群众对社会各领域全方位发展的期盼。其二，生活需要的是"品质性"。"更好的教育"、"更稳定的工作"等，其中的"更"就表明了需要程度和质量的提升。其三，生活需要的是"人民性"。"以人民为中心的发展思想，不是一个抽象的、玄奥的概念……而要体现在经济社会发展各个环节。要坚持人民主体地位，顺应人民群众对美好生活的向往，不断实现好、维护好、发展好最广大人民根本利益"。①

　　落后的社会生产力转变为不平衡不充分的发展。社会主义现代化建设过程中，科技、环境等条件保证生产力不断解放和发展，我国社会生产力水平总体上显著提高，社会生产能力在很多方面都进入世界前列，但由生产力与生产关系构成的整体经济社会发展呈现不平衡不充分的特征，相较于以往落后的社会生产力，这一发展结构已经成为人民美好生活的主要制约因素。社会生产力不断解放和发展，社会总体生产水平显著提高，改变了我国长期处于短缺经济的情况，自 2010 年我国超越日本成为世界第二大经济体，以及当前经济总量"占世界比重从 11.4% 提高到 15% 左右，对世界经济增长贡献率超过 30%"②。落后的社会生产状况发生了根本性转变，而同时也出现了发展不平衡不充分的问题。发展不平衡主要包括区域发展、领域发展、行业部门之间发展、群体发展的不平衡。发展不充分表现在社会生产力发展的不充分、社会主义制度优势发挥的不充分。国家统计局数据显示，2019 年"全年东部地区生产总值 511161 亿元，比上年增长 6.2%；中部地区生产总值 218738 亿元，增长 7.3%；西部地区生产总值 205185 亿元，增长 6.7%；东北地区生产总值 50249 亿元，增长 4.5%"③。东部中部西部东北地区生产总值呈现一定的差别。经济、政治、文化等社会各领域相比较，文化领域、社会领域、生态领域在持续推进，但也表现出不平衡，如生态领域发展面临的挑战。科学技术含量高的企业、新兴行业、传统行业等存在发展的不平衡问题。社会生产力水平同过去相比达到了较高水平，但在核心技术、科研创新等方面与世界发达国家相比还有很多差距，经济社会发展水平和优势在很多方面还有待充分提升和发挥。习近平总书记在 2022 年 7 月 26 日至 27 日举行的省部级主要领导干部"学习习近平总书记重要讲话精神，迎接党的二十大"专题研讨班开班式上发表重要讲话，指出"党的二十大要对全面

————————
① 习近平谈治国理政（第 2 卷）[M]. 北京：外文出版社,2017:213-214.
② 李克强.政府工作报告——二〇一八年三月五日在第十三届全国人民代表大会第一次会议上 [N]. 人民日报,2018-03-23(01).
③ 国家统计局.2010 年 -2019 年国民经济核算（国民生产总值）年度数据 [EB/OL].http://data.stats.gov.cn/easyquery.htm?cn=C01.

建成社会主义现代化强国两步走战略安排进行宏观展望，重点部署未来 5 年的战略任务和重大举措"①，"要紧紧抓住解决不平衡不充分的发展问题，着力在补短板、强弱项、固底板、扬优势上下功夫，研究提出解决问题的新思路、新举措"②。

由以上新时代社会主要矛盾两个方面的细致分析，物质文化需要升级为美好生活需要，落后的社会生产转变为不平衡不充分的发展，与前一时期相比较，是经济层面供需矛盾向社会供需矛盾的转化。

（二）这一矛盾转化是人民内部供需矛盾的变化

这一矛盾转化，是人民群众物质的、文化的、政治的等方面持续增长的需要同生产力发展水平提高基础上整个经济社会发展不平衡不充分的矛盾，是人民内部矛盾中社会层面供需矛盾的凸显。所以，自社会主义制度在我国确立后社会主义初级阶段中的社会主要矛盾，归根结底是供给与需求之间的矛盾。新时代仍处于社会主义初级阶段，对社会主要矛盾的内涵与特征的认识，也自然从供给与需求之间的不平衡不协调来剖析。

社会主义初级阶段的社会主要矛盾，是在人民群众根本利益一致的前提下生产力、生产关系和上层建筑在社会主义制度发展水平相对不发达阶段的集中反映。集中反映社会基本矛盾的社会主要矛盾又通过具体的社会人来表现，即具体的社会人是社会主要矛盾的主体承担者。所以，无论是"人民日益增长的物质文化需要同落后的社会生产之间的矛盾"，还是"人民日益增长的美好生活需要和不平衡不充分的发展之间的需要"，这一定的"需要"与相应的"发展"之间的矛盾，最终都必须通过具体的社会人来体现和感受。人的本质是一切社会关系的总和，具体的社会人是参与社会实践的现实生活中的人，"需要"是人的需要，"发展"也是人推动的发展。所以，"需要"是人的需求侧，"发展"是以人为主体的供给侧。新时代社会主要矛盾就是需求侧与供给侧之间的对立统一，需求侧与供给侧的不断平衡和调整是矛盾转化的直接动力。

马克思主义需要观认为，人的需要具有社会性和历史性，人的需要在量和质、横向和纵向方面都是不断变化发展着的，并且这种变化发展呈不断上升的

---

① 习近平在省部级主要领导干部"学习习近平总书记重要讲话精神，迎接党的二十大"专题研讨班上发表重要讲话强调：高举中国特色社会主义伟大旗帜 奋力谱写全面建设社会主义现代化国家崭新篇章 [N]. 人民日报,2022-07-28(01).

② 习近平在省部级主要领导干部"学习习近平总书记重要讲话精神，迎接党的二十大"专题研讨班上发表重要讲话强调：高举中国特色社会主义伟大旗帜 奋力谱写全面建设社会主义现代化国家崭新篇章 [N]. 人民日报,2022-07-28(01).

趋势。人民的物质文化生活水平不断提高，在物质上，我国人均GDP已经达到中等收入国家水平，总体上实现小康；文化上，文化事业和文化产业联动发展，有效地满足了人民群众的基本文化需要。在此基础上，人们提出了更高层次更丰富的需要：美好生活。发展是解决我国所有问题的总钥匙，发展观念、发展理念是随着社会发展问题和社会发展目标确立的，基于落后的社会生产力水平和人民的物质文化需要，以经济建设为社会发展的中心，在聚焦经济发展的同时强调物质文明和精神文明的统一，之后"坚持以人为本，树立全面、协调、可持续的发展观"要求实现经济发展、政治发展、文化发展、社会发展的统一，新时代提出了"创新、协调、绿色、开放、共享"的新发展理念，以引领社会发展"五大文明"的实现。丰富的物质文化生活是美好生活的基本内容，政治生活、社会生活等是核心内容，绿色生活是底色，这体现了人民群众生活需要的全面性和社会发展的全面性。依据马克思主义需要观和我国社会主义实践进程中的发展观念不断丰富，新时代社会主要矛盾转化实质上仍然是社会生产的发展与人的需要之间的展开，由经济层面的供需矛盾凸显转化为社会层面的供需矛盾凸显，是人民内部供需矛盾的变化。

## 二、思想政治教育由服务经济建设发展转变为实现人民美好生活

新时代社会主要矛盾仍是人民内部矛盾，其转化关系党和国家工作全局，规定着党的中心工作和主要任务是实现人民美好生活，思想政治教育服从和服务于党的中心工作，也由服务经济建设发展转变为服务人民美好生活需要。新时代社会主要矛盾更多体现的是社会利益关系的协调和社会发展结构的完善，思想政治教育依据此并围绕党的中心工作，发挥价值观先导功能引导人们美好生活价值理想，加强和改进各领域思想政治工作协调社会利益关系，将满足人民需求作为价值取向和衡量标准。

（一）思想政治教育要引导人们追求美好生活的价值理想

新时代社会主要矛盾决定实现人民群众美好生活是党的中心工作和主要任务，相较于"以经济建设为中心"而言，"美好生活的实现"是包括以经济建设为中心在内的整个社会建设的方向和目标。美好生活实际上是人丰富的、多方面的需要的实现过程，是理想性和现实性的统一。"我们的人民热爱生活，期盼有更好的教育、更稳定的工作、更满意的收入、更可靠的社会保障、更高水平的医疗卫生服务、更舒适的居住条件、更优美的环境，期盼孩子们能成长得更

好、工作得更好、生活得更好。"①"更好的""更稳定的""更满意的""更可靠的""更高水平的""更舒适的""更优美的",这些都表明相较于以数据统计的经济建设成果,"美好生活"更多的是向往理想和主观感受,这就相较于激发人民群众的创造活力和创造热情投身经济建设来说,思想政治教育在实现人民美好生活中更多地发挥着价值观引导作用,为新时代人民美好生活实现提供价值观支撑。

依据列宁的"两个划分"和"两个归结"学说,新时代社会主要矛盾转化就集中体现着新时代社会生活的各个领域和一切社会关系的阶段性变化。具体表现在:经济领域,共同富裕的、优质的物质生活需要和社会生产之间的矛盾;政治领域,社会主义政治文明要求和政治建设之间的矛盾;文化领域,人民美好精神生活需要和精神生活发展之间的矛盾;社会领域,人民对社会规则健全、治理有序、交往平等、机会平等的社会状态的需要和包括城市与乡村、传统与现代、不同人群的治理差距在内的社会发展之间的矛盾;生态领域,优美生态环境的需要和生态文明建设之间的矛盾。从社会关系的变化的集中表现可以看出,美好生活的价值观引导包括两个方面或者可以说两个引导主体,即人民群众美好生活需要的价值理念和社会整体发展的价值观念。所以,新时代思想政治教育引导美好生活的价值理想包括发挥构建美好生活理想中的价值观先导功能和解决不平衡不充分发展问题中的价值观先导功能。

新时代思想政治教育对社会主义核心价值观的塑造和引导,正是思想政治教育引导美好生活的价值理想的集中体现。社会主义核心价值观作为全国人民价值追求的最大公约数。思想政治教育在加强社会主义核心价值观教育中讲清楚其产生的理论渊源和实践基础,增强人民群众的价值观自信;发挥中国特色社会主义文化教育对价值观培育的涵养作用;剖析西方资本主义价值观与我们倡导的社会主义核心价值观的本质区别,以引导人们精神生活需求的主动选择性。思想政治教育对社会主义核心价值观的塑造和引导,不仅确立了个体追求美好生活所必须具备的价值遵循、社会共同体建构美好生活所需要的共同体原则和秩序,也为解决发展的平衡问题和充分问题确立了先进的发展观以及实现社会主义现代化强国的国家观、财富观等。

(二)加强和改进各领域思想政治工作,协调社会利益关系

落后的社会生产力与先进的社会制度之间的矛盾,要求大力解放和发展生

---

① 习近平在十八届中央政治局常委同中外记者见面时强调:人民对美好生活的向往就是我们的奋斗目标[N]. 人民日报,2012-11-16(04).

产力，确立以经济建设为中心，社会各领域围绕此中心工作为提高国民生产总值和国内生产总值而大力发展生产力，思想政治教育坚持服从和服务于经济建设，激发社会各领域投身经济建设的创造热情和创造活力。中国特色社会主义实践进程中不断提出物质文明、精神文明、社会文明等的统一发展，实际过程中社会整体仍以追求高速的经济增长率为核心，这在一定程度上使思想政治教育在各领域中的作用薄弱化。随着改革开放的深入推进，社会主义现代化建设进程中伴随着高速经济增长出现了精神文明、社会文明、生态文明等的构建问题，人民群众在满足基本物质文化需要的基础上提出更高层次、更多样化的需要，社会发展结构的不平衡不充分问题日益凸显，这些都要求重视社会精神文明等社会各领域的上层建筑的完善，加强和改进各领域的思想政治工作。

新时代社会主要矛盾凸显了包括社会生产关系在内的整个社会关系与先进的社会主义制度之间的矛盾。社会关系中尤其是社会利益关系存在不协调的问题。人民的美好生活需要与社会发展的不平衡不充分问题在整体上体现社会利益关系的不协调，人民美好生活需要、不平衡不充分的社会发展也在各自方面体现社会利益关系的不协调。需要是人对客观需求对象的直接欲求，利益则是经过社会关系的过滤体现出来的需要；需要只反映了人民对客观需求对象的直接依赖关系，而利益则反映人与人之间的因对需求对象的依赖而产生的相互关系。又由于人的主观价值判断的差异性，人民美好生活需要必然表现出社会利益关系协调的必要性。社会转型引起的社会发展结构的不平衡不充分等方面的问题，显示现在社会利益关系更加复杂。"'思想'一旦离开'利益'，就一定会使自己出丑。"[1] 思想政治教育作为一项以引导、规范和调适人们思想、行为的精神生产实践活动自然也离不开人的利益。考察中国共产党思想政治教育的发展历程可以发现，不同时期最广大人民群众的利益诉求是推动其发展变化的主轴线。所以，依据马克思主义关于利益的哲学观点和党的思想政治教育实践进程，可归纳出在一定程度上利益是思想政治教育发展的核心范畴，协调社会利益关系需要加强和改进社会各领域思想政治工作，尤其是社会新兴领域。

党内思想政治教育、军队思想政治教育、学校思想政治教育是思想政治教育一贯聚焦的重点领域，通过重点领域、焦点对象思想政治教育，形成社会先进力量发挥先进社会引领作用，营造符合社会主流意识形态的、充分发挥社会主义制度优越性和社会利益关系协调氛围。新时代，全面加强党和军队的思想

---

[1] 马克思恩格斯文集（第1卷）[M].北京：人民出版社,2009:286.

政治教育，深入开展党的群众路线教育实践活动、"不忘初心、牢记使命"主题教育，加强政治建设和理想信念教育，加强制度建设和纪律教育；加强和改进学校思想政治教育，召开全国高校思想政治工作会议，实现大中小学思想政治理论课一体化建设，确立立德树人为中国特色社会主义教育的根本任务；加强和改进宣传思想工作，尤其是在新型媒体形势下加强党对宣传思想工作的领导。除重点领域外，社会新兴领域也需要开展思想政治工作，由互联网络发展形成的新兴互联网行业、由新型社会生产关系拓展的新兴工作领域等都要求开设思想政治工作部门和岗位，规范行业、领域的思想观念、道德行为等。同时，加强基层思想政治工作，以群众性精神文明建设推动基层思想政治素质的提升，协调人民群众之间的利益关系。

（三）思想政治教育将满足人民需求作为价值取向和衡量标准

坚持以人民为中心的发展思想，是对新时代思想政治教育核心理念和根本目标的要求，即坚持以人民为中心，不断促进人的全面发展、社会的全面发展。党在社会主义革命、建设和改革中形成了党处理人民内部矛盾的优良传统，用民主的方法、讨论的方法、说服教育的方法、团结疏导的方法来解决人民内部矛盾。新时代社会主要矛盾发生转化，仍属于人民内部矛盾。解决人民内部矛盾要"把群众合理合法的利益诉求解决好""使群众由衷感到权益受到了公平对待、利益得到了有效维护"。[①] 新时代思想政治教育坚持以人民为中心，就是代表人民的根本利益，以满足人民对美好生活的需要和促进人的全面发展为目标，调动人民群众创造美好生活、实现中华民族伟大复兴的积极性。

依据思想政治教育的地位和功能，可从宏观上讲其价值归结为社会性价值和个体性价值，即对社会方面的功能和对个人方面的功能。前者包括社会的经济功能、政治功能、文化功能、生态功能，后者包括个体生存功能、个体发展功能、个体享用功能。以往围绕社会中心工作和主要任务的思想政治教育更多地凸显了其社会性功能，即以社会为本位的价值取向。新时代社会主义现代化实践过程坚持以人民为中心的发展思想，以满足人民合理合法诉求为标准，实现人民美好生活构建，这就要求思想政治教育在以社会本位为价值取向的同时，更多地立足于"现实的个人"，重视人的感性需要、自然需要等现实需要，强化需要在人的发展中的动力作用，帮助个体在满足需要中体悟个人实践与社会发展的价值与现实意义，在满足需要中更好地实现人的全面而自由的发展。同时，

---

① 习近平在中央政法工作会议上强调：坚持严格执法公正司法深化改革 促进社会公平正义 保障人民安居乐业 [N]. 人民日报, 2014-01-09(01).

思想政治教育的个体性价值与社会性价值是相统一的，前者指导思想政治教育实践使人们调整自身需要与社会发展的统一，在满足人们自身需要的同时促进社会发展，后者指导思想政治教育实践注重社会发展过程中人的个性发展，使社会发展为个人发展提供更好的条件和环境。

　　新时代思想政治教育将满足人民需求作为价值取向和衡量标准，具体表现在，首先基于人民群众日益增长的精神生活需求，思想政治教育一方面生产更多的精神产品满足人民群众的精神诉求，另一方面引导人民群众对精神生活的主动选择，在整体上注重主流意识形态主导与人民群众精神生活选择多样性的统一。其二，突破思想政治教育重点领域和焦点对象，注重引导新兴行业、基层组织的群众性精神文明建设，满足人民群众思想观念领域、政治生活领域等的需求。其三，新时代思想政治教育实践过程中注重提升形式的生活化、精准化，以人民群众喜闻乐见的方法、载体传播思想观念、政治观点和道德规范，一方面增强思想政治教育的实效性，另一方面更有针对性地满足人民群众的精神诉求。由此可见，思想政治教育从核心理念、对象领域、方式方法上都坚持以人民为中心的发展思想，整体上表现出以满足人民合理合法需求作为实践成效的价值取向和衡量标准。

# 第三章　新时代社会主要矛盾转化下思想政治教育的机遇与挑战

　　社会主义社会主要矛盾是社会主义社会生产力、生产关系、上层建筑在特定发展阶段的集中体现，决定着社会主义社会发展的方向和任务，关系着党和国家工作全局。社会主要矛盾转化为人民日益增长的美好生活需要和不平衡不充分的发展之间的矛盾，标志着中国特色社会主义实践进入新时代，进而规定社会发展的主要任务，提供社会发展的价值遵循。思想政治教育作为观念上层建筑，受经济基础的决定性影响，又对经济基础具有能动的反作用。社会主要矛盾转化形成的新时代社会历史条件，给思想政治教育提供了良好的机遇，同时，也使它面临着严峻的挑战。精神生活共同富裕、全面建成社会主义现代化强国等时代任务决定了思想政治教育"极端重要"的功能定位，同时，经济社会不平衡不充分发展、精神文化生产与传播的多元化等现实困境加剧了思想政治教育实效发挥的复杂性和难度系数；思想政治教育自身存在着内在动力促进创新与结构问题阻碍发展的矛盾。故而，社会主要矛盾转化形成的新时代社会实践中，思想政治教育的机遇与挑战并存，必然要求其对机遇与挑战了然于胸，通过创新发展更好抓住机遇、妥善应对挑战，提升新时代思想政治教育的实效性。

## 第一节　社会主要矛盾转化的新历史方位、时代任务和价值遵循

　　依据社会主要矛盾转化作为社会发展阶段的显著标志、决定社会发展主要任务、为社会发展提供价值判定标准，可归纳出，人民日益增长的物质文化需要同落后的社会生产之间的矛盾转化为人民日益增长的美好生活需要和不平衡

不充分的发展之间的矛盾，标志着中国特色社会主义进入新时代这一历史方位，决定着全面建成小康社会、全面建成社会主义现代化强国、实现中华民族伟大复兴成为新时代中国特色社会主义实践的主要任务，规约着实践时代任务过程中遵循以人民为中心的价值取向。

## 一、历史方位：中国特色社会主义新时代

"社会主要矛盾属于历史的范畴，每种形式的社会主要矛盾都属于其特定的历史时期和发展阶段，不存在超越历史范畴和边界的社会主要矛盾，这就是社会主要矛盾的时代性。时代性指出了社会主要矛盾所处的历史方位，体现了与时代同向同行的发展指向。"① 经过社会主义建设时期、改革开放和社会主义现代化建设新时期，经济层面的供需矛盾逐步转化为社会层面的供需矛盾，人民美好生活成为社会需要一方，社会供给一方的特征由落后的社会生产转变为不平衡不充分的发展。这一社会主要矛盾转化，表明社会历史方位已不同于以往时期，显著标志着中国特色社会主义进入新时代。党的十九大报告中用"三个意味着"和"五个时代"来描述"新时代"。"中国特色社会主义进入新时代，意味着近代以来久经磨难的中华民族迎来了从站起来、富起来到强起来的伟大飞跃，迎来了实现中华民族伟大复兴的光明前景；意味着科学社会主义在二十一世纪的中国焕发出强大生机活力，在世界上高高举起了中国特色社会主义伟大旗帜；意味着中国特色社会主义道路、理论、制度、文化不断发展，拓展了发展中国家走向现代化的途径，给世界上那些既希望加快发展又希望保持自身独立性的国家和民族提供了全新选择，为解决人类问题贡献了中国智慧和中国方案。"② "这个新时代，是承前启后、继往开来、在新的历史条件下继续夺取中国特色社会主义伟大胜利的时代，是决胜全面建成小康社会、进而全面建设社会主义现代化强国的时代，是全国各族人民团结奋斗、不断创造美好生活、逐步实现全体人民共同富裕的时代，是全体中华儿女勠力同心、奋力实现中华民族伟大复兴中国梦的时代，是我国日益走近世界舞台中央、不断为人类作出更大贡献的时代。"③ 从中可以发现，新时代既是时间概念又是空间概念，就时间来说，它是根据社会主要矛盾而划分的历史时期，就空间来说，它是指生产力、

---

① 孙贺. 新时代社会主要矛盾"转化"的属性透视 [J]. 红旗文稿,2018(10):09.

② 习近平. 决胜全面建成小康社会 夺取新时代中国特色社会主义伟大胜利——在中国共产党第十九次全国代表大会上的报告 [M]. 北京：人民出版社,2017:10.

③ 习近平. 决胜全面建成小康社会 夺取新时代中国特色社会主义伟大胜利——在中国共产党第十九次全国代表大会上的报告 [M]. 北京：人民出版社,2017:10-11.

生产关系、上层建筑变化形成的作用于一定主体的客观环境。认识这一新的历史方位，需要以国内、国际的大坐标视野，运用社会主要矛盾分析方法和社会发展阶段分析方法进行理解。

（一）国内环境的新变化

首先，总体上来说中国特色社会主义实践由"富起来"走向"强起来"。经过改革开放和社会主义现代化建设新时期，大力解放和发展生产力，社会生产水平不断提高，经济快速增长，自 2010 年起 GDP 总量稳居世界第二，人均 GDP 已经达到中等收入国家水平，我国总体上已经"富起来"。党的十八大以来，我国社会主义现代化建设取得了历史性成就，社会生产力水平显著提高，经济以中高速度发展，对世界经济贡献率超过 30%；政治上国家治理能力和治理水平明显提高，制度优势突出显现出来；文化上国家文化软实力和中华文化影响力大幅提升，中国特色社会主义文化自信彰显，我国总体上已经由"富起来"走向"强起来"，在经济政治文化社会生态领域已取得的成绩基础上，更加注重整体性发展，决胜全面建成小康社会，开启全面建设社会主义现代化国家新征程。在中国共产党成立一百周年的时刻，脱贫攻坚取得了全面胜利，全面建成小康社会得以实现，推动全体人民共同富裕取得实质性进展。在此基础上，不断推进社会主义现代化，形成中国式现代化道路，推进建设富强民主文明和谐美丽的社会主义现代化强国征程。

其二，新时代社会主要矛盾集中体现出了社会各领域的矛盾。由党成立以来社会主要矛盾转化的历史考察，可以看出，社会主义制度在我国基本确立以来，社会主要矛盾从本质上说就是总体社会需要与社会生产之间的矛盾。新时代社会需要方面由"人民日益增长的物质文化需要"升级为"人民美好生活需要"，社会生产方面由"落后社会生产"转变为"不平衡不充分的发展"。这很好地概括了中国特色社会主义实践各方面的状况：经济上，一方面生产力不断得到发展，社会生产力总体水平取得质的飞跃，从根本上改变了我国长期处于"短缺经济"的状况，生产资料和生活资料充盈，另一方面社会供给存在产品种类、区域之间的不平衡，社会产品质量和服务有待提升；政治上，一方面政治体制机制不断成熟完善，国家治理现代化程度提高，另一方面在政治实践过程中党的路线方针政策的制定与落实存在差距，人民群众有了关注民主、法治等方面的要求，并注重政治参与，而人民群众的政治要求和政治参与与其自身的政治素养之间的矛盾造成了政治领域的诸多问题；文化上，一方面文化事业和文化产业联动发展，现代公共文化服务体系日趋完善，"截至 2021 年底，全国共有公共图书馆 3215 个、文化馆 3316 个、文化站 4.02 万个、村级综合性文化服务中心 57.54 万个"[①]，社会主义精神文明建设与社会主义物质文明建设实现有机统一，满足了人民群众的基本文化需要，另一方面人民群众在基本物质文化需要满足的基础上提出了更多样化、更高层次的精神文化需要，加之信息技术的发展，思想观念领域充斥着各类文化现象，社会主流意识形态建设与人民群众的精神文化需要满足面临着一定的困境；社会生活领域，一方面社会民生领域的基础问题得到解决，人民获得感增强，另一方面社会民生领域的多样性问题、深层次问题日益凸显并亟须协调；生态领域，一方面党和人民日渐注重人与自然和谐发展，"绿水青山就是金山银山"的观念日益深入人心，以绿色发展理念作为经济社会发展的"底色"，另一方面经济发展与社会生态的矛盾仍较凸显，构建生态文明仍旧面临利益调节问题。

其三，中华民族伟大复兴的战略全局在动态中推演。党的十九大报告中提出统筹推进伟大斗争、伟大工程、伟大事业、伟大梦想，实现中华民族伟大复兴的伟大梦想作为近代以来中华民族最伟大的梦想具有统领意义。新时代中国特色社会主义实践在以习近平同志为核心的党中央有力领导下，在全国人民的不懈奋斗中，于 2021 年全面建成了小康社会，历史性地解决了绝对贫困问题。这意味着伟大梦想实现历程迈向新征程，以乡村振兴巩固全面脱贫攻坚成果，促进全体人民共同富裕，包括人民群众物质生活的共同富裕和精神生活的共同富裕。"动态"不仅指变动性、过程性，还指伴随其中的偶然性、复杂性，综合来说，即成果进步与风险挑战同在。比如，2019 年底起流行的新冠肺炎疫情，对我国经济社会和人民思想观念造成的影响，对国家治理体系和治理能力的挑战，等等。面对风险挑战，中国共产党领导人民群众审时度势，推进中华民族伟大复兴的目标越来越接近实现。并在此进程中全面从严治党提高党的建设质量，推进国家治理体系和治理能力现代化，显著彰显了中国特色社会主义制度优势，为进一步团结带领人民实现中华民族伟大复兴提供了无比强大的领导力量和坚实制度保障。

（二）国际环境的新变化

新时代中国所处的国际局势是"世界百年未有之大变局"。以习近平同志为核心的党中央以宽广的国际视野，对国际一段时期的总体发展大势作出了重大的科学判断和精辟的概括，即"世界百年未有之大变局"。顾名思义，世界发展形势呈现出百年来未见到的变化速度之快、变动程度之深、波及范围之广、实

---

[①]　满足人民文化需要 增强人民精神力量 [N]. 人民日报, 2022-08-25(02).

质影响之大等一系列特征。从全局来看，世界发展形势在和平与发展仍是时代主题的总体环境下，表现出大变革大调整的显著特征，即世界多极化、经济全球化、社会信息化、文化多样化不断深入发展，各国相互联系加强，国际力量对比日趋平衡，同时，发展的不稳定性不确定性也日渐突出，世界贫富分化日益严重，区域性热点问题不断爆发，气候变化、恐怖主义、公共卫生安全等人类面临的共同挑战持续蔓延。正如习近平总书记所指出的，"当今世界正经历百年未有之大变局，新冠肺炎疫情全球大流行使这个大变局加速演进，经济全球化遭遇逆流，保护主义、单边主义上升，世界经济低迷，国际贸易和投资大幅萎缩，国际经济、科技、文化、安全、政治等格局都在发生深刻调整，世界进入动荡变革期。"①除新冠肺炎疫情的反复冲击之外，比如极端性天气等全球气候问题、乌克兰危机，等等许多突发事件、层出不穷的新问题新情况，加剧着不稳定性、威胁着全球可持续发展。

中国式现代化丰富了人类文明迈向现代化的选择。新时代的中国迎来了向强起来的飞跃，"强起来"纵向上是指现在及未来要比过去强，横向上来说是指我们要破除西方国家独霸话语权的局势，相较于站起来的政治标准、富起来的经济标准，强起来更多地指横向比较，在世界发展中争取平等的国际话语权，为破解人类社会发展难题贡献中国智慧和中国方案。党领导人民进行革命、建设和改革过程中，依次提出并回答了建立和建设国家、确立和完善制度、建设党、实现发展、坚持和发展中国特色社会主义一系列时代主题，形成了中国特色社会主义道路、理论、制度和文化，并且统一于中国特色社会主义现代化建设实践，确立了道路自信、理论自信、制度自信和文化自信。在世界发展进程中，彰显了社会主义制度的优越性，提振了世界社会主义阵营的信心，丰富和发展了科学社会主义理论体系，推进着二十一世纪马克思主义的发展。现代化是指社会的重大变革，是社会发展的必然，现代化的过程是人类社会发展、人类文明进步的过程。中国特色社会主义现代化建设实践进程就是中国式现代化形成过程，相较于西方现代化模式、道路，创造性地形成了中国特色社会主义现代化发展模式、走出了一条新型的现代化道路。中国式现代化，首先是社会主义的现代化，人民性是第一位的，聚焦于实现人民利益这一根本目标；其二是整体性的现代化，强调包括经济政治文化和生态在内的社会各领域一体化现代化，最终服务于人的全面发展；其三是基于人类命运共同体发展的现代化，

---

① 习近平在深圳经济特区建立 40 周年庆祝大会上的讲话 [N]. 人民日报 ,2020-10-15(02).

中国特色社会主义现代化建设进程中始终坚持"和平与发展是全人类的共同愿望"，追求互利共赢、共谋发展，顺应人类社会发展规律，积极破解人类社会发展难题。从中国特色社会主义实践进程、实践成果以及世界性影响来看，中国式现代化打破了"现代化就是西方化"的迷思，摒弃了西方以资本主义为中心的现代化、两极分化的现代化、物质主义膨胀的现代化、对外扩张掠夺的现代化老路，立志实现人口规模巨大的现代化、全体人民共同富裕的现代化、物质文明和精神文明相协调的现代化、人与自然和谐共生的现代化、走和平发展道路的现代化。不同于西方现代化模式的中国式现代化，表明世界上不存在定于一尊的现代化模式，任何国家都可以坚持独立自主选择现代化道路，这鼓舞了世界上那些既希望加快发展又希望保持自身独立性的国家和民族。同时，中国式现代化顺应人类社会发展规律，破解了人类社会发展的诸多难题，为促进人类文明进步贡献了中国智慧和中国方案，深刻影响着世界现代化进程，这也丰富了人类文明迈向现代化的选择，拓展了发展中国家走向现代化的途径，为人类对更好社会制度和治理方式的探索提供了中国方案。

新时代中国在参与并促进世界安宁和平发展中遭遇重重阻力。"世界百年未有之大变局"表征着世界局势的不稳定性不确定性，新冠肺炎疫情、自然灾害、强权政治抬头、地区争端、恐怖主义等等加剧了这些不稳定性不确定性；中国式现代化是顺应人类社会发展规律，走和平发展的现代化道路，积极推动国际抗疫合作，恪守客观公正坚持以对话协商方式斡旋热点问题，呼吁共同应对气候变化、恐怖主义、网络安全、生物安全等全球性问题。而新时代中国特色社会主义围绕世界发展面临的威胁和挑战，倡导构建人类命运共同体，贡献中国智慧和中国方案的实践中，遭到一些资本主义国家的质疑和阻挠。西方资本主义国家以新自由主义思想为主导实施世界霸权，以美国为首的资本主义强国在实施经济霸权的过程中，采用文化霸权、军事霸权试图维护其在世界格局中的既有利益，挤压、打压我国。如中美经济关系往来中，美国商务部持续加征中国出口至美国商品关税，不断制造中美贸易摩擦，以阻挠经济利益和政治关系的平衡发展，扰乱世界经济发展秩序；美国国会众议长佩洛西窜访我国台湾地区，严重侵犯中国主权安全，这一行径严重损害中美关系的政治基础，为双方合作和交流制造障碍。意识形态领域，资本主义国家拼命加大对社会主义国家的攻击和围堵力度，加大通过"和平演变"和"颜色革命"打意识形态战的强度。我国主流意识形态建设过程中，遭受非主流社会思潮、错误社会思潮的冲击，比如历史虚无主义、新自由主义、个人主义、消费主义、享乐主义等，这些社会思潮主要以资本主义理论为基础，以西方社会思潮为源头，经过加工改造，借助多种渠道传播至社会大众尤其是青年学生，抢夺我国主流意识形态阵地，社会信息化加剧了思想观念的整合和治理难度，而各形各色的错误社会思潮实质上是意图颠覆中国共产党领导的政治思潮。在携手开创合作共赢、共同繁荣的全球发展中，为缓解南北差距、发展断层、技术鸿沟等问题，中国实施共建的"一带一路"倡议、全球安全倡议，被恶意者以他们自身的强权思维批评为干涉别国内政、称霸扩张之举。等等，这些都表明新时代中国在为世界贡献中国智慧和中国力量过程中面临的质疑和阻挠。

### 二、时代任务：全面建设社会主义现代化国家

社会主要矛盾是社会矛盾体系中处于主导地位、起着支配作用的矛盾，决定着社会特定发展阶段的主要任务和发展目标。新时代社会主要矛盾，总体上说是由经济层面的供需矛盾转化为社会层面的供需矛盾。解决这一社会主要矛盾就要在发展生产力的基础上调整生产关系，实现社会平衡充分的发展，满足人民日益增长的美好生活需要。人民对美好生活的向往作为党一直奋斗的目标，进入新时代以来，更是被作为最接近实现的奋斗目标和实践指向，并将人民美好生活需要与人的全面发展有机联系起来，用马克思主义的根本价值取向引导时代主题和时代任务。所以，解决社会主要矛盾的过程就是新时代社会主要任务的实现过程，社会层面的供需矛盾决定满足人民美好生活需要、全面建设社会主义现代化国家、实现中华民族伟大复兴是新时代中国特色社会主义实践的主要任务。

（一）实现社会平衡充分发展，满足人民美好生活需要

由社会主要矛盾决定的时代任务，最直接的体现是解决这一时代的社会主要矛盾。解决矛盾的过程，可以看作矛盾主客体相互作用的过程，矛盾的主体，可以说是目的，矛盾的客体，可以说是手段。只有认清矛盾主体，抓住矛盾客体，用矛盾客体作用于矛盾主体，矛盾才能顺利解决。新时代社会主要矛盾，矛盾主体是人民的美好生活需要，矛盾客体是不平衡不充分的发展。解决这一矛盾，就是实现平衡充分的发展，满足人民日益增长的美好生活需要。

其一，人民美好生活需要的提出。在物质文化需要得到基本满足的基础上，人民群众提出了更高层次更多样化的需要，除了更高质量的物质文化生活需要外，还有政治生活、社会生活、生态环境等方面的需要，中国共产党人将其归纳为"美好生活需要"。"美好"既是一种价值判断，又是一种切身感受，美好

生活是实实在在的现实生活；"美好"既是绝对的，又是相对的，美好生活是目标与过程的统一。美好生活的需要，包括物质文化生活、政治生活、社会生活、绿色生活等。物质文化生活是新时代美好生活的基本内容，"物质需要是第一位的，吃上饭是最主要的，所以说'民以食为天'。但是，这并不是说人民对精神文化生活的需求就是可有可无的，人类社会与动物界的最大区别就是人是有精神需求的，人民对精神文化生活的需求时时刻刻都存在"①。所以，新时代的美好生活首先仍是丰富的物质文化生活，是基本的物质文化生活需要基础上的质的飞跃，"由以前的生存性需要向现在的审美型、发展型需要跃迁"②。政治生活和社会生活是新时代美好生活的核心内容。依据辩证唯物主义和历史唯物主义的观点，物质生活决定政治生活、精神生活，政治生活、精神生活对物质生活具有能动的反作用。政治生活是指人们的政治行为过程，包括行使政治权利、履行政治义务、参与民主监督等；社会生活是指人们的社会行为过程，包括人们作用于社会的个人行为和人们参与公共社会生活的集体行为等。政治生活和社会生活是人们物质文化生活满足基础上的更高追求，如民主、法治、公平、正义、安全等，这些都与人的尊严直接相关，是人立足社会、增强社会归属感和责任感的核心要素。绿色生活是新时代美好生活的底色。改革开放和社会主义现代化进程中大力发展生产力，繁荣经济社会，追求更多的社会经济利益，存在一定程度上违背自然发展规律的现象，造成了严重的环境问题。人们在满足基本的物质文化生活需要的基础上，逐渐意识到构建生态文明的重要性，相较于以往追求经济利益的最大化，人们更加注重人与自然的和谐发展，相较于以往不顾环境承载力的生活方式，人们更多选择绿色低碳的生活方式。

其二，推动社会平衡充分发展，满足人民美好生活需要。抓住矛盾客体，即解决矛盾的手段，新时代社会主要矛盾的解决就依赖于实现平衡充分的社会发展。新时代社会生产力总体水平显著提高，生产能力在很多方面进入世界前列，我国告别了短缺经济、落后生产力的时代。然而，我国生产力实现的是总体水平提高、经济总量快速增长，生产力发展、经济增长呈现出不平衡现象，经济产品质量、经济发展方式、经济结构、经济增长动力呈现出不充分的现象。新时代社会供给方面呈现出"不平衡不充分的发展"的总体样态。不平衡的发展，即社会发展存在区域之间、城乡之间、行业之间、服务对象之间等的不平衡；不充分的发展，指产品质量和服务有待提升、产品供给存在低端供给过剩

---

① 习近平.在文艺工作座谈会上的讲话[N].人民日报,2015-10-15(01).

② 张三元.科学认识新时代中国特色社会主义的主要矛盾[J].思想理论教育,2017(12):16.

与中高端供给不足、核心技术突破困难制约整个社会创新能力等。平衡是相对的、不平衡是绝对的，不平衡的发展是长期存在的，解决不充分的发展在一定程度上可以实现平衡的发展，所以不充分的发展是矛盾客体的主要方面。以新发展理念推动供给侧结构性改革，解决不充分的发展问题。加强创新，为充分发展提供动力。以生产力的创新实现核心技术突破，以更低的成本生产质量更高的产品，以生产方式的创新解决无效和低端供给。以协调促发展，不仅指经济社会的区域间、行业间、城乡间的协调发展，还指整个社会的经济政治文化社会生态的协调发展，以及政治领域内、文化领域内的协调发展。绿色发展直指绿色生活，改变粗放的生产方式、不合理的消费方式、不合规律的生活方式等。开放发展，是以交流促发展，也不仅仅指经济社会的开放交流。共享发展是归宿，体现发展为了人民、满足人民需要是社会主义的核心要求。以新发展理念推动经济社会、政治社会、文化社会、生态文明的充分发展，带动社会平衡发展，满足人民政治生活、社会生活、绿色生活等需要。

（二）全面建设社会主义现代化国家，实现中华民族伟大复兴

社会主要矛盾是贯穿于社会发展长时段的，社会主要矛盾的解决是一个社会过程，必须在社会变革和进步中实现。全面建设社会主义现代化国家是新时代伟大社会革命的主要内容，是中华民族伟大复兴的实现形式。而新时代社会主要矛盾表征着的经济社会条件，恰是开启全面建设社会主义现代化国家新征程的平台。所以，解决新时代社会主要矛盾，其重大意义不仅要从发展层次和需要层次的角度看，而且要从社会发展质的变革和新的时代角度看。如此，新时代社会主要矛盾凸显为社会层面的供需矛盾，通过实现平衡充分的发展满足人民日益增长的美好生活需要，作用于社会、国家的发展阶段，决定着党领导人民致力于全面建设社会主义现代化国家，实现中华民族伟大复兴。

中华人民共和国成立后，我们党逐步形成了工业、农业、国防和科技现代化的"四个现代化"布局；改革开放以来特别是党的十八大以来，逐步形成社会主义现代化的系统布局，不仅包括"四个现代化"，而且包括更加广阔和更加深层的领域。可以看出，探索和建设社会主义现代化，是我们党的不懈追求，中国特色社会主义从创立、发展到完善，就是社会主义现代化从成为中心、展开深化到全面建设。社会主义现代化建设进程表明，在我国社会处于原有的社会矛盾的条件下，虽然我们党提出了社会主义现代化的建设目标，但由于落后的社会生产限制，我国发展的主要任务还是把建设小康社会作为现代化建设的必要准备和必经阶段。从总体小康到全面小康，我国社会主要矛盾也发生了深

刻变化，这就直接提出了全面建设社会主义现代化国家的任务。所以，在旧的社会主要矛盾的平台上，无法开启全面建设社会主义现代化国家新征程，只有在新的社会主要矛盾的平台上才成为可能。全面建设社会主义现代化国家，即我国现代化建设向着全领域全方位的现代化建设迈进，包括现代化经济体系、农业农村现代化、国家治理体系和治理能力现代化、社会治理现代化、教育现代化、人与自然和谐共生的现代化、国防和军队现代化、人的现代化等等在内的富强民主文明和谐美丽的社会主义现代化强国。具体来说，经济社会实践中，要求以新发展理念指导建设社会主义现代化经济体系，以创新发展为驱动力建设创新型国家，完善社会主义市场经济体制转变发展方式优化经济结构，"实现经济社会更高质量、更有效率、更加公平、更可持续的发展"[①]；政治生活实践中，发展社会主义民主政治凸显中国特色社会主义制度的优越性，健全人民当家作主制度体系，深化政治体制机制改革提升国家治理体系和治理能力现代化水平；文化生活实践中，凸显社会主义核心价值观的引领作用加强主流意识形态建设，发展社会主义文化事业和文化产业；社会生活实践中，在人民根本利益一致的基础上注重社会资源的合理分配，调节人民的社会利益，解决教育、医疗、住房、就业、养老领域的深层次和根本性问题，发挥基层组织的作用实现共建共治共享的社会治理；社会生态领域中，以绿色发展理念为指导，更加尊重自然规律，保护生态环境建设美丽中国，形成人与自然和谐发展的现代化格局。

　　新时代社会主要矛盾的提出，既是解决矛盾的开端；解决新时代社会主要矛盾，也开启了全面建设社会主义现代化国家的新征程；解决新时代社会主要矛盾与全面建设社会主义现代化国家同向同步，是同一个实践、同一个过程。一方面，从不平衡不充分的发展到平衡充分的发展，夯实社会主义现代化国家的坚实基础。统筹推进"五位一体"总体布局，实现经济政治文化社会生态文明领域建设平衡发展，每个领域内部又协调发展，全面提升物质文明、政治文明、精神文明、社会文明、生态文明；统筹城乡区域平衡发展，实现农业农村现代化，实现东西南北中共同现代化。另一方面，满足人民日益增长的美好生活需要，实现人的现代化。人民日益增长的美好生活需要说到底是人的全面发展需要，全面建设社会主义现代化国家的目标是人的现代化。人的现代化，是包含着全体人的发展、人的全面发展、人的自由发展、人的幸福发展在内的丰

---

　　① 习近平.决胜全面建成小康社会 夺取新时代中国特色社会主义伟大胜利——在中国共产党第十九次全国代表大会上的报告 [M].北京：人民出版社,2017:35.

93

富内涵。满足人民美好生活需要，不是部分人的美好生活需要得到满足，而另一部分人的美好生活需要得不到满足，是全体人民的普遍权利；人民的美好生活需要是全面性的需要，如物质和精神、经济和政治、工作和休闲等；幸福感是人民美好生活的核心体验，人的全面发展必须是幸福发展。基于此，在满足人民物质文化生活基础上，建设社会主义民主政治，满足人民政治生活的知情权、参与权、监督权，为人民提供更加有效的社会治理体系、更加完善的社会保障体系、更加可靠的社会安全体系，让人民享受到明媚的阳光、新鲜的空气等更优美的环境，充分享有获得感、幸福感、安全感。

近代以来中华民族最伟大的梦想就是实现中华民族伟大复兴，中华民族伟大复兴与社会主义现代化建设是密切相连的。一个民族的繁荣富强是建立在国家实现现代化基础之上的，只有通过现代化建设，促进全社会的发展进步和国家的兴旺发达，才能为实现民族复兴创造更多的有利条件。中国特色社会主义实践进程中，社会主义现代化从成为中心、展开深化到全面建设，形成了中国式现代化道路。2022 年 7 月，习近平总书记在省部级主要领导干部专题研讨班上的讲话中指出，"必须坚持以中国式现代化推进中华民族伟大复兴"[①]。中国式现代化承载着实现中华民族伟大复兴的重要任务，为实现中华民族伟大复兴提供了强劲动力和坚实基础。具体来说，中国式现代化始终坚持党的领导，通过制定和描绘推进现代化建设的发展蓝图与战略规划，有力确保实现中华民族伟大复兴的方向与战略；中国式现代化把新发展理念作为现代化建设的指导原则，在实践中不断推进全体人民共同富裕，着力实现物质文明、政治文明、精神文明、社会文明和生态文明协调发展，扎实推进高质量发展，为实现中华民族伟大复兴提供动力与基础。"中国特色社会主义进入新时代，我们比历史上任何时期都更接近、更有信心和能力实现中华民族伟大复兴。"[②] 所以，解决新时代社会主要矛盾的实践过程，是全面建设社会主义现代化国家的过程，也是中华民族伟大复兴目标的实现过程。

### 三、价值遵循：以人民为中心

社会主要矛盾不仅明确社会特定发展阶段的历史方位、决定社会特定发展

---

① 习近平在省部级主要领导干部"学习习近平总书记重要讲话精神，迎接党的二十大"专题研讨班上发表重要讲话强调：高举中国特色社会主义伟大旗帜 奋力谱写全面建设社会主义现代化国家崭新篇章 [N]. 人民日报，2022-07-28(01).

② 习近平. 决胜全面建成小康社会 夺取新时代中国特色社会主义伟大胜利——在中国共产党第十九次全国代表大会上的报告 [M]. 北京：人民出版社，2017:15.

阶段的主要任务，还体现社会特定发展阶段的价值遵循。新时代社会主要矛盾论断体现了以人民为中心的价值取向，包括人民立场的价值旨归、一切依靠人民的价值理念以及以人民获得感和幸福感为评价标准的价值导向等深层次价值意蕴，要求新时代中国特色社会主义实践遵循以人民为中心的发展思想，实现人的全面发展。

（一）社会主要矛盾论断体现了以人民为中心的价值取向

生产力、生产关系、上层建筑之间的关系说到底是围绕社会实践活动主体形成的，人作为社会实践活动的主体，社会主要矛盾主体和矛盾客体都围绕人的发展来作出判断。新民主主义革命时期，中国人民同"三座大山"的统治之间的矛盾激化，要求取得民族独立、解放人民群众，实现人民当家作主。新中国成立初期，无产阶级同资产阶级之间的矛盾激化，要求进行社会主义革命，彻底消灭资本主义制度和资产阶级，建立社会主义制度，巩固无产阶级政权。全面建设社会主义时期、改革开放和社会主义现代化建设新时期，先进的社会制度与落后的社会生产之间的矛盾，要求不断解放和发展社会生产力，满足人民的物质文化生活需要。中国特色社会主义新时代，社会层面供需矛盾凸显，要求在进一步发展生产力的基础上调整生产关系，满足人民日益增长的美好生活需要。由党成立以来社会主要矛盾转化过程和党领导人民进行革命、建设、改革历程可以总结出，社会主要矛盾的研判是围绕人民群众这一社会实践主体的根本利益和现实需要来进行的，中国特色社会主义实践是解决社会主要矛盾、实现人民群众根本利益和发展目标的过程。由此，社会主要矛盾的判断表征着人民群众的根本利益和发展目标，规约着社会发展阶段的价值遵循。

价值是在关系中产生的，是相对于人的现实需要而言的，它显示的是基于需要而产生的主客体关系以及对于需要的满足和实现程度。就新时代社会主要矛盾来说，矛盾主体集中反映了人民在满足基本的物质文化需要基础上提出了更高层次、更多样化的需要，用"美好生活"来概括准确体现了人民需要不断发展的特点。矛盾客体集中反映了我国社会生产力总体水平显著提高，但在此前提下存在着区域间、行业间、城乡间、服务对象间等方面的不平衡，以及产品质量和服务、供给结构、发展方式等的不充分，这是从满足人民群众需要的供给一方来讲的，是依据人民群众需要发展的特点来概括社会供给的局限性。从矛盾主体和矛盾客体来看，"人民日益增长的美好生活需要和不平衡不充分的发展"这一矛盾研判是紧紧围绕人民群众根本利益和发展目标的时代变化而作出的科学论断。新时代社会主要矛盾，相较于政治层面阶级对抗矛盾、经济层面供需矛盾，是社会层面的供需矛盾，是确立人民当家作主、满足人民群众物质文化需要基础上的实现人民美好生活这一更高要求的集中体现。中国化马克思主义进程中始终以人民的根本利益和发展目标作为实践主题，渐进提出和回答系列时代主题，是为着实现人民群众的政治解放、物质文化需求、美好生活需求而不断推进的实践进程。新时代"人民日益增长的美好生活需要"，是人的需要多样化、丰富性与全面性的真实写照，是人的全面发展与社会的全面进步的生活化体现，将以人为本的价值观意蕴进一步展现了出来。

（二）以人民为中心的历史唯物主义理解

遵循历史唯物主义的观点，依靠人民群众，以人民群众的根本利益为中心，社会事业就顺利发展；违背历史唯物主义的观点，背离人民群众，以少数个人的利益为中心，社会事业就遭受曲折甚至倒退。中国共产党始终坚持以人民为中心。以人民为中心是中国特色社会主义实践的价值之维，具体表现为：其一，人民是社会发展的目的，一切为了人民。人以实践的方式构成了人类历史本身。人民立场是马克思主义的根本立场，人的自由全面发展是马克思主义的终极理想。中国共产党秉持全心全意为人民服务的宗旨，将人民的解放独立、人民物质文化生活的满足、美好生活向往贯穿在社会主义现代化建设全过程。其二，人民是社会发展的依靠力量，一切依靠人民。人民的实践活动创造物质生产资料、为精神生产提供原材料并直接参与精神生活资料的生产、是社会变革的推动力量。人之所以为人，在于人具有动物无法超越的本质力量，即主观能动性，人在生产劳动实践中实现了人与社会的统一。这些都说明"人具有追求自己对象的本质力量,而这种本质力量赋予人独特的实践能力"①。发动人民群众参加革命斗争、工农武装革命夺取政权，小岗村"大包干"推动经济体制改革，村民自治试点创新基层民主建设，"大众创业、万众创新"的人民群众首创精神，等等，都体现了人民主体性。其三，人民是社会发展的最终归宿，一切发展成果由人民共享。人民是社会发展的目的和人民是社会发展的最终归宿，区别在于前者是确定社会发展方向和目标的标准、后者是判定社会发展成效的标准。人民是社会发展的最终归宿即人民群众的利益实现是社会发展的衡量标准。实现民族解放建立人民当家作主的新中国、消灭资产阶级建立社会主义制度、全面建设社会主义实行改革开放不断解放和发展社会生产力、全面建设社会主义现代化国家创造人民美好生活，这一实践历程的最终目的是让人民获得自由而全面的发展。

---

① 夏一璞.论新时代社会主要矛盾的三重维度：真、善、美[J].理论月刊,2018(05):26.

　　由以上历史唯物主义关于以人民为中心的基础性理解，可知以人民为中心的发展思想存在深层次价值意蕴，主要包括人民立场的价值旨归、一切依靠人民的价值理念以及以人民获得感和幸福感为评价标准的价值导向。新时代社会主要矛盾论断体现以人民为中心的价值取向，必然要求解决此矛盾过程，即新时代中国特色社会主义实践进程中要遵循以人民为中心的发展思想，立足人民立场、依靠人民群众、不断提升人民群众获得感、幸福感、安全感。

　　（三）新时代中国特色社会主义实践要遵循以人民为中心的发展思想

　　遵循以人民为中心发展思想的新时代中国特色社会主义实践，就是围绕解决社会主要矛盾，将以人民为中心发展思想作为贯穿"四个全面"战略布局的目标指向、作为落实"五位一体"总体布局的思想指引、作为践行新发展理念的科学遵循。

　　"四个全面"战略布局是依据我国当前的实际情况作出的涵盖全体人民、全方位的布局，是人民群众根本利益和发展需要的体现。在全面建成小康社会基础上，开启全面建设社会主义现代化国家，实现经济社会发展从数量向质量、从效率向公平的全面提升，从经济现代化向全面现代化的全面提升，推进全体人民共同富裕，促进人的全面发展的现代化；全面深化改革，围绕涉及人民群众利益的社会问题，突破经济领域，实现包括政治领域、文化领域等在内的全领域、深层次改革；全面依法治国，提高国家的法治水平，为解决人民群众的矛盾提供法律保障，从法律层面维护人民群众的主体地位；全面从严治党，要求针对党内脱离人民群众的可能和危险，强化党员干部的宗旨意识，坚定为人民服务的执政理念。"五位一体"总体布局是实现人民群众根本利益和发展需要的路径。经济建设是保障人民利益的基础，以平衡充分的经济社会发展提高社会经济效益，使人民群众获得更高的劳动收入、不断改善生活质量，实现全社会共同富裕；政治建设要发挥人民当家作主的主体地位，鼓励人民群众参与政治生活，为维护人民的权利提供政治保障，突出社会主义制度的优越性；文化建设要求依据人民群众文化需求的多样化，满足并引导群众的精神生活需要，以社会主义核心价值体系凝聚人民群众的精神力量；社会建设围绕人民群众最关心的问题，更加公平、更加合理地配置社会资源，协调人民之间的利益矛盾，构建社会主义和谐社会；生态文明建设围绕人与自然的和谐发展，以"美丽中国"构建绿色生活方式，保障人民群众的生命安全和身体健康。新发展理念将人民群众根本利益和现实需要作为发展的出发点和落脚点，本身蕴含着以人民为中心的发展思想。创新发展指明发展的动力，依靠人民群众的智慧和创造力，激发社会实践主体的创新精神和创造活力，推动社会主义实践创新发展。中国互联网、共享经济、人工智能等的发展无不体现人民群众的首创精神和创造能力。协调发展包括多样内涵，既指整个社会主义实践领域的协调发展，也指社会各领域内、城乡之间、行业之间等的协调发展，以形成整体性的社会主义实践合力，以满足人民群众多样化的需求。绿色发展是对新时代生产方式、生活方式的要求，调整生产方式，变粗放型为集约型，调整生产结构、产品供给结构，转变不合理的消费方式、奢侈的消费观念，提倡绿色消费，营造人与自然、社会的和谐。开放发展是以更加开放的姿态融入世界发展，拓宽人民群众的眼界和视野，满足人民群众更加开放的多方面需要。共享发展是归宿，指人民群众的共建共享，马克思所说的"每个人的自由发展是一切人的自由发展的条件"，是人的自由而全面发展的要求和体现。

# 第二节　思想政治教育的机遇

　　社会主要矛盾转化标志着的新时代历史方位及其决定的时代任务和价值遵循给思想政治教育提供了良好机遇。时代任务需要凝聚人民共识，凸显了思想政治教育"极端重要"的功能定位；社会整体生产力水平的提高，社会主义精神生产的发展，为思想政治教育奠定了坚实的物质条件和精神基础；人民群众在满足基本物质文化需要的基础上提出了美好精神生活需要、精神生活共同富裕，拓展了思想政治教育作用空间；思想政治教育理论与实践的发展，尤其是其主要矛盾随时代发生转化，产生了推动自身发展的内在动力。

## 一、时代任务凸显了思想政治教育"极端重要"的功能定位

　　新时代党的主要任务是全面建成小康社会基础上推进共同富裕、全面建设社会主义现代化国家、实现中华民族伟大复兴。时代任务仍然要求把思想政治建设放在第一位，能否做好意识形态工作，关系到时代任务的完成与否，要求思想政治教育在全面深化社会主义意识形态建设中凝聚人民思想共识；全面小康是物质小康和精神小康的统一，在此基础上扎实推进的共同富裕是物质生活和精神生活都富裕，要求思想政治教育充分发挥精神文明建设作用；全面建设社会主义现代化国家，需要彰显中国式现代化显著特征，要求思想政治教育发挥价值观引领作用。

（一）社会主义意识形态建设要求思想政治教育凝聚人民思想共识

意识形态是系统化的社会意识，是社会存在的反映，并反作用于社会存在。主流意识形态通常是指反映统治阶级利益的思想观念体系，社会主义意识形态是社会主义社会统治阶级的思想观念的产物，即代表着全体人民利益的无产阶级的思想观念体系。我国社会主义意识形态即马克思主义意识形态，新时代，习近平新时代中国特色社会主义思想作为马克思主义意识形态最新成果。意识形态直接反映并影响着一个国家举什么旗、走什么路、坚持什么样的指导思想等根本问题。党的十八大以来，以习近平同志为核心的党中央高度重视意识形态工作，多次强调意识形态工作是党的一项极端重要的工作，能否做好意识形态工作，事关党的前途命运，事关国家长治久安，事关民族凝聚力和向心力；并明确指出，加强社会主义意识形态就是要巩固马克思主义在意识形态领域的指导地位，就是要巩固全党全国人民团结奋斗的共同思想基础。全面建设社会主义现代化国家、实现中华民族伟大复兴的时代任务，需要不断增强马克思主义意识形态的时代自信，不断增强社会主义意识形态的凝聚力和引领力，为其实现提供思想引领、舆论推动、精神激励和文化支撑。

新时代社会主义意识形态建设开始了全面深化的新阶段。一方面，中国特色社会主义事业的不断推进，已将社会主义意识形态建设置于一个新的实践基础之上，当前我国经济的高质量发展、全过程人民民主的生动实践、人民对美好生活向往逐渐成为现实，具有鲜明民族特色的文化软实力日益增强，正在为社会主义意识形态建设提供充分的实践基础、现实依据。另一方面，新征程、新实践，同时也意味着新问题、新挑战，世界百年未有之大变局、疫情叠加衍生的意识形态风险，各种削弱、歪曲、否定中国共产党的领导和我国社会主义制度的言行不会自动退出国际国内的舆论场；新时代我国社会主要矛盾变化在观念上的反映，影响人们对社会现实的认识和对社会主义意识形态的判断，甚至对社会主义意识形态形成否定性认识。具体比如，社会思想意识复杂多样，一些错误观点尤其是新自由主义社会思潮、历史虚无主义思潮等伺机冒头，妄图挑战马克思主义指导地位；社会主流价值遭遇市场逐利性的挑战，拜金主义、享乐主义、极端个人主义在一定范围内蔓延，使社会主义、集体主义、爱国主义受到挑战；媒体格局和舆论生态发生深刻变化，使意识形态阵地和主导权存在风险挑战；各种敌对势力加紧对我国进行意识形态渗透、价值观渗透，维护我国意识形态安全和政治安全的任务十分繁重。

思想政治教育的本质是坚持主流意识形态的主导与灌输，即社会主义意识形态教育。作为党的优良传统和政治优势，自党成立之日起就发挥着社会主义意识形态建设的功能。"经济建设是党的中心工作，意识形态工作是党的一项极端重要的工作。"这也道出了思想政治教育的"极端重要"，为其新时代创新发展提供了良好的机遇。思想政治教育是团结人民完成各项任务的中心环节，这一地位是从政治与经济之间辩证关系角度，道出了它在全面建设社会主义现代化国家、实现中华民族伟大复兴时代任务中起着方向引领、动力激发、力量凝聚、矛盾化解的重要作用，这是其他任何实践活动无法取代的。基于新时代社会主义意识形态风险及加强社会主义意识形态建设，要求思想政治教育抓住新时代机遇，坚持其本质，将社会主义意识形态建设作为贯穿始终的主线，用马克思主义指导思想引导多元价值取向，解决人们在思想领域出现的各种问题以凝神聚气，对各种错误思潮和虚假的思想价值体系做出回应以强基固本，巩固马克思主义在意识形态领域的指导地位；以理想信念教育、爱国主义教育、集体主义教育指导和引领全国各族人民"心往一处想，劲往一处使"，凝聚社会共识，形成团结全国各族人民共同奋斗的思想基础；提高思想政治教育工作者的理论自觉和高度的责任感，充分结合中国与世界关系深刻变化的实际，不断提升对大众关切的现实问题的解释力，不断将社会主义意识形态通过大众化、时代化的途径灌输到人民群众中去，启发和提升社会成员的思想政治觉悟，为实现中华民族伟大复兴凝聚思想共识、提供精神动力。

（二）推进共同富裕要求思想政治教育发挥精神文明建设作用

党的十八大以来，以习近平同志为核心的党中央带领人民群众展开人类历史上规模最大、力度最强的脱贫攻坚战，实现了全面建成小康社会的目标，以更高标准和更丰富内涵的"小康"，为促进共同富裕创造了良好条件，"现在，已经到了扎实推动共同富裕的历史阶段"[①]。我国社会主义基本制度的确立，为共同富裕奠定了制度基础；改革开放和社会主义现代化建设新时期，发展生产力，以先富带动和帮助其他地区、其他人逐步达到共同富裕，实现人民生活从温饱不足到总体小康的跨越；中国特色社会主义新时代，全面建成小康社会，开启全面建设社会主义现代化国家新征程，到2035年"全体人民共同富裕取得更为明显的实质性进展"的新目标引领着这一征程。小康社会建设进程中关于"小康"的内涵是不断丰富发展的，由最初的温饱基础上的富足，丰富至物质生活、

---

① 习近平.扎实推动共同富裕[J].求是,2021(20):05.

政治生活、精神生活、社会生活和绿色生活等全方位的不断满足，发展至物质文明、政治文明、精神文明、社会文明、生态文明等整个社会发展水平文明程度的不断提升。小康社会的实现是不断推进的过程。从解放和发展生产力满足人民群众的基本温饱，到进一步解放和发展生产力改善人民群众的物质生活，满足人民群众在此基础上提出的精神文化需求，在发展生产力造成资源利用率不充分、资源占有率不对等、利益分配不均等、人与自然之间矛盾凸显的情况下，通过调整生产关系不断满足人民群众提出社会公平正义、人与自然和谐发展的民主政治生活、健全社会生活、绿色健康生活的要求。所以，全面建成小康社会，为新时代共同富裕奠定了坚实的基础、创造了良好条件。

适应我国社会主要矛盾的变化，更好满足人民日益增长的美好生活需要，必须把促进全体人民共同富裕作为着力点。共同富裕是全体人民共同富裕，是人民群众物质生活和精神生活都富裕。由经济发展所创造的物质财富是实现共同富裕的客观基础，仍是扎实推进共同富裕中的基础性、根本性方面，但经济发展、物质生活改善并不是全部，人的全面发展需要的共同富裕是人民群众物质生活和精神生活都富裕，人民群众精神生活共同富裕对于新时代扎实推进共同富裕的意义凸显。从人的存在和发展可以简单化归为物质层面和精神层面来说，人的需要包括物质需要和精神需要，人的生活形态体现为物质生活和精神生活，从人的精神需要到人的精神生活再发展至人民群众精神生活共同富裕，表达了新时代美好生活的精神维度诉求，精神生活的"共同"和"富裕"，彰显了人民群众积极进步的精神生活形态对于提升整个社会生活品质的独特意义。人们精神生活富裕中的"富裕"，包括人们享有精神文化资源的富裕程度，人们新的精神需要得到不断满足、精神境界不断提高，人们精神生活状态能够有效反哺物质生活状态。从总体性的视角来看，精神生活和物质生活是人民群众实践活动的一体两面，精神生活富裕的真正实现是人们在享有和内化精神文化资源、满足自身精神需要的基础上树立勤劳、智慧、创新、奋斗的精神信念，激发自身将精神力量转化为实现物质生活富裕的物质力量，使精神生活富裕和物质生活富裕同频共振、相得益彰。共同富裕的"共同"彰显"人人共建、人人享有"的特征，同样，精神生活共同富裕的"共同"突出"全体人民性"和"脚踏实地、久久为功"，不是"整齐划一的平均主义"，而是以人民精神需求的满足和精神境界的提高形成人人奋斗、人人享有的良好社会氛围。通过精神生活共同富裕的内涵，可知，精神生活共同富裕更加侧重于全体人民的满足感和幸福感，侧重于国民素养和社会文明程度的提升，侧重于实现中华民族伟大复兴的凝聚力和向心力等，重在发挥积极精神生活的合力作用，构建新时代的社会主义精神文明。

精神生活共同富裕是新时代共同富裕的核心范畴，是人民群众共同期盼的美好生活的重要组成部分，也是扎实推进共同富裕的重点和难点。促进人民精神生活共同富裕，既要求实现人民群众精神家园的富足，又以精神文明引导美好生活需要，激发人民群众的创造活力。"思想政治工作，从根本上说就是做人的工作，做群众的工作，涉及人们的思想、观念、意识等领域，也就是人们的精神生活"①，新时代扎实推进共同富裕，要求思想政治教育充分发挥社会主义精神文明建设的作用。一方面，基于共同富裕的标准及共同富裕实现过程中存在的问题，传播符合社会发展和个人发展的思想观念，以共同富裕文明观建设进一步推进共同富裕的现实过程。以贯彻新发展理念提高新时代物质文明水平，实现经济领域更高质量、更有效率、更加公平、更可持续的发展。要讲清楚中国特色社会主义政治制度优势建设政治文明，确保人民享有更加广泛、更加充分、更加真实的民主权利。以社会主义核心价值观引领精神文明建设，为美好生活提供丰富的精神食粮。以提升社会治理能力和治理体系的现代化水平建设社会文明，促进社会公平正义，保障人民的社会生活。以树立绿水青山就是金山银山理念建设生态文明，构建绿色发展方式和生活方式，实现宁静、和谐、美丽的绿色生活。另一方面，以社会主义精神文明建设引领精神生活共同富裕，包括以马克思主义为指导的世界观、人生观和价值观，共产主义远大理想和中国特色社会主义共同理想，以爱国主义为核心的民族精神和以改革创新为核心的时代精神，社会主义核心价值观，来满足人们的精神生活和塑造人们的精神世界。思想政治教育作为社会主义精神文明建设过程中的重要途径和手段，精准把握人民精神文化生活需求、精准对接不同主体的精神生活需求、精准定制精神生活共同富裕的议题，有效引导人民精神生活发展走向，引领人的精神生活的多样化、个性化发展，不断提升人民精神生活发展的层次和质量；培养人们高尚的共享精神，理解共同富裕、共享发展意味着共同劳动、共同分享、责任共担，批判平均主义、急于求成的思想和坐享其成、不劳而获的心理心态，引导人民树立既立足现实又超越现实的合理的精神生活富裕目标，倡导劳动创造美好生活的观念。总之，思想政治教育在推进新时代共同富裕中发挥精神文明建设作用，即向社会成员传播凸显社会主义精神文明的思想观念、政治观点

---

① 江泽民文选（第3卷）[M]. 北京：人民出版社,2006:76.

和道德规范，在解决社会成员思想领域矛盾过程中帮助社会成员提升自身的思想政治素质，在其参与社会实践过程中构建扎实推进共同富裕的精神家园。

（三）中国式现代化要求思想政治教育发挥价值观引领作用

中国式现代化是实现中华民族伟大复兴的光明大道。中国共产党百年来团结带领中国人民所进行的一切奋斗，就是为了把我国建设成为现代化强国，实现中华民族伟大复兴。在这个过程中，我们党对全面建设社会主义现代化国家在认识上不断深入、在战略上不断成熟、在实践上不断丰富，开创了中国式现代化道路。社会主义革命和建设时期，我们党提出努力把我国逐步建设成为一个具有现代农业、现代工业、现代国防和现代科学技术的社会主义现代化强国目标。改革开放和社会主义现代化建设新时期，我们党提出"中国式的现代化"论断，制定了到21世纪中叶分三步走、基本实现社会主义现代化的发展战略。在新中国成立特别是改革开放以来长期探索和实践基础上，经过十八大以来在理论和实践上的创新突破，我们党成功推进和拓展了中国式现代化。中国共产党团结带领中国人民通过走中国式现代化道路，仅用几十年的时间就走完了西方发达国家几百年走过的工业化历程，创造了世所罕见的经济快速发展和社会长期稳定两大奇迹。党的十八大以来，我们攻克了许多长期没有解决的难题，办成了许多事关长远的大事要事，我们全面建成小康社会、实现第一个百年奋斗目标，国家经济实力、科技实力、综合国力、国际影响力持续增强。历史和实践已经证明，中国式现代化道路契合我国实际，奋进全面建设社会主义现代化国家新征程，必须坚定不移以中国式现代化全面推进中华民族伟大复兴。

中国式现代化是人口规模巨大的现代化，是全体人民共同富裕的现代化、是物质文明和精神文明相协调的现代化、是人与自然和谐共生的现代化，是走和平发展道路的现代化。其一，"现代化的本质是人的现代化"。实现"人口规模巨大的现代化"，首先要坚持人民至上的价值理念，始终锚定人民对美好生活的向往，让现代化建设成果更多更公平惠及全体人民；"人口规模巨大"既是压力与考验，也意味着优势与红利，人民群众有着无尽的智慧和力量，新征程上，充分发挥亿万人民的创造伟力，坚持一切为了人民、一切依靠人民，就能凝聚起以中国式现代化全面推进中华民族伟大复兴的强大合力。其二，富裕是各国现代化追求的目标，但一些发达国家搞了几百年工业化和现代化，不仅没有实现共同富裕，贫富差距反而越来越严重。在我国社会主义制度下，我们追求的发展是造福人民的发展，我们追求的富裕是全体人民共同富裕，要让所有人都有机会凭自己的能力参与现代化进程，凭自己的贡献分享国家发展的成果，把共同富裕作为中国式现代化的重要特征，擦亮了中国式现代化的鲜明价值底色，见证了中国发展牢牢占据着推动人类社会进步、实现人类美好理想的道义制高点。其三，物质富足、精神富有是社会主义现代化的根本要求。以往一些国家的现代化，一个重大弊端就是物质主义过度膨胀，如果人只追求物质享受、没有健康的精神追求和丰富的精神生活，丰富多彩的人性蜕变为单一的物质欲望，那也是人类的悲剧。中国式现代化追求的是既物质富足又精神富有，是人的全面发展。其四，如何实现人与自然和谐共生是人类文明发展的基本问题，也是我国面临的重大时代课题之一。在人类走向工业化、现代化的进程中，西方发达国家普遍走的是一条"先污染后治理"的道路，在创造巨大物质财富的同时，也加速了对自然资源的攫取，人与自然深层次矛盾日益显现。我国现代化建设进程中，确立和践行绿水青山就是金山银山的理念，坚持走可持续发展道路，坚定不移走生产发展、生活富裕、生态良好的文明发展道路，彰显了中国式现代化以绿色为底色，树立起人类现代化新的文明标杆。其五，天下大同、协和万邦是中华民族自古以来对人类社会的美好憧憬。我国不走一些国家通过战争、殖民、掠夺等方式实现现代化的老路，那种损人利己、充满血腥罪恶的老路给广大发展中国家人民带来深重苦难。中国从一个积贫积弱的国家发展成为世界第二大经济体，靠的不是对外军事扩张和殖民掠夺，而是人民勤劳、维护和平。中国式现代化强调同世界各国互利共赢，推动构建人类命运共同体，努力为人类和平与发展作出贡献。总体来讲，中国式现代化的中国特色，形成了全新的现代化理论，打破了西方对现代化理论和话语的垄断，拓展了人类对现代化的规律性认识，科学地回答了"现代化的本质是人的现代化"，现代化应是可持续发展的现代化。现代化是人类社会发展的一次巨大转型，也是人类文明发展的巨大进步，中国式现代化的深入推进，拓展了人类文明发展路径、丰富了人类文明内涵、为人类文明发展注入了新动力、指引着人类文明发展的正确方向、深化了文明交往的规律性认识，创造了人类文明新形态，为世界文明发展作出了重大贡献。

习近平总书记在党的二十大报告中对中国式现代化的本质要求作出科学概括："坚持中国共产党领导，坚持中国特色社会主义，实现高质量发展，发展全过程人民民主，丰富人民精神世界，实现全体人民共同富裕，促进人与自然和谐共生，推动构建人类命运共同体，创造人类文明新形态。"[①] 这一本质要求表

---

① 习近平.高举中国特色社会主义伟大旗帜 为全面建设社会主义现代化国家而团结奋斗——在中国共产党第二十次全国代表大会上的报告 [M].北京：人民出版社,2022:23-24.

明"中国式现代化"全面、深刻地阐释了新时代如何坚持和发展中国特色社会主义，坚持把实现人民对美好生活的向往作为现代化建设的出发点和落脚点。这一本质要求更是体现了它的价值追求，即以人民为中心。中国特色社会主义现代化在人类社会现代化模式、现代化思想体系中走出了不同于西方现代化的路子，中国式现代化的独特之处在于，以中国价值、中国精神作为根基，以人民至上、每个人的全面发展为价值追求。一个国家的现代化不仅仅体现在经济层面、也不只体现在制度层面，还体现在非常重要的精神层面，而精神层面的核心范畴是价值观。由此，不同现代化道路、现代化模式、现代化思想的优势从根本上来说要看它秉持着的价值追求。以人民为中心的这一价值追求既凸显了中国式现代化的中国特色，也彰显了中国式现代化这一人类文明新形态对全人类共同价值的弘扬。社会主义核心价值观是社会主义本质在价值观层面上的回答，是中国式现代化价值追求的集中体现。思想政治教育包括价值教育，在做人的思想工作中培育中国价值、弘扬中国精神。社会主义核心价值观教育是新时代思想政治教育的基本内容。走中国式现代化道路，在全面建设社会主义现代化国家进程中，广泛培育和践行社会主义核心价值观，为中国式现代化提供有力的价值阐释和精神动力。日常思想政治教育引领人民群众在参与社会主义现代化实践中，学习、体会社会主义价值追求，体会中国价值、中国精神、中国力量的本质特征，体会全面发展的人应有的精神境界、价值追求和品格操守，以新时代中国精神担当起社会主义现代化国家建设的责任。新时代社会主义核心价值观教育，重在坚定全体人民的核心价值观自信，以价值观自信回应和化解来自西方现代化的话语挑战和意识形态渗透风险，从而以坚持中国特色社会主义的价值追求，彰显中国式现代化的文明优势，大力推动中华文化走向世界，主动讲好中国共产党治国理政的故事、中国人民奋斗圆梦的故事、中国坚持和平发展合作共赢的故事，让世界更好地认识一个真实、立体、全面的中国；同时，着眼于加强我国参与全球竞争与合作的能力建设，更好地引领和服务人类社会现代化。

### 二、社会物质文化生产奠定了思想政治教育的坚实基础

经济基础决定上层建筑，上层建筑反过来又作用于经济基础。思想政治教育在根本上属于上层建筑，新时代生产力与生产关系的变化催生和要求思想政治教育发展，具体表现为，社会物质生产的丰富为思想政治教育提供了物质基础，社会精神生产为思想政治教育提供了优良环境，社会交往形式的变化要求

思想政治教育进行价值引导。

（一）社会物质生产为思想政治教育发展提供了物质基础

经济层面的供需矛盾转化为社会层面的供需矛盾，表明社会生产力总体水平显著提高，我国长期处于短缺经济的境况已经完全改变，并在一定程度上和一定范围内出现产品剩余。生产力的发展改变着社会生产关系，由短缺经济时期的激烈竞争转变为相当大程度上的协调发展。新时代社会实践发展的坚实经济基础，决定着新时代社会思想观念体系的形成，并要求新时代社会思想观念体系不断发展以进一步巩固完善新时代社会生产力和生产关系的统一。据国家统计局统计数据显示，2021 年国内生产总值（GDP）为 1143670 亿元，相较于2017 年国内生产总值（GDP）增加了 311634 亿元；三次产业构成中，国内生产总值中第一产业增加值由 2017 年的 7.5% 减为 2021 年的 7.3%，第二产业增加值由 2017 年的 39.9% 减为 2021 年的 39.4%，第三产业增加值由 2017 年的52.7% 增加为 2021 年的 53.3%；全年全国居民人均可支配收入 35128 元，相较于 2017 年全国居民人均可支配收入 25974 元，增长 9514 元。① 国内生产总值的增长、全国居民人均可支配收入的增长和第一、二、三产业构成比例的变化，表明新时代社会生产力水平的总体提高和生产关系的良性发展，创造了符合人民群众根本利益和社会整体发展的丰富物质财富，增加了人民群众物质财富的有效获得，形成了社会主义发展的坚实基础和人们精神生活需要的物质基础，并且要求构建进一步巩固社会主义经济基础和满足人民群众精神生活需要的社会主义思想观念内容、体系、结构。

思想政治教育作为观念上层建筑范畴，受制于经济基础又反作用于经济基础。新时代社会生产力水平的总体提高和生产关系的良性发展，为社会主义上层建筑完善和发展奠定了坚实基础，自然也就为思想政治教育发展奠定了坚实基础。一方面，新时代社会主义实践形成的丰富物质财富，为思想政治教育提供了物质基础；另一方面，人们物质生活水平极大提高，对精神生活的需求逐渐提高，在新的生产关系中的地位又决定着自身的价值取向和思想境界，影响着人们的政治立场，这些为增强思想政治教育实效性奠定了基础。

（二）社会精神生产为思想政治教育提供了优良环境

依据马克思主义精神生产理论，精神生产即"关于意识的生产"，"它是通过人与外界的信息、能量的交换，特别是通过精神生产者自身的内化、创造，

---

生产出精神产品以满足人们的精神需求，并为物质生产和社会的进步，提供理论观点、科学知识、价值观念、行为规范、实践理念等等。从而保证人类社会发展的合规律性和合目的性的统一。"①精神生产随着社会分工而产生,包括"思想、观念、意识的生产"和"政治、法律、道德、宗教、形而上学"等诸种社会意识形式的生产②。它受物质生产的决定，又对物质生产具有反作用，在不同的社会条件下具有不同的表现形式，所以，精神生产也是具体的、历史的，要把它放在一定的社会生产力和生产关系条件下去考察，要从历时态上去发现精神生产在人类社会发展过程中的不同阶段的不同表现形式。马克思在对资本主义精神生产的特点进行研究和分析基础上提出，精神生产是社会主义或未来共产主义社会发展的主导力量，是促进和实现人的全面而自由发展的重要途径和条件。

运用马克思主义精神生产理论考察新时代社会精神生产。社会主义社会精神生产在社会物质财富的创造、生产方式的变革、劳动生产率的提高、新的产业的兴起以及社会整体进步方面发挥着重要作用，并且随着邓小平根据精神生产在当今人类社会发展中的主导作用制定了"社会主义精神文明建设"的战略方针的启航，社会主义精神生产突出了其满足人民群众精神文化需要、提高整个中华民族科学文化素质、为我国现代化建设提供智力支持和精神动力的主要作用。新时代，经济层面的供需矛盾转化为社会层面的供需矛盾，精神生活在整个社会生活中成为制约和影响人的全面、自由发展的重要因素，在高度的物质文明和基本的精神文明基础上，要求进一步构建社会主义精神文明。同时，党的十八大以来，党中央高度重视意识形态工作，将其提到了新的战略高度，"经济建设是党的中心工作，意识形态工作是党的一项极端重要的工作"，③"巩固马克思主义的指导地位，巩固全党全国人民团结奋斗的思想基础"。④

新时代社会主义精神生产过程中，人民群众精神文化的需求和精神生活的满足，社会主义精神文明的构建和社会主义意识形态建设的战略高度，给思想政治教育提供了良好的社会环境。作为社会主义精神生产的思想政治教育，社会主义建设时期、改革开放和社会主义现代化建设新时期，更多是着重发展物质生产，精神生产在服务人民精神生活方面的作用发展的不充分，思想政治教

① 景中强.马克思精神生产理论研究[M].北京:中国社会科学出版社,2004:148.
② 马克思恩格斯选集(第1卷)[M].北京:人民出版社,2012:89.
③ 学习习近平总书记8.19重要讲话[M].北京:人民出版社,2013:01.
④ 学习习近平总书记8.19重要讲话[M].北京:人民出版社,2013:02.

育也更多地发挥其服务经济建设和社会生产的功能。中国特色社会主义新时代，社会主义精神生产更加注重发挥满足人们精神生活需求、提高人的精神境界、实现人的自由全面发展的作用，思想政治教育除了为物质生产激发人民群众的参与热情和创造活力以外，更多地发挥其根本功能，以社会主义意识形态引领社会精神生活，保证精神文明建设的社会主义方向、社会主义本质和人的自由全面发展目的。

（三）社会成员交往形式的变化要求思想政治教育进行价值引导

马克思主义认为，人的实践活动主要包括两类：生产与交往。人们在生产中形成的交往形式是人们社会生活的基本关系，一切历史冲突和重要事情的发生都应从生产和交往这对矛盾中去寻找原因。"因此，按照我们的观点，一切历史冲突都根源于生产力和交往形式之间的矛盾。"①生产力的发展决定生产方式的发展，生产方式的发展尤其是分工的进一步扩展又决定了人们的交往形式。人们的交往形式中会产生相应的观念、情感、价值、思想等意识层面的内容。新时代社会主要矛盾转化，在一定程度上是人们交往形式变化的结果，同时它又进一步体现了人们之间交往形式呈现的新特征。社会生产力水平的显著提高，作为生产主体的人较多地从生产过程中解放出来，如社会生产机械化程度的提高，车间中所需工人数量日渐减少，即从事机械劳动的人员逐渐转移至制造机械工具的脑力劳动过程中；再者，分工日渐精细，专业化程度日渐提高，参与社会生产的工作人员日趋精英化的同时生产能力局限于单一领域，整体社会的协作要求和共享需求日渐提高；同时，随着互联网技术的快速发展，新型行业日渐增多，自由职业者、个人工作室、网络从业人员等新型工作内容和工作方式多元多样。这些都形成了新型的交往关系，比如依托互联网络的虚拟交往、专业化程度高的精英交往、非主流的圈层交往、公共化的共享交往，等等。新型交往形式伴生了具有交往形式特点的思想观念，这些思想观念内含的价值判断呈多样化特征，需要以符合新时代社会发展和个人发展的主流价值观来引领，以形成规范的社会交往，既适应个人发展要求又推进社会和谐发展。

思想政治教育作为观念上层建筑，由经济基础决定，反映着一定的生产力和生产关系，也可以说是一种社会交往形式，是代表着符合社会发展和个人发展的思想观念、政治观点、道德规范与社会成员互动的活动形式。以往相对单一的社会交往关系中，思想政治教育发挥精神凝聚力和意识形态引领力的作用

① 马克思恩格斯文集（第1卷）[M]. 北京：人民出版社,2009:567-568.

空间相对集中、作用方式相对单一，面对新时代多样化的社会交往形式，基于其伴生的空间结构的层次性、思想观念的复杂性、价值判断的多元化，思想政治教育这种主流社会交往形式需要发挥其主导作用，进行价值引导。这就要求，思想政治教育传播新时代社会行为规范，促进人们的规范认同，增强社会成员的规范意识，塑造人们内在的思想政治道德品质，从而引导人们将内在的思想道德塑造外化和体现到具体的社会行动中，推动新型社会交往形式的和谐发展。

### 三、人民美好精神生活需要拓展了思想政治教育的作用空间

社会主义现代化进程中，人民群众的科学文化水平整体上逐步提高，更多地主动提升自身思想道德水平，基于此，思想政治教育能够更好地发挥个体发展功能和个体享用功能。"人民日益增长的美好生活需要"是指人民群众提出了更高水平、更多样化的需要，尤其是政治生活、社会生活和绿色生活的要求，民主、法治、公平、正义、安全等要求是核心。这些要求与社会主义核心价值观正好相吻合，而思想政治教育承担着培育社会主义核心价值观、发挥社会主义核心价值观引领作用的任务，这就意味着思想政治教育能够更好地引导人民群众满足美好生活需要。新时代人民群众创造美好生活与实现中华民族伟大复兴的中国梦是相统一的，人民群众的精神需要更多地符合社会发展需要，精神追求更加高尚更加侧重于服务于社会，这样的精神需要与追求给思想政治教育引导社会成员思想观念、政治观点、道德规范符合社会发展和个人发展拓展了作用空间。

（一）在社会科学文化水平提高的基础上提升人们的思想道德水平

社会生产力不断解放和发展，整个社会生产水平的提高带来的不仅是物质生产的丰富，整个社会在物质生产丰富基础上精神文化生活水平也相对提升，教育现代化也提高了整个社会的科学文化水平。构建社会主义精神文明包括提高科学文化水平和思想道德水平，两者相辅相成、互为基础。普通义务教育、高等教育、职业教育、成人教育、终身教育体系的完善，社会成员接受教育的机会逐渐平等、基础教育资源分配平均，社会整体的受教育程度日渐提高，人们的科学文化水平也在不断提高。2021年全年九年义务教育巩固率为95.4%，高中阶段毛入学率为91.4%，普通本专科在校生3496.1万人，在学研究生333.2万人。① 在社会整体科学文化水平提高的基础上，提出了培养与科学文化水平

① 国家统计局. 中华人民共和国2021年国民经济和社会发展统计公报 [EB/OL].(2022)[2022-02-28].http://www.stats.gov.cn/tjsj/zxfb/202202/t20220227_1827960.html

相适应的思想道德素质要求，同时，科学文化水平的提高有助于思想道德素质的培养，从而有利于提升整个社会的思想道德水平。

思想政治教育是依据社会发展和个人发展的要求结合人的思想政治品德形成发展的规律，引导人民群众形成符合社会发展和个人发展的思想观念、政治观点、道德规范。这就在一定意义上可以说，思想政治教育与提升社会思想道德水平是同质化的活动。社会成员随着科学文化水平的提高，能够主动地要求养成符合社会发展和个人发展的思想政治道德素质，这就为思想政治教育作用过程奠定了基础。同时，思想政治教育对社会个体来讲发挥着包括个体生存功能、个体发展功能、个体享用功能在内的个体性功能，即引导社会成员树立正确的世界观、人生观和价值观，了解国内外形势，掌握党和国家的大政方针，增强道德修养，正确处理自身与社会、与他人的关系，以思想政治道德素质引领全面发展自身素质和才能。社会个体的生存、发展和自由都依赖于其形成符合社会发展和个人发展的思想观念、政治观点和道德规范，这正是社会成员在科学文化水平基础上的思想道德素质的养成。

所以，社会整体科学文化水平提高的基础上人们思想政治道德素质的养成，给思想政治教育对培养个体思想道德素质和提升社会整体思想政治道德水平都提供了良好的基础。思想政治教育在发挥个体功能中更加重视也更加便利向社会成员传递主流社会价值观，提高社会成员的思想政治观念和思想道德素质；思想政治教育在发挥社会功能过程中更便于以主流意识形态主导社会主义精神文明建设，提升社会整体的思想道德水平，凝聚社会共识。

（二）人民群众的美好精神生活需要

"物质生活的生产方式制约着整个社会生活、政治生活和精神生活的过程。"[①]社会主义建设时期、改革开放和社会主义现代化建设新时期，不断解放和发展生产力，人民群众的物质生活不断得到满足。新时代物质生活的生产方式决定着政治生活、精神生活、绿色生活成为物质生活丰富基础上的更高追求。政治生活、精神生活、绿色生活相较于物质生活来说，更多地属于精神生活大范畴，并且新时代人民群众的精神生活追求由"追求满足"到"追求美好"。"美好"既是主观感受又是价值标准，既是期望愿景又是现实图景。正如新时代社会主要矛盾的论断所言，"人民美好生活需要日益广泛，不仅对物质文化生活提出了更高要求，而且在民主、法治、公平、正义、安全、环境等方面的要求

---

① 马克思恩格斯文集（第 2 卷）[M]. 北京：人民出版社 ,2009:591.

日益增长"①。民主、法治、公平、正义、安全、环境等方面体现了政治生活、精神生活、绿色生活的要求，是政治文明、精神文明、生态文明的体现，是精神生活基本满足基础上的更高层次的需要和诉求。

新时代美好精神生活的内涵与社会主义核心价值观的内在一致性，要求发挥社会主义核心价值观的引领作用。"美好"相较于客观标准来说属于主观判断，社会成员对"美好精神生活"有各自的判断和追求，从整体上满足人民群众对美好精神生活的需要，就要以"最大公约数"的社会主义核心价值观来规范、引导人民群众对美好精神生活的追求。将国家层面的价值目标、社会层面的价值取向、个人层面的价值准则统一起来，引导人民群众的政治生活、精神生活和绿色生活，在满足人民群众美好精神生活需要过程中构建政治文明、精神文明和生态文明。

思想政治教育作为社会主义精神生产，是在与社会成员的精神生活交往中，实现主流意识形态主导与灌输。基于人民美好精神生活需要，思想政治教育更加关注社会成员的精神生活，引导社会成员形成满足个人发展需要和符合社会发展的思想观念政治观点和道德规范。新时代在培育和践行社会主义核心价值观基础上，充分发挥它的引领作用，是思想政治教育满足人民群众精神文化生活需要和引导人民群众养成符合社会发展的思想政治道德素质的时代要求和作用体现。另一方面，人民群众追求美好精神生活的需求在很大程度上也给思想政治教育发挥作用拓展了空间，人民群众在精神生活的需求上的主动性有利于思想政治教育发挥主流意识形态的凝聚和引领作用。

（三）个人精神追求与社会文明建设的统一

社会整体科学文化水平的提高，人民群众对美好精神生活需要的追求，相较于解决经济层面供需矛盾时期，社会成员的个人精神生活追求日渐与构建社会精神文明主动结合起来。立足时代任务，人民群众将自身的个人梦与中国梦相结合，在参与社会主义现代化进程中坚定理想信念，在个人工作岗位上奉献自身力量，在服务社会过程中陶冶情操。新时代人民群众的美好精神生活需要与构建社会精神文明体系相辅相成、相得益彰，这就为引导社会成员的思想观念、政治观点和道德规范提供了便利。社会成员自身的精神生活追求更多地以社会精神文明构建为方向，思想政治素质的养成以符合社会发展为目标，思想道德水平以服务社会奉献社会为旨归，价值判断以社会主义核心价值观为准绳。

---

① 习近平.决胜全面建成小康社会 夺取新时代中国特色社会主义伟大胜利——在中国共产党第十九次全国代表大会上的报告 [M].北京：人民出版社,2017:11.

这就为社会主义精神文明建设奠定了基础、提供了空间。

人民群众的美好精神生活追求与社会主义精神文明建设在方向上和内容上的一致性，使人民群众在追求美好精神生活过程中主动养成适合社会发展需要的思想政治素质，这为新时代思想政治教育提供了极大的作用空间，也为其提升有效性奠定了基础。以往思想政治教育在一定范围内、一定程度上被理解为强制性的政治灌输，受到一些社会成员的排斥和质疑，这与思想政治教育运行过程中自身因素有一定的关系，也与受众自身的思想政治观念和道德素质有关。社会成员随着经济社会的变迁体现出不同程度的能动性，思想政治教育也随着社会主义事业的发展，变外部的政治动员为以群众自身合法利益的追求为基础，社会层面供需矛盾转化过程中社会成员表现出更大的主动性和创造性，思想政治教育也应更多关注受教育者的能动性。在人民群众追求美好精神生活的主动性上结合社会交往形式的新特征，新时代思想政治教育有利于提出更加适应社会成员精神交往的内容、运用能够发挥社会成员积极性的载体和手段，增强思想政治教育实效性。

## 四、思想政治教育运行过程产生内在动力

社会主要矛盾转化推动的新时代中国特色社会主义实践，从外部环境为思想政治教育提供了机遇。同时，作为观念上层建筑，受制于生产力与生产关系构成的经济基础，思想政治教育自身内部结构也发生时代变化，尤其是主要矛盾随着社会主要矛盾的变化而呈现时代特征，为自身发展提供内生动力。思想政治教育由党的思想政治工作发展而来，经过社会主义建设时期、改革开放和社会主义现代化建设新时期思想政治教育理论与实践的发展，形成了思想政治教育的科学化、现代化，为社会主要矛盾转化背景下思想政治教育发展奠定理论基础和实践基础。再者，党的十八大以来，关于思想政治教育的工作部署，包括宣传思想工作、党的思想建设和政治建设、学校思想政治理论课、高校思想政治工作、军队政治工作，以及新时代道德建设、爱国主义教育、劳动教育等，都为其发展提供了政策支持和环境保障。

（一）思想政治教育丰富的理论与实践为其创新发展奠定了基础

从一定意义上讲，思想政治教育理论与实践都是在解决不同历史阶段社会主要矛盾的过程中形成和发展的。思想政治工作随着党的成立而萌芽、成熟、完善、发展，由工作经验发展为体系化理论、科学化实践。思想政治教育伴随

着党领导人民进行的革命、建设、改革实践进程，形成了丰富的马克思主义理论教育理论体系和科学的思想政治工作实践经验。新民主主义革命时期，军队政治工作和宣传动员广大劳动人民是思想政治工作的重要领域和重点对象；到社会主义革命和建设时期社会主义思想政治教育的全方位展开，包括党内思想政治教育，知识分子和思想文化界、私营工商业者、个体农民的社会主义教育；到改革开放和社会主义现代化建设新时期，思想政治教育形成一门学科，朝着科学化、现代化趋势发展。"政治工作是红军的生命线"，"思想政治教育是经济工作和一切工作的生命线"，"思想政治教育是党的优良传统和政治优势"，这些关于思想政治教育地位的论述，为新时代"思想政治教育极端重要"这一时代定位奠定基础。

思想政治教育在党的思想政治工作基础上发展而来，社会主义革命、建设、改革进程中思想政治教育理论经历了形成、发展、建设、创新。《古田会议决议》《反对本本主义》《实践论》《矛盾论》《抗战军队的政治工作》《论共产党员的修养》《党的宣传鼓动工作提纲》等革命时期的著作，为思想政治教育理论提供了基本精神遵循、奠定了哲学基础；党的八大总结了新中国成立以来党领导革命和建设的经验，提出了党在全面建设社会主义新时期的思想路线、政治路线和组织路线，《关于正确处理人民内部矛盾的问题》丰富了马克思主义关于思想政治工作的理论，奠定了社会主义时期思想政治教育的理论基础。20世纪80年代，开始了科学研究和学科建设，形成了思想政治教育专业和研究队伍、理论人才，之后思想政治教育随着中国特色社会主义理论体系的发展而不断发展，并结合社会主义实践进程不断创新。这些都为新时代思想政治教育发展奠定了科学理论基础。

思想政治教育科学理论体系形成以前，党领导的政治工作就取得了丰富的实践经验，主要集中于新民主主义革命时期的军队政治工作和对人民群众的宣传动员。社会主义革命和建设时期社会主义思想政治教育的全方位展开，为各领域思想政治教育实践奠定了基础，以思想政治教育曲折发展为其实践提供了正反两方面经验。改革开放和社会主义现代化建设新时期，思想政治教育自觉为经济建设和改革开放服务，稳步推进各条战线思想政治教育的同时，聚焦于党内政治建设、学校思想政治教育和军队思想政治工作，尤其以领导干部和青年学生为重点对象。各时期的思想政治教育实践在内容和形式上积累了宝贵经验，为新时代思想政治教育实践提供了经验基础。新时代为适应和解决社会主要矛盾的新变化和新问题，形成了许多思想政治教育的新理论、新方法，这些也为在全面建设社会主义现代化国家、实现中华民族伟大复兴的征程中继续创新其理论和方法奠定了基础。

（二）思想政治教育主要矛盾的转化为其创新发展提供动力

对党成立以来社会发展各时期的社会主要矛盾转化与思想政治教育发展的历史考察，可以看出，社会主要矛盾转化必然引起思想政治教育主题变化，主题变化与其主要矛盾直接相关。中国特色社会主义新时代，社会主要矛盾由经济层面的供需矛盾转化为社会层面的供需矛盾，必然也引起思想政治教育主要矛盾发生时代变化。

相较于基本矛盾，思想政治教育主要矛盾具有阶段性、易变性特质，处于主导地位，发挥阶段性的决定作用。"在中国特色社会主义进入新时代、我国社会主要矛盾发生历史性转化的情况下，揭示和把握思想政治教育的主要矛盾应当遵循历史唯物主义方法论，从当代中国社会的生产力和生产关系、经济基础和上层建筑的矛盾变化中把握新时代思想政治教育主要矛盾的性质和特征。"①据此，结合新时代社会主要矛盾变化及所形成的社会历史条件，立足"思想政治教育的基本矛盾是：一定社会发展所提出的思想品德要求与人们思想品德水平之间的矛盾"②，新时代思想政治教育主要矛盾可概括为"动员人民群众全面建设社会主义现代化国家和人民群众美好生活需求之间的矛盾"。这一主要矛盾集中体现了新时代中国特色社会主义实践过程中思想领域的人与社会的对立统一关系。主要矛盾的双方，一方为全面建设富强民主文明和谐美丽的社会主义现代化国家的思想政治道德要求，另一方为人民群众追求美好生活过程中的思想政治道德水平，矛盾双方既对立又统一。全面建设社会主义现代化国家与人民群众美好生活在根本上是统一的，两者是相辅相成的，前者为后者提供前提和保障，后者也是前者的基础和动力，前者的思想政治道德要求与后者的思想政治道德素质养成是辩证统一的。人民群众创造美好生活过程中的思想政治道德素质符合全面建设社会主义现代化国家的思想政治道德要求，两者实现统一，同时推进，实现社会发展与个人全面发展相统一的目标；两者存在对立，人民群众对美好生活内涵理解不到位，人民群众的需要得不到合理的引导，所形成的思想政治道德素质就与全面建设社会主义现代化国家的思想政治道德要求相冲突。相统一的过程需要思想政治教育强化这种统一，相冲突的过程需要其化解冲突，实现双方的统一。

① 王习胜.思想政治教育主要矛盾研究的方法论抉择[J].思想理论教育,2019(11):46.
② 郑永廷,等.思想政治教育学原理[M].北京：高等教育出版社,2016:154.

新时代思想政治教育主要矛盾决定其发展目标，为其发展提供内在动力。新时代思想政治教育发展目标是提升人民群众满足美好生活需要的思想政治道德素质，符合全面建设社会主义现代化国家的思想政治道德要求，这就规定了新时代思想政治教育的主要任务是引导人民群众对美好生活内涵的认识，在认识的基础上用马克思主义需要观引领人民群众形成合理的需要观，宣传劳动是创造美好生活的根本路径，激发人民群众的创造性、养成科学的劳动观，在创造美好生活中提升自身的思想政治道德素质，为全面建设社会主义现代化国家提供精神力量，进而将精神力量转化为物质力量。

（三）思想政治教育的新部署为其创新发展提供了保障

党的十八大以来，党中央依据经济社会结构变化特征、生产关系与交往形式的特征，对思想政治教育相关工作做了较多部署，为新时代思想政治教育发展提供了环境保障。首先是党的思想建设和政治建设。包括党的群众路线教育实践活动、"三严三实"专题教育、反腐倡廉和理想信念教育、"两学一做"学习教育、"不忘初心、牢记使命"主题教育，以党的政治建设、思想建设、组织建设、作风建设、纪律建设加强全体党员及党员干部的思想观念的先进性和政治修养的坚定性。其二是加强军队的思想建设和政治建设。2014年古田全军政治工作会议确立了新形势下军队政治工作的时代主题，强调了革命的政治工作是革命军队的生命线，剖析了新形势下军队建设存在的严重问题，提出了新形势下政治工作"四个牢固起来"的根本要求和"五个着力抓好"的重点方面，明确要求抓好全军政治机关和政治干部队伍建设。其三，召开全国宣传思想工作会议。会议对宣传思想工作的重要性和根本任务、对内对外宣传思想工作的要点、宣传思想工作队伍建设等做了部署，有利于切实增强社会主义意识形态的凝聚力和引领力。其四，召开全国高校思想政治工作会议，把思想政治工作贯穿教育教学全过程，坚持社会主义办学方向，提高学生思想政治素质，加强高校师资队伍建设，加强和改善党对高校思想政治工作的领导。其五，加强学校思想政治理论课建设。党的十八大以来，习近平总书记既对高校思想政治理论课作出重要指示，还主持召开学校思想政治理论课教师座谈会，强调发挥教师的积极性、主动性、创造性，推动思想政治理论课改革创新，以增强其思想性、理论性和亲和力、针对性为目标坚持"八个相统一"，实现大中小学思想政治教育一体化建设。除了这些具体领域的有针对性的意见和建议，党中央还针对整个社会领域的精神文明状况，发布了《新时代公民道德建设实施纲要》和《新时代爱国主义教育实施纲要》，前者提出了新时代公民道德建设的总体要求、重点任务，规定了深化道德教育引导、推动道德实践养成、抓好网络空间道德建设、发挥制度保障作用、加强组织领导等各方面的内容和要求；后者明确了要把爱国主义教育贯穿国民教育和精神文明建设全过程，就新时代爱国主义教育的总体要求、基本内容、群体对象、载体手段、氛围营造和组织保障做出了详细的部署。

从以上对党的十八大以来党中央关于思想政治教育相关工作的部署，可看出新时代思想政治教育在党中央的高度重视下迎来了春天，其发展有着良好的政策环境和社会环境。

## 第三节　思想政治教育的挑战

机遇与挑战并存，新时代社会主要矛盾转化给思想政治教育带来的良好机遇，在一定程度上又使其面临严峻挑战。物质文化生产丰富发展为思想政治教育提供整体物质基础的同时，发展的不平衡又加剧了传播主流价值观的困难；人民群众追求美好精神生活给思想政治教育提供了作用空间的同时，社会精神生产与传播、人民群众精神生活选择存在的盲目性，又给思想政治教育的主流意识形态灌输、价值引导带来挑战；新时代思想政治教育主要矛盾在推动其发展的同时，供给结构的不完善又带来了挑战。

### 一、经济社会不平衡不充分的发展对思想政治教育的挑战

社会生产力的进一步解放和大力发展，经济社会总体呈现繁荣局面，其中，存在着地区之间、行业之间、城乡之间、服务对象之间发展的不平衡，社会生产方式、社会生产产品和提供的服务存在质量和效益问题，即经济社会发展的不充分。发展不平衡，造成贫富差距问题、社会利益冲突问题，这在一定程度上动摇了社会理想信念；发展不充分，经济社会中部分实践主体一味追逐经济利润，造成人的思想道德观念淡薄；加之，经济社会出现的新兴行业、新兴交往方式，造成思想政治教育的空场。这些都给经济社会发展过程中主流价值观传播增加了难度和复杂性。

（一）经济发展不平衡下的社会利益冲突影响人民群众理想信念的坚定

我国经济社会总量提升的同时，存在着地区之间、行业之间、城乡之间、服务对象之间发展的不平衡。首先存在着贫富差距。东部中部西部之间地区经济收入的不同，互联网新兴行业和传统工农业、服务业之间行业经济收入的不

同，一线城市、二三线城市、城镇、农村之间区域经济收入的不同，金融 IT、法律教育、生产服务、城市基建、农业等行业从业人员经济收入的不同，等等，这些经济收入的不同形成了社会贫富差距。贫富差距是经济社会发展不平衡的直观表现。据《2021 年国民经济和社会发展统计公报》，全年东部地区生产总值 592202 亿元，中部地区生产总值 250132 亿元，西部地区生产总值 239710 亿元，东北地区生产总值 55699 亿元；全年全国居民人均可支配收入 35128 元，城镇居民人均可支配收入 47412 元，农村居民人均可支配收入 18931 元；按全国居民五等份收入分组，低收入组人均可支配收入 8333 元，中间偏下收入组人均可支配收入 18445 元，中间收入组人均可支配收入 29053 元，中间偏上收入组人均可支配收入 44949 元，高收入组人均可支配收入 85836 元。[①] 当然，2021年全国农民工人均月收入 4432 元，比上年增长 8.8%；全年脱贫县农村居民人均可支配收入 14051 元，比上年增长 11.6%，扣除价格因素，实际增长 10.8%，等等，表明城乡区域协调发展扎实推进，但各方面协调发展推进任务依然艰巨。经济收入的不同直接造成社会利益冲突，包括经济利益、政治利益、文化利益、社会资源利益等冲突，具体表现为社会民生领域的各类冲突问题。如教育、医疗、住房、基础设施、核心服务等资源分配不均。社会生产力水平显著提高，为协调社会利益关系提供了物质基础，但在经济社会发展过程中仍因发展不平衡问题加剧着社会利益冲突。

社会存在决定社会意识，经济因素作为社会发展的决定因素，也作为人们社会生活的决定因素，从根本上影响着人们的思想观念。经济社会发展的不平衡，造成贫富差距的现实存在，进而表现为社会利益冲突的具体问题，这些都在一定程度上影响着人们尤其是弱势群体、经济社会发展成果难以更多惠及的边缘群体对中国特色社会主义共同理想和共产主义远大理想信念的坚定。理想信念教育作为思想政治教育的核心，在传播共产主义远大理想和中国特色社会主义共同理想的科学内涵、实现远大理想和共同理想的前进性与曲折性相统一、教育人们牢固树立理想信念过程中，依赖的坚实物质基础存在着问题，无疑不利于社会成员增强对马克思主义和共产主义的信仰、增强对中国特色社会主义的信念、增强对实现中华民族伟大复兴的信心。

（二）经济发展不充分造成人的政治思想观念薄弱

从社会需求与社会供给对立统一的两个方面来看，我国经济社会已经告别

---

① 国家统计局.中华人民共和国 2021 年国民经济和社会发展统计公报 [EB/OL].(2022)[2022-02-28].http://www.stats.gov.cn/tjsj/zxfb/202202/t20220227_1827960.html

了以往短缺经济时代，经济社会生产能力提升、生产产品剩余。社会生产力水平显著提高、生产组织多样化的条件下，经济社会参与者将经济利益放在第一位，在一定程度上忽视了社会生产方式、社会生产产品质量、社会服务质量以及这些带来的整体社会效益。一方面，社会生产者一味追求经济利润而不顾生产产品的社会效益、不顾社会生产方式的集约化、精细化转型，易于走向拜金主义和片面发展，社会消费者一味追求物欲满足而不顾个人生活品质、不顾社会生活效益，易于走向消费主义和个人主义；另一方面，整个经济社会处于追求经济利益多于追求社会效益，一定程度上造成社会物欲横流，企业在无限制地追逐利润，如江苏响水县化工厂爆炸案，个人在物质消费中狂欢，越来越多以折扣消费为主题的节日，"双11""双12""6·18"等等，这样的环境下亟须以新发展理念和科学消费观念来引领整个经济社会发展。

社会存在决定社会意识，经济基础决定上层建筑，经济社会发展不充分一方面使得先进的社会意识、先进的上层建筑缺乏相应的社会存在、充分的经济基础，另一方面形成与现有经济发展相适应的社会意识与上层建筑。具体表现为，经济社会中的人们盲目追求物质利益，忽视物质追求与精神追求相统一；注重精神追求的过程中又表现出思想观念的模糊、道德规范的模糊，忽视政治观点的汲取。总的来说，经济发展不充分的社会存在给社会成员政治思想观念的提升带来了一定的困难。思想政治教育是向社会成员传播与培育符合社会发展和个人发展的思想观念、政治观点和道德规范，在经济社会不充分发展的社会环境中，人民群众的思想政治观念薄弱，主流价值观的传播和培育遭遇一定程度的挑战。

（三）社会交往方式的复杂化凸显思想政治教育作用领域不平衡

改革开放和社会主义现代化建设新时期，社会生产力不断得到解放和发展，随之相适应生产关系也发生相应变化，生产力与生产关系又催生了人与人之间的新型交往方式。生产力、生产关系、交往方式的变化形成了新兴行业、新兴领域，新兴行业如互联网金融、信息咨询等，新兴领域主要是互联网技术更新换代形成的各类互联网平台。这些新兴行业和新兴领域与传统行业、传统领域、传统交往方式不同，表现出新的时代特征。思想政治教育作为党的优良传统和政治优势，是在社会主义革命、建设、改革的过程中不断完善和发展的，说到底是传统行业和领域的理论和实践体系。面对新的行业和领域的产生、形成、发展，思想政治教育存在一定的空场。一方面，新兴行业、新兴领域自身的不成熟不完善，自身还处于调适阶段，缺乏相应的思想政治观念传播与调节部门，另一方面思想政治教育对新兴行业、新兴领域的形成逻辑、形成特征，其中的思想观念问题等的认识和研究还不够，所以，新时代生产力、生产关系和交往方式形成的新兴行业和新兴领域的思想建设存在空场，影响着思想政治教育在一定空间中的作用过程和实践成效。如互联网文化产业中的网络视频类应用，截至 2020 年 3 月，我国网络视频（含短视频）用户规模达 9.95 亿，占网民整体的 94.6%，<sup>①</sup> 其受众之多，亟须对其进行规范化，促进其健康有序发展。

除了新兴行业、新兴领域思想政治教育存在空场外，由于城乡之间、区域之间、行业之间经济发展的不平衡，思想政治教育作用领域也存在不平衡现象。首先，各领域思想政治教育不平衡。党的思想政治工作开始于革命时期军队政治工作，包括宣传动员广大农民群众参加革命斗争，社会主义革命和建设时期思想政治教育在全社会领域开展，改革开放和社会主义现代化建设新时期，聚焦于党的思想政治建设、军队思想政治工作、学校思想政治教育，以党员干部和青年学生为焦点对象。虽然思想政治教育在社会各领域内开展着，但聚焦于党内、军队、学校，对其他领域的思想政治教育相对有所忽视。其次，区域思想政治教育不平衡。区域包括城乡之间、资源丰富区域和资源匮乏区域之间，社会存在决定社会意识，由于经济发展的不平衡，政治思想观念的传播和引领也存在不平衡，资源占有和使用的充分与否对政治思想观念的传播和培育直接起着增强或削弱的作用。最后，同一系统同一行业的顶层与基层之间的不平衡。基层单位处于社会组织系统的最小单位、最低一层次的单元，相较于顶层来说存在数量大、问题杂、成员素养参差不齐等特点，思想政治教育发挥作用需要体现针对性和灵活性，国家治理体系和治理能力现代化要求发挥基层组织的力量，基层思想政治教育在新时代面临增强有效性和针对性的挑战。

## 二、精神文化生产与传播的多元化对思想政治教育的挑战

物质生产、精神生产、社会生产作为人类生产系统的组成部分，在物质生产提供充足的物质基础之上，社会历史发展将思想指导问题提上议事日程，精神生产开始成为一项极端重要的生产任务。社会层面的供需矛盾更多地反映和要求社会精神生产的完善和发展。然而，由于物质生产和精神生产的辩证关系、精神生产者的多样性等因素，精神生产的完善和发展是一个渐进的过程，存在着曲折性。加之，现代社会传播方式的特点，媒介的发展水平可视为精神生产

---

① 中国互联网络信息中心 . 第 50 次中国互联网络发展状况统计报告 [EB/OL].(2022)[2022-08-31].http://www.cnnic.net.cn/NMediaFile/2022/0926/MAIN1664183425619U2MS433V3V.pdf

发展水平的一个重要因素。从思想政治教育面临的挑战方面来说，精神生产和传播在一定程度上使主流意识形态建设遭受挑战。

（一）精神文化生产主体多元，内容芜杂

社会生产力水平的显著提升，日益满足人民群众的物质文化生活需要，并继续在发展生产力的基础上注重调整生产关系，满足人民群众的美好生活需要。社会生产力的不断解放和发展，使生产力中的主体——人，不断得到解放和发展，有了进行精神生产的物质基础和自由时间；另一方面，随着社会物质财富的丰富发展，涉及社会发展的思想观念问题，如公平、正义等，社会发展的核心价值取向更多地成为社会发展的中心议题。所以，新时代经济建设继续作为社会建设的中心的同时，社会整体和人民群众也花费更多的精力和时间在精神文化生产上。

新时代中国特色社会主义实践过程中，精神生产进一步打破了单一的生产主体。精神生产作为社会生产的组成部分，是物质劳动与精神劳动分工的产物，即体力劳动和脑力劳动的分工，形成专门从事精神生产的群体，最初这一群体是统治阶级的重要组成部分，生产维护统治阶级利益的思想观念。社会主义社会的精神生产，是代表着广大人民群众根本利益的思想观念的生产和传播。中国特色社会主义实践进程中，随着生产力的解放和发展，社会经济成分的多样化、组织形式和就业形式的多样化、物质利益的多样化，精神生产的主体越来越突破国家顶层设计主体，社会成员均是精神生产的主体和参与者。精神生产的主体是指专门从事思想观念生产和传播的个人和组织，思想观念包括思想、观念、意识和社会意识形态两个大层次。新时代社会实践过程中，涌现了主流意识形态生产者和非主流思想观念生产者，前者是生产和传播社会主义意识形态的部门、单位和个人，包括政府宣传部门、主流媒体、文化事业和文化产业单位、经济学家和政治学家等知识分子，后者是生产和传播与社会主义意识形态相适应或相左的组织和个人。

精神生产主体的多元性，必然给主流意识形态建设带来挑战。精神生产主体的立场、观点、方法的不同，对待同一事物的认识必然不同，坚持马克思主义立场、观点、方法对事物的认识是符合社会主义意识形态建设的，而违背此立场观点方法则必然产生不符合社会主义意识形态建设的思想观念。如历史虚无主义思潮就是以唯心史观为指导的精神生产和传播，威胁着我国意识形态安全。还有新自由主义思潮、拜金主义、享乐主义、消费主义等这些非主流甚至错误社会思潮和文化的生产与传播，对"巩固马克思主义在意识形态领域的指导地位、巩固全党全国人民团结奋斗的共同思想基础"无疑带来了巨大的挑战。另外，社会成员自由时间的增加，在追逐精神享受的过程中，由于文化水平、思想素养、道德观念的层次性，在精神生产和传播过程中表现出对精神产品内容的真实性、价值性的不同判断、不同表达，这些都使主流价值观念在发挥引导作用过程中遭遇着一定程度上的困境。

（二）精神文化传播渠道多样，效果喜忧参半

"第四次工业革命"被称为"信息革命"，计算机技术和信息处理技术的发达，改变了信息传播方式，也一定程度上改变了人们的交往方式。新时代生产力、生产关系、社会交往方式的变化，使精神文化传播方式发生变革。"媒介的生产力"说明媒介作为精神生产过程中重要的因素，媒介的发展水平是精神生产发展水平的重要标志。相较于传统媒介的形式单一化、内容稳定性、传播周期长等特点，现代媒介呈现多样化、时效性强、周期短、信息海量化等特征。并且随着互联网技术强劲的更新换代，现代信息传播呈现自媒体、全媒体、融媒体等趋势。精神生产直接对应于精神产品的产出，精神文化传播则对应于精神产品的传播，精神文化传播在精神生产过程中发挥着至关重要甚至可以说决定精神生产效果的作用。马克思主义作为我国的根本指导思想，要让全体社会成员认识和掌握马克思主义指导思想，需要通过马克思主义中国化、时代化，最后实现马克思主义大众化，中国化是结合我国社会主义实践，时代化是与时俱进地发展中国化马克思主义，大众化是寻求大众最能接受的方式和手段最大限度地推进马克思主义为人民大众所掌握，这一过程就是以马克思主义基本原理为依据，并结合我国社会主义实践进行的马克思主义中国化理论成果的精神生产和传播过程。

相较于报纸、广播、电视等传统媒介，现代媒介逐渐形成以互联网为中心的报纸、广播、电视、网络、大数据、人工智能等信息传播方式。这些传播方式，尤其是依托于网络的自媒体，如微博、微信、短视频等，以用户数量大、使用时间长、使用频率高、信息更新快、用户既是生产者又是消费者还是传播者等特点，发挥着精神生产和传播的巨大影响力。截至 2022 年 6 月，我国网民规模达 10.51 亿，互联网普及率达 74.4%；网络新闻用户规模达 7.88 亿，占网民整体的 75.0%。[①] 以往一个新闻得到广泛传播可能需要一定的传播周期，现代传播媒介可使新闻信息同时进入世界视野，瞬时形成舆论，发酵周期越来越短。

---

① 中国互联网络信息中心. 第 50 次中国互联网络发展状况统计报告 [EB/OL].(2022)[2022-08-31].http://www.cnnic.net.cn/NMediaFile/2022/0926/MAIN1664183425619U2MS433V3V.pdf

以往的新闻事件多是官方解读、引导舆论导向，如今自媒体时代，每个人都可以是新闻的发布者、解读者、传播者。以往的信息相对单一，全媒体时代信息内容五花八门，微博的明星热搜、朋友圈的生活记录、短视频中的各类文娱，涉及国内国外、吃穿住行等等大事小情，可以说信息传播成为人们的一种生活方式。

精神文化传播也是精神生产力，尤其是新兴传播方式被广泛使用，造成传播内容的纷繁芜杂、传播方式的多元多样、传播效果的喜忧参半。借助多元多样传播方式进行的精神生产，一方面丰富了人民群众接收精神产品的渠道，另一方面反映了不同精神生产主体参差不齐的精神创造。参差不齐的精神创造所形成的精神产品一定是蕴含着参差不齐的价值观的，这样的精神产品及精神产品传播过程必然会产生与社会主义核心价值观引领相矛盾的精神现象，进而影响着社会主义意识形态的主导与灌输。

（三）主流精神文化生产和传播需进一步完善和提升

经济工作总体上属于物质生产，意识形态工作的本质是精神生产。社会主义制度在我国基本确立以来，社会主义建设尤其是社会主义经济建设优先被提上日程，一直作为党的中心任务，不断解放和发展生产力，丰富社会主义物质生产。在物质生产取得一定的发展，社会主义物质文明构建过程中，精神生产、精神文明建设被提出来，在满足人民精神文化需要的过程中在一定程度上实现了物质文明和精神文明的统一，同时也存在明显的大力发展物质生产而一定程度上和范围内忽视主流精神文化生产的现象。新时代中国特色社会主义实践过程中，国家顶层设计科学剖析、认识经济建设和意识形态工作之间的关系，提出"意识形态工作是党的一项极端重要的工作"战略认识，高度肯定了主流精神文化生产的地位和意义。而在战略部署落实中一定程度上、一定范围内仍存在着主流精神文化生产是"软任务"的错误思想，模糊了经济建设和意识形态工作之间的关系，忽视了以意识形态为核心的文化与经济、政治之间的关系。经济社会发展中仍以物质利益为第一位，忽视利益追求过程中精神生产意义、社会效益；一些企业中党委主要负责同志与业务主要负责同志相妥协，将精神文化建设往后放；基层组织中主管精神文化生产的部门和方案也让位于创收、产生经济效益的物质生产部门和方案。

社会主义物质生产基础上注重精神文化生产过程中，除了模糊经济建设和意识形态工作的关系外，主流意识形态建设过程中也存在诸多问题，要求结合人民日益增长的美好精神生活需要创新发展。国家主导的精神文化生产过程中主流意识形态的领导权、管理权、话语权遭受旁落的挑战。主流意识形态领导权是指发挥社会主义意识形态在整个精神生产中的指导作用，以社会主义意识形态批驳资本主义意识形态、消灭错误社会思潮，抢占思想领域的主阵地。当前精神生产领域产品鱼龙混杂，有资本主义意识形态的具体内容、错误社会思潮、非主流文化等，社会主义主流意识形态"亮剑"力度还不够，抢占社会思想领域的主阵地存在风险。主流意识形态管理权是指社会主义意识形态对精神生产的组织管理、运行监督。当前新兴行业存在政治建设的空场，有关宣传思想部门缺失或者组织不健全，尤其是新兴行业中以文化产业为主，直接从事精神生产的部门缺乏社会主义意识形态的管理必然会造成精神产品偏离主流意识形态。所以，需要强化马克思主义在意识形态领域的指导地位，加强一切精神生产阵地、思想观念传播领域的管理。主流意识形态话语权是指社会主义意识形态话语的支配能力、程度、效果，是社会主义意识形态领导权的重要实现方式。不同时期巩固社会主义意识形态话语权的话语内容和话语方式都依据当时的中心任务和精神生产领域特征进行调整。当前互联网等新媒体加速发展，社会主义意识形态因为主动宣传、正确引导的不力，存在话语权旁落的风险。尤其是新闻舆论战线，存在时政新闻与娱乐类社会类新闻、报刊版面广播电台电视荧屏与网络空间移动平台"两个标准""两个舆论场"的问题。这就要求社会主义意识形态话语要以统一语言内涵标准、不同语言表达风格，在精神生产各个领域讲导向、讲针对性。

### 三、人们美好生活的"选择悖论"对思想政治教育的挑战

人民日益增长的物质文化需要升级为人民日益增长的美好生活需要，美好生活需要相较于物质文化需要体现了人民群众在需要内容和需要层次上的多样性和高质量特点，并且"美好生活"是一个带有主观判断的价值论议题。所以，新时代美好生活是以社会成员的美好生活选择权利和机会为出发点，以社会成员对包括经济、政治、文化、社会、生态文明等社会生活各方面在内的充分选择为支撑，以社会成员在个体选择的过程中实现自我价值和社会价值为归宿。社会成员在美好生活选择过程中，由于主观和客观的原因呈现出反映个人价值观和社会价值观差距的"选择悖论"，这在一定程度上造成了思想政治教育发挥价值传播与价值引领功能的挑战。

（一）美好生活选择主体的自主性与主体选择的模糊性

"动物只是按照它所属的那个种的尺度和需要来构造，而人却懂得按照任

何一个种的尺度来进行生产，并且懂得处处都把固有的尺度运用于对象；因此，人也按照美的规律来构造。"① "美的规律"是人民群众日益增长的美好生活需要的本质所在。这不仅说明人本身所具有主观能动性，还说明人能够自觉认知"美的规律"并以美好生活的自主需要在自身生存基础上追求生活的品质和意义。中国特色社会主义实践的发展不断满足着人民群众的物质文化需要，并在此基础上为人民群众更多样化需要和更高层次生活的满足提供了可能性和现实性，这样，人民群众自主选择的各种制约相对减少，人民群众对美好生活的选择就实现了由"被选择"向"自主选择"的转化，新时代社会主义实践为社会成员提供的选择机会的不断增加丰富了美好生活主体的选择性。再者，社会主义现代化建设过程中，生产力水平的显著提高，带来生产关系、交往方式的改变，劳动力从高水平的生产力中解放出来，有了更多的"自由时间"，加之科学水平和文化素质的提升，社会成员在生产、生活和发展过程中的创造性也显著增强。创造性也影响着选择性，人民群众美好生活选择的丰富性归根结底在于人民群众自身的创造性，所以人民群众在争取美好生活的过程中又增强了美好生活选择主体的自主性。

然而，选择能力、选择权利与选择行为存在不一致性，个体的选择能力、选择自由与选择标准、选择内容不是内在统一的，甚至在一定程度一定人群中选择能力与权利同选择标准与内容完全是不合目的性和规律性的，这是由于选择主体对美好生活内涵的理解和美好生活价值判断的模糊性所致，可概括为美好生活主体选择的模糊性。所以，新时代中国特色社会主义实践进程中存在着美好生活选择主体的自主性与主体选择的模糊性这一选择悖论。这一选择悖论的关键点在于社会成员对"美好生活"内涵理解是否合目的性与合规律性。社会成员对美好生活选择的权利和机会是社会主义现代化建设过程中被客观赋予的，而社会成员对美好生活选择的标准和内容则是主观的，这一主观性就难免形成主体选择的模糊性，同时也因为经济社会发展的不平衡包括城乡之间、区域之间、代与代之间的不平衡，造成选择主体对美好生活的选择权的不平衡，一些选择主体受限。美好生活主体选择的模糊性造成选择主体对美好生活理解的差异性，从而使选择主体在具体的经济生活、政治生活、文化生活、社会生活、生态领域等方面的选择中呈现复杂性。这一复杂性对社会主流价值观的引导与培育造成一定的挑战，在社会主义核心价值观主导的社会价值观引导社会

---

① 马克思恩格斯选集（第 1 卷）[M]. 北京：人民出版社 ,2012:57.

行为过程中主体选择的模糊性削弱了选择主体的自主性。

（二）美好生活选择对象的充裕性与对象选择的芜杂性

新时代中国特色社会主义实践进程中先进的社会生产力为人民群众提供了多种多样的生产方式、生活方式和交往方式，生产力与生产关系、上层建筑的作用过程丰富了人民群众美好生活的选择对象。新兴的生产方式提升了美好生活的附加值，如数字化生产、智能化生产，不仅将劳动力从高负荷的劳动中解放出来，还为社会成员提供以技术实践为依托的打破时间和空间限制的数字化产品，丰富人民群众对物质产品和精神产品的追求和选择。显著提高的生产力水平和新兴的生产方式催生了多样化的生活方式，生活方式日渐呈现休闲化、娱乐化、环保式等样式特征，给人民群众提供了多种美好生活选择。如休闲化生活方式，生产力的进一步解放和发展，使人民群众在基本物质文化生活需要得到满足的基础上更加注重精神享受，消费选择逐渐转向注重自我发展的消费，注重物质消费和精神消费并重；环保式生活方式，更加注重人与自然和谐发展，以人的发展、社会发展、自然循环的统一为美好生活的归旨。新兴生产方式和多样生活方式催生了以虚拟交往为核心特征的新时代人际交往方式，这一交往方式拓宽了人们的交往空间，丰富了人民群众美好生活选择的方式和领域。新时代显著提高的生产力水平、新兴的生产方式、多样的生活方式、网络化的交往方式，从内容和形式上为选择主体提供了多样的美好生活选择资源，丰富了美好生活的选择对象。

然而，美好生活选择对象的充裕性，在一定范围内一定程度上也存在着芜杂性，形成美好生活选择对象充裕性与对象选择芜杂性的选择悖论。对象选择芜杂性，即新时代生产力与生产关系、上层建筑作用关系形成的社会生活呈现纷繁复杂的特征，并不一定都是符合"美好生活"特征的，如休闲化、娱乐化的生活方式可能导致整个社会的"娱乐至死"，消费方式的变化导致了消费主义的泛滥，一定社会人群、一定社会范围内处于消费娱乐的状态；另一方面，选择主体的自主性及主体选择的模糊性，对美好生活的判定标准不同，存在将"美好"与"不美好"混淆，因主体选择造成选择对象的芜杂。无论是客观原因造成的选择对象芜杂还是主观原因造成的选择对象芜杂，都直接影响着社会主流价值观念对人民群众的引导效果。

（三）美好生活选择标准的多元化与标准选择的迷失性

选择，作为一种主观与客观相统一的实践活动，是主体依据一定的标准对客体所做的价值判断和取舍。"选择"这一实践活动必然与"选择标准"相伴相生，离开选择标准，主体的选择行为就难以进行。因此，选择主体对美好生活选择对象必然依据一定的选择标准作出选择行为。上述美好生活选择主体的自主性与美好生活选择对象的充裕性，必然导致美好生活选择标准的多元化。"美好生活为何物"，不同主体依据不同选择标准必然作出不同的理解和追求。不同选择标准反过来说也是对客体的属性与主体需要的契合度的考察。所以，基于主体的选择标准不同，不同主体对于同一客体会有不同的选择。如选择主体以获取最大利益为美好生活的真谛，则必然认为"最能够带来物质利益或虚荣名誉的生活方式"为美好生活；选择主体以获取最大限度地享乐作为美好生活的核心，则必然认为"最能够带来欲望满足和放纵自我的生活方式"为美好生活；选择主体以获取最多财富为美好生活旨归，则必然认为"最能够带来富裕财富的生活方式"为美好生活。可以看出，举例的这几种生活方式分别以功利主义的选择标准、享乐主义的选择标准、拜金主义的享乐标准来判断"美好生活"。所以，选择主体对美好生活的选择标准实际上体现了其所具有的价值观念，多元化的选择标准也体现了其所具有的多种价值观念。

从选择实践活动过程来看，选择的实质是对无限性的扬弃和有限性的确定。选择主体对美好生活的选择过程实际上是以价值立场为逻辑起点，对众多的可能性生活进行价值排序并作出取舍的过程，是对具有无限规定性的美好生活作出有限选择的过程。新时代形成了诸多可能的美好生活选择，选择主体又面临多元化的选择标准，选择标准的多元化导致了选择泛滥和选择标准的不确定性，所以，选择主体在一定程度上和一定范围内表现出"选择虚无"和"选择迷失"。"标准选择的迷失"实际上就是社会主流价值观念发挥作用不力的结果，面对选择标准的多元化，理应加强社会主义核心价值观在人民群众中的培育与引领作用，引领选择主体的多元选择标准，形成符合社会发展和个人发展的美好生活选择标准。

### 四、思想政治教育供给结构不完善带来的挑战

新时代思想政治教育的主要矛盾是动员人民群众全面建设社会主义现代化国家和人民群众美好生活需求之间的矛盾。这是思想政治教育矛盾的时代主题。从需要和供给两方面来理解新时代思想政治教育矛盾主题，新时代思想政治教育矛盾由过去供需的"有无"矛盾转化为供需的"质量"矛盾。供需的"质量"矛盾是指主体不断提高的思想政治道德需求与客体不平衡不充分供给之间的冲突，其中"客体不平衡不充分供给之间的冲突"是矛盾的主要方面。新时代思

想政治教育创新发展的内在动力是其矛盾的时代转化，矛盾作为发展动力，反过来可以说一定程度上矛盾也作为思想政治教育发展所面临的挑战，尤其是矛盾的主要方面。不平衡不充分的供给造成人民群众思想领域中的差距，思想的差异性不利于全面建设社会主义现代化国家、不利于实现人的自由全面发展。

（一）思想政治教育的不平衡供给

矛盾的普遍性和特殊性相统一原理告诉我们，无论是个人生存、生活、发展过程还是社会主义建设实践过程，都是一般与特殊相统一的过程，思想领域也自然存在着一般性与特殊性。思想领域的一般性与特殊性具体表现为思想领域的差距性。思想政治教育坚持层次原则，根据教育对象不同的思想情况，分层次进行教育，既鼓励先进又照顾多数，将先进性要求与广泛性要求有机结合起来。这样的分层教育一方面克服了"一刀切""一锅煮"的弊端，提高了思想引导的针对性和实效性，另一方面也在一定程度上加剧了人们思想领域的差距，扩大了人们思想观念的不平衡发展状态。加之，现实生活中，由于人们在物质生活满足的基础上提出了更高层次、更多样化的精神文化需要，精神传播呈现方式多样化、信息海量化、操作便捷化等特点，造成思想领域呈现越来越复杂的特征，主流意识形态与多样化社会思潮、错误或腐朽思想共同存在。基于此，思想政治教育坚持一元主导与包容多样相结合，以保持思想领域的社会主义性质和先进性方向。但是，具体实践过程中又存在着一味夸大"一元主导"或者无限制放任"包容多样"，在一定程度上造成了各种意识形态裁剪丰富多彩的现实生活，使主流意识形态成为不起作用的形式和教条，或者是造成相对主义，使思想领域迷失方向，陷于盲目、混乱状态，这也就相应地扩大了人们思想观念的不平衡发展状态。

由思想政治教育地位功能论的发展，"政治工作是红军工作的生命线"，"思想政治工作是经济工作和一切工作的中心环节"，"思想政治教育是一项极端重要的工作"，可以看出思想政治教育是建立在党的思想政治工作的基础上并随着社会主义实践进程不断发展。军队的政治工作和群众的宣传工作是思想政治教育的发端，随着社会主义建设进程在社会全方位展开，继而改革开放的进程，直至进入新时代，思想政治教育在一定程度上呈现地区、行业、群体的不平衡。地区间思想政治教育供给的不平衡表现在，基层思想政治教育薄弱，顶层设计及重视程度造成与基层组织之间思想政治教育的不平衡，前者作为活动领导者和策划者，有充足的软硬件来保证实施和评估，后者由于环境和人员等的复杂性，思想政治教育遭到忽视；经济繁荣地区与经济落后地区思想政治教育的不平衡，前者有思想政治教育的基础和空间，后者仍以发展经济为首要工作，在一定程度上忽视了人们思想领域中各种思想观念和精神文化需要的引导；文化丰富地区与文化贫乏地区思想政治教育的不平衡，前者如革命老区以革命文化为依托、为载体，利于进行思想熏陶、思想引领，后者则相对缺乏精神感染的文化环境。行业间思想政治教育的不平衡，随着社会分工的发展以及科学技术的进步，出现了许多相较于传统行业的新兴行业，传统行业的思想政治教育相对系统完善，而新兴行业则出现思想政治教育空场，没有及时建立起承担思想宣传的部门或者岗位，而新兴行业更多是依托互联网络建立起来，这样的行业特点对思想引领、道德规范等作用发挥要求更高，所以行业间思想政治教育不平衡成为削弱新时代思想政治教育整体实效性的重要方面。群体间思想政治教育的不平衡，即焦点对象和普遍对象之间的不平衡，前者是继承党的思想政治工作优良传统发展而来，党的思想建设、军队思想政治工作和学校思想政治教育一直是思想政治教育的焦点领域，与此相对应，党员、领导干部、军人、学校学生是思想政治教育的焦点对象。新时代人民日益增长的美好生活需要成为社会主要矛盾的主题，所有社会成员的精神文化引导都应该成为思想政治教育的焦点，以此缩小人们思想领域中思想观念和精神境界的差距，克服思想政治教育供给的不平衡。

思想政治教育在不断发展、完善过程中，实现了科学化、现代化的发展，但随着全面深化改革进程，尤其是中国特色社会主义进入新时代，思想政治教育创新面临形式创新与内容创新的不平衡、不统一。首先，科学技术的发展，尤其是互联网络技术的发展，深刻地影响着人们的交往方式，包括精神生产和传播方式，思想政治教育为打破传统的形式，丰富思想传播的方法、载体，采取了多样化的形式，尤其是借助互联网络技术进行方式创新、话语创新等，而相较于形式创新，思想政治教育的内容创新则被有所忽视，因为形式创新显而易见，内容创新不能立竿见影，所以功利性的评估标准也助推了形式创新与内容创新的不平衡。其二，随着中国特色社会主义理论体系的丰富发展，以及人们思想观念的变化，思想政治教育内容也不断作出创新，用中国特色社会主义理论体系最新成果丰富思想教育，用社会主义核心价值观等能够引导人们思想观念的精神文化成果完善具体教育内容。但是，存在着内容创新与形式创新相脱节的现象，在思想政治教育实践中，丰富和发展其内容过程中一定程度上忽视了借助形式发挥作用的必要性和可能性，另一方面，在思想政治教育形式创新中也一定程度上忽视了依托的内容，造成内容创新与形式创新的脱节。其三，由全媒体时代思想政治教育创新更加注重形式创新，与内容创新发生脱节，从整体上可以说面对人民群众日益增长的精神文化生活需要和人民群众精神文化需要选择的主动性和选择渠道的多样化，思想政治教育创新发展在一定程度上一味迎合受众喜闻乐见的方式、盲目满足受众多元多样的精神需求，更多倾向于形式创新，忘却了其蕴含的内容是最根本的，造成形式创新与内容创新的不统一，一定程度上扩大了人们思想观念和精神境界的不平衡发展状态。

（二）思想政治教育的不充分供给

新时代思想政治教育除了面临不平衡的供给外，还存在不充分供给，表现在社会提供的思想政治道德产品和服务不能满足人民群众更多样化更广泛更高层次的思想政治道德产品和服务，也表现在思想政治教育形式包括方法、载体等不能完全适应人民群众的精神文化生活需要，还表现在思想政治教育话语权和领导权在整个思想领域的引领作用和主导作用的进一步加强。

人民群众在满足基本物质文化生活的基础上提出了更多样化的、广泛性的、更高层次的生活要求，我们称之为"美好生活"，"美好生活"体现在人们和社会思想观念领域就是美好的精神文化生活。同时，新时代全面扎实推进共同富裕，既包括物质生活的共同富裕和精神生活的共同富裕，也进一步说明人民对美好生活的向往在新时代侧重于美好精神文化生活。从思想政治教育视角出发，人民群众的美好精神文化生活即新时代符合社会发展和个人发展的思想政治道德产品和服务，包括坚定理想信念，中国特色社会主义理论体系教育，政治认同和政治参与等政治生活中的权利和义务，以社会主义核心价值观引领社会生活中个体的价值观，等等。美好精神文化生活，是主观愿景与现实存在的相统一，人民群众对美好的思想政治道德产品和服务的需要，既从社会价值出发又考虑个人需求，又因社会成员的复杂个性，表现为方向统一性基础上的多样化差别。思想政治教育以人的思想领域作为自身核心领域，传播主流思想观念、政治观点和道德规范，是为社会提供美好思想政治道德产品和服务的重要实践活动和有效载体。但是，新时代思想政治教育提供满足人民群众美好思想政治道德产品和服务需要的能力还不充分，具体来说就是一方面内容供给的不充分，另一方面供给形式的不充分。思想政治教育内容供给存在一定的滞后性和局限性，在一定程度上缺乏对满足人民群众需要的预见性和全面性。丰富发展思想观念、政治观点和道德规范过程中，缺乏对理论创新成果的学理解读和实践解读，也缺乏对新时代人民群众实践过程中思想需求现实的深入调查和分类归纳，造成思想宣传过程中空对空、一对多等局限性。这也直接阻碍了思想政治教育供给形式的挖掘，面对新时代的信息传播技术，这个时代又被称为全媒体时代、大数据时代、人工智能时代等，这些在一个方面表征着人们交往方式的变化，传统教育方式的革新也成为必要，新时代思想政治教育的供给形式，包括方法、载体等亟须被赋予技术特征，以适应人民群众满足美好思想政治道德产品和服务的需求。

美好思想政治道德产品和服务的需要引导美好精神文化生活需要，而只有同时符合社会发展和个人发展的思想政治道德产品和服务才是美好的思想政治道德产品和服务，所以，人民群众美好思想政治道德产品和服务的真正满足需要主流思想观念、政治观点和道德规范对人们思想政治道德产品和服务的需要的引领和主导。然而，社会思想领域中思想政治教育的话语权和领导权都存在着一定程度的挑战和困境。思想政治教育话语权一定程度上面临丧失的境遇，无论从思想政治教育的主体、客体或介体来看，思想政治教育主体面对呈现新特征的交往方式一味迎合受众的话语方式，丧失了传统且主导的话语风格，思想政治教育客体则被网络化的话语方式强化了对主流传播方式的排斥和反叛，思想政治教育介体创新过程中由于丧失了对传播话语核心思想的继承，造成了话语方式创新话语内容缺失的窘境。思想政治教育领导权面临被弱化的境况，意识形态领域本身就是个此消彼长的过程，社会主义不去占领资本主义就必然会占领，社会主义意识形态的弱化就意味着资本主义意识形态的增强，新时代人民群众精神文化需求的日益提高，同时社会思想领域也因传播方式的便捷化而变得日益复杂，人民群众选择的主动性和选择的差异性，给主流意识形态建设带来了挑战，思想政治教育自身存在的问题，如话语权的削弱、主阵地的失守等，都使主流价值观念的引领作用弱化。这些都表明思想政治教育供给的不充分成为它化解新时代社会主要矛盾过程中创新发展的现实困境。

# 第四章　思想政治教育结构和功能的创新发展

　　结构是普遍存在于自然界、人类社会和人的思维之中的概念，凡系统必有结构，结构又决定功能，功能与结构相对，组成一对基本范畴。事物的结构决定功能，事物的功能反作用于结构，事物的结构与功能辩证统一于形态。[①]思想政治教育的结构具有稳定性，但这仅限于"相对"的意义上。为了适应环境的变化，发挥思想政治教育的整体功能，必须经常对其结构进行调整。社会主要矛盾作为社会系统的核心问题，作为影响社会结构的关键，其转化对作为社会子系统的思想政治教育系统的变化，是基础性前提和根本性动力。所以，新时代社会主要矛盾转化需要从根本上推动思想政治教育系统创新发展，即结构优化和功能发展。考察新时代社会主要矛盾转化对思想政治教育结构和功能创新发展的要求和原则，提出思想政治教育社会结构的关系完善、系统结构的体系整合、要素结构的整体平衡，功能拓展有价值引领功能、培育时代新人功能、人文关怀功能。结构优化和功能发展形成整体性形态，适应整体性发展成为我国新时代发展的主导形态，要求增强新时代思想政治教育发展的系统性和协调性。

## 第一节　思想政治教育结构和功能创新发展的原则要求

　　新时代社会主要矛盾集中体现新时代社会生产力、生产关系、上层建筑等特点，是社会系统及运行的核心问题，是认识新时代社会发展的逻辑起点。思想政治教育作为社会系统的子系统，必然要作出创新发展以适应社会发展和人的发展。要素形成结构，结构决定功能，研究思想政治教育结构与功能是运用

---

[①]　张耀灿.思想政治教育学前沿 [M].北京：人民出版社,2006:116.

整体性观点和系统观念看待思想政治教育，实现其结构与功能的良性互动、自身系统与社会环境的相互促进，推动新时代思想政治教育形态的形成和有效运行。

## 一、思想政治教育结构、功能与创新发展

结构与功能是一对基本范畴。一般来说，结构是指客观事物构成要素间的稳定联系及其作用方式。功能与"结构"相对，指有特定结构的事物或系统在内部和外部的联系和关系中表现出来的特性和能力。功能，总是一定结构的功能；结构，总是一定功能的结构。两者是辩证统一的关系：结构决定功能，功能影响结构。事物的结构决定功能的性质和水平，功能的变化又反过来影响结构的变化。

思想政治教育结构是指构成自身系统的各个要素之间相互联系、相互作用的方式；思想政治教育功能是指其内部各要素之间以及它在与外部环境之间发生联系和关系时表现出来的特性以及产生的效果。[①] 思想政治教育结构决定其功能，不同的结构会产生不同的功能，反过来，思想政治教育功能的变化可以影响其结构的变化。研究思想政治教育结构和功能，有利于更好地促成结构与功能的良性互动，发挥系统的整体功能，这能够进一步凸显其本质，也更能够满足社会和人的全面发展对它的需要。

思想政治教育是不断发展着的，以创新实践为主导形式的发展阶段及其过程属于其发展的动力范畴。新时代社会主要矛盾转化是推动中国特色社会主义实践进程的根本动力，把握新时代社会主要矛盾转化是认识新时代社会发展的逻辑起点，具有根本性、前提性。社会主要矛盾作为社会系统的"核心"问题，新时代社会主要矛盾转化集中反映了生产力、生产关系、上层建筑和社会系统三大层次的变化，思想政治教育作为社会系统的子系统，必然随着社会环境的变化而做出创新发展。所以，新时代社会主要矛盾转化视域下思想政治教育创新发展的研究，也需要选取具有前提性、根本性的视角。结构与功能的创新发展研究，正符合这一要求。用整体性观点来看待思想政治教育系统，构建其要素在时间上和空间上的良好联系，形成合理结构，发挥出强大的整体功能；功能是本质的外在体现和集中表露，研究思想政治教育功能有助于揭示其本质，功能发挥的程度如何，直接关系到它的整体效果，关系到它的价值实现。所以，

---

① 张耀灿.思想政治教育学前沿 [M].北京：人民出版社,2006:144-161.

思想政治教育结构和功能的创新发展，是用整体性观点看待这一系统的创新发展，是新时代思想政治教育创新发展的前提性需要、整体性认识。另一方面，思想政治教育创新发展的已有研究中，在一定程度上和一定范围内集中于要素性发展研究，运用结构与功能的分析方法相较于此，体现整体性发展研究，结构是要素组成的结构、功能是要素相互作用发挥的功能，所以，整体性发展研究相对来说能够从本质上更好把握思想政治教育系统的创新发展。

### 二、思想政治教育结构创新发展的要求

随着思想政治教育基础理论研究的深入，结构问题研究也日渐深入，由"思想政治教育的基本要素及其相互作用方式的整体结构，各个具体要素与组成部分的内部结构"[①]，发展至依据"层次是结构分析中的一个重要范畴"，将思想政治教育结构归纳为"包括三个层次的总体结构"，即"第一个层次，是思想政治教育与社会的关系层次。思想政治教育与社会的关系是结构关系。第二个层次，是思想政治教育系统自身层次。思想政治教育系统本身是一个结构性的存在。第三个层次，是思想政治教育内部要素，每一个要素都是结构化存在"[②]。思想政治教育在呈现新的特征的社会运行系统中变化发展，必然促使其结构的变化发展，而且也必须是结构的变化发展，它才能适应社会运行，所受到的挑战才能解决。所以，新时代社会主要矛盾转化所体现的社会关系特征，要求思想政治教育结构调整。具体表现在：新时代社会主要矛盾转化表明人民内部矛盾的多样呈现，要求优化思想政治教育社会结构；新时代社会主要矛盾转化体现的社会交往关系复杂化，要求完善思想政治教育系统结构；新时代社会主要矛盾转化所体现的矛盾动态平衡的辩证特质，要求平衡思想政治教育要素结构。

（一）人民内部矛盾的多样呈现要求优化思想政治教育社会结构

改革开放和社会主义现代化建设新时期至中国特色社会主义新时代，社会主要矛盾的转化，从整体社会结构系统运行来看，仍是以人民内部矛盾来反映社会要素的结构运行状态。但是，相较于以往，人们的利益在更多领域出现分化与重构，新时代人民内部矛盾不仅存在于经济领域，更多体现在政治、文化、社会、生态等各个领域和各个环节，反映的是人民群众根本利益一致基础上整体社会结构运行系统中的要素间作用关系和问题矛盾。人民内部矛盾的多样呈现，表明新时代人民内部矛盾内涵表现的丰富和涉及领域的拓展。人民群众不

---

① 张耀灿.思想政治教育学前沿 [M].北京：人民出版社,2006:127.

② 孙其昂.思想政治教育现代转型研究 [M].北京：学习出版社,2015:90.

仅对物质文化生活提出了更高要求，而且在民主、法治、公平、正义、安全、环境等方面的要求日益增长，但需求与满足需要的现实呈现一定的差距性，需要持续缩小差距、推进需求与满足需求的统一。比如，人民群众民主意识不断增强与自身民主素养、基层民主组织民主实施系统不健全等的矛盾；人民群众法治意识增强，遇事能够找法，但自身法治素养还有待提高，国家立法、执法、司法等系统存在一定的问题，社会治理法治化水平需不断提升；人民群众在关乎自身生存和发展的民生问题基本解决的基础上更加注重获得感、幸福感、安全感，但社会民生保障存在薄弱环节，与物质生活和精神生活共同富裕还存在不同步的现象和状况；人民群众追求美好生活需主动提升自身教育、精神文化层面的现代化素质尤其是科技文化素质和思想道德素质的需求，受其自身的受教育水平、思想观念实际，以及社会舆论环境、社会文化产业和产品参差不齐、极端个人主义等错误社会思潮的影响，导致不能满足这种需求。等等，人民群众多层次、多角度、多领域的物质满足需要与素质提升需要与满足这种需要的现实之间的不协调，这都是人民内部矛盾在社会领域中存在状态和表现形式的多样性的体现。

作为社会系统的一部分，思想政治教育系统是在社会系统运行中有效运转的，它的作用过程受到社会系统运行的制约，也通过自身作用促进社会系统有效循环。并且，思想政治教育是以人为中心的社会实践活动，着眼于人民群众在需要与满足需要过程中的思想实际和精神发展需要，要解决的正是人们在社会实践各领域中所表现的思想政治道德素质与社会发展要求之间的矛盾、差距。新时代社会主要矛盾反映社会结构系统运行中人民内部矛盾的多样存在状态和表现形式，思想政治教育的着眼点及其作为处理人民内部矛盾的有效手段，所以新时代人民内部矛盾的多样呈现要求后者调整自身与整体社会系统的关系结构。基于此，新时代思想政治教育的关注域、存在域以及发展域必须集聚于包括经济、政治、文化、社会、生态文明等社会各领域的矛盾场域，优化它在社会系统运行中与社会结构和其他要素系统的结构关系。

（二）社会交往关系复杂化要求完善思想政治教育系统结构

依据马克思主义的观点，一切社会生活从本质上来讲是实践，社会实践活动又都抽象为生产力、生产关系、上层建筑之间的关系，人的实践活动主要包括两类：生产和交往。"因此，按照我们的观点，一切历史冲突都根源于生产力和交往形式之间的矛盾。"[①] 生产力的发展决定生产方式的发展，生产方式的发

---

① 马克思恩格斯文集（第 1 卷）[M]. 北京：人民出版社,2009:567-568.

展又决定了人们的交往形式。随着社会生产力发展和生产关系的变化，人们的交往关系发生变化，在此基础上形成的意识、观念、价值等也随着交往关系的复杂而变得复杂。新时代社会主要矛盾的转化表明，社会主义现代化实践进程中生产力的不断解放和发展、社会物质财富的不断丰富、社会精神文明的进步、人们追求个性解放和发展，深刻改变着人们的生活方式、生活需要，尤其是新兴行业产生了新的行业规则和交往规则，这些都推动着人们交往关系发生变化，并且是变得日益复杂化。这一复杂化具体表现在生产力的科技性、先进性、发展性，交往方式的逐利性、网络化、失范特征使社会交往关系复杂。生产力是结构复杂的系统，基本要素包括劳动资料、劳动对象、劳动者，劳动资料中最重要的是生产工具，它是区分社会经济时代的客观依据，劳动对象是现实生产的必要前提，作用于劳动对象的劳动者是生产力中最活跃的因素，人类智慧和能力的发展决定着对物质资源开发的深度和广度。现代社会中科学技术是生产力中的重要因素，它应用于生产过程，与上述基本要素相结合而转化为实际生产能力，随着它发展的日新月异，日益成为生产发展的决定性因素，使不断解放和发展的生产力体现出科技性、先进性和发展性的特征。生产力与生产关系的相互关系，使科学技术超出生产力的作用范围，引起生活方式、思维方式的深刻变化。产业结构的变化、劳动生产率的提高、自由闲暇时间的增多、利益主体多样化，等等，丰富了人们的物质交往和精神交往的基础上，也使人们交往过程中出现只看到市场本质属性而忽略社会主义制度属性而表现出的逐利性、资本化，互联网技术下人们交往的虚拟化、数字化，这些特征最后表现在人们实践结果中是人们行为的失范，即社会交往关系中呈现的先进性与落后性、主导性与多样性、文化自信与道德危机等复杂性。由社会交往关系呈现出的复杂性特征可以看到，其内蕴着社会实践主体的思想观念、心理状态、品德素质等的复杂性，这些在很大程度上影响着实现社会平衡充分发展以满足人民美好生活所需要构建的人民群众的理想信念、核心价值观、现代化素质。

思想政治教育作用于人的精神世界，作为提升人民群众思想政治道德素质、推进个人发展与社会发展相统一的精神生产，必然要依据人们思想观念特点和价值判断的变化而做出相应的调整。新时代社会主要矛盾转化所体现的社会交往关系复杂化，从社会结构各系统运行过程中来看要求完善思想政治教育自身系统结构，充分发挥其精神生产的实质和主流意识形态主导与灌输的本质，引导人们的思想观念和价值判断，协调人们的物质交往和精神交往，满足人民群众更高的精神生活需要，也更好地凝聚实现社会发展所需要的人民的思想共识。

完善思想政治教育系统结构就是要求它的目标、任务、内容、主体、方法、载体等每一要素和每一环节的制定、实施过程中都依据人们思想观念特点和价值判断的变化而做出有针对性的调整，以生产既适合人民群众需要又引导人民群众价值观念的精神产品，满足人民群众的精神需要，既提升人民群众精神境界，又促进整个社会形成和谐融洽的交往形式。

（三）社会主要矛盾的动态平衡要求平衡思想政治教育要素结构

从社会发展的动力结构来看，社会主要矛盾是社会发展的根本动力。矛盾作为社会发展的动力，始终处于"不断运动"的态势当中，这是从矛盾运动的角度揭示的社会主要矛盾的动态性和平衡性的辩证统一，即社会主要矛盾作为社会发展动力的运动过程中呈现"动态平衡"的辩证特质。从社会主要矛盾双方的"数量"和"内容"来看，矛盾双方必然要随着社会的发展而不断发生改变，而从矛盾的"性质"和"表现形式"来看，社会主义实践过程中社会主要矛盾的本质与核心都在于"供求"和"人民的需要"。新时代社会主要矛盾，矛盾一方由物质文化需要升级为美好生活需要，矛盾另一方由落后的社会生产转变为不平衡不充分的发展，这体现的是"变"的层次，表征着社会主要矛盾的内涵和外延均已经发生大的改变；从我国社会主义所处历史阶段来看，我国的社会主义初级阶段基本国情、我国的国际地位没有改变，也就是说社会主要矛盾的基础和环境没有改变，这是"不变"的层次。新时代社会主要矛盾既是社会整体发展情况的"变"与"不变"的集中体现，也是社会主要矛盾自身"平衡"与"不平衡"变化运动的结果，并随着社会发展和自身"动态平衡"的运动过程化解矛盾、推动社会不断向前发展。这种"动态平衡"的矛盾运动特征不仅体现在社会发展动力运行过程中，也体现在社会主要矛盾反映的社会要素运行过程中。社会要素由平衡到不平衡再到新的平衡，推动着社会要素间矛盾运动，集中体现为社会特定发展阶段的社会主要矛盾。新时代社会主要矛盾转化即体现了社会需求方面与社会供给方面的动态平衡运动及两方面之间的动态平衡运动。

思想政治教育结合经济关系及其他交往关系的时代特征，对处于其中的人们进行思想观念、价值判断等方面的影响，其自身运行过程也是体现社会结构要素的动态平衡过程。整体运行过程又是由各要素综合作用，各要素内部必然随着社会结构要素的动态平衡而变化，以便于各要素促成整体运行有序有效。思想政治教育目标结构、内容结构、方法体系结构、教育对象结构、队伍结构等等，各要素结构内部无不随着社会发展的客观要求及其水平而变化，以更好适应缩小新时代社会发展所提出的思想政治品德要求与人们的思想政治品德水平之间的差距。新时代社会主要矛盾的动态平衡运行过程也必然要求思想政治教育随着社会需求方面与社会供给方面的动态平衡，实现其系统各要素内部的平衡，包括领域内部的平衡、对象之间的平衡、内容层次的平衡、方法体系之间的协调、队伍结构的平衡等等。以各要素内部的动态性和平衡性的辩证统一，增强思想政治教育实效性，更好引导人们认识不平衡不充分的社会发展的现实性与社会发展的阶段性的统一，促进人民美好生活与个体德性的养成与圆融。

### 三、思想政治教育功能创新发展的要求

功能是从结构派生出来的，思想政治教育的结构决定着它的功能，功能的优化有待于结构的优化。新时代社会主要矛盾转化要求思想政治教育结构调整的逻辑，也催生了思想政治教育功能的拓展，集中概括为新时代社会主要矛盾转化体现的政治属性与非政治属性，要求思想政治教育发挥价值引领功能；新时代社会主要矛盾转化要求的美好生活创造主体，赋予思想政治教育发挥培育时代新人的功能；新时代社会主要矛盾转化体现的以人民为中心的发展思想，要求思想政治教育注重发挥人文关怀功能。

（一）社会主要矛盾的多元属性要求思想政治教育发挥价值引领功能

作为社会基本矛盾在社会特定发展阶段的集中体现，社会主要矛盾转化是社会系统运行过程中结构要素作用的结果，反映着社会各领域的现实问题和发展目标。所以，关于社会主要矛盾的论断体现着经济社会的属性。新时代社会主要矛盾转化相较于以往社会主要矛盾，包含着多元属性。中国人民同帝国主义、封建主义、官僚资本主义的统治之间的矛盾，无产阶级与资产阶级、社会主义道路与资本主义道路之间的矛盾，这些社会主要矛盾是阶级对抗性矛盾，凸显的是社会矛盾的鲜明政治属性。随着阶级对抗性矛盾的解决，社会主要矛盾从根本上来说是人民内部矛盾，其所反映的社会关系属性就突破了单一的政治属性，而表现出多元属性，包括经济的、文化的、社会的，等等。中国特色社会主义进入新时代，经济社会的快速发展，社会组织形式愈加多样化、社会利益关系多元化凸显，文化的多元化，信息传播方式发生新变化、人民的思想观念呈现新特点等，使社会主要矛盾的转化更体现了以经济属性、利益属性、社会属性为主导，包含着政治属性的多元属性。新时代社会主要矛盾的经济属性表达的是经济总量与经济发展方式的关系，经济利润与资源利用率之间的关系，局部经济利益与社会整体经济利益的关系等；利益属性表达的是社会利益

与个人利益的关系，经济利益与政治权利、文化效益等的关系，追逐利益与兼顾社会发展的关系等；社会属性表达的是民生问题与社会保障的关系，社会冲突与社会治理的关系，新型社会组织形式与完善社会规范的关系，区域发展与共同富裕的关系，等等。

新时代社会主要矛盾的经济属性、利益属性、社会属性、政治属性等多元属性，表明社会整体在进一步发展生产力基础上要更加注重生产关系的调整、利益关系的调节、社会关系的和谐。经济发展的不协调、利益获得的不均衡、社会生活方式矛盾凸显等问题的解决，利于社会政治稳定，利于人民政治信仰的培养。矛盾的经济属性、利益属性、社会属性、政治属性等，就观念上层建筑而言，又与经济社会发展过程中社会实践主体的价值观念密切关联，集中体现为价值取向的关系属性。这一价值取向的关系属性，在新时代社会主要矛盾的解决过程中，影响着其经济属性、利益属性、社会属性和政治属性。其积极影响，则体现为社会系统运行过程中以核心价值观念为指导、为引领，协调反映矛盾双方的经济关系、利益关系、社会关系和政治关系。思想政治教育作为对思想、精神活动产生影响的实践活动，据此，结合新时代思想政治教育社会结构的优化，必然要求它在发挥政治主导性功能的同时，更多发挥价值引领功能，遵循思想传递与价值传承相结合的规律，更加追求价值观的引领和信仰的塑造。发挥价值引领功能，即以社会主义核心价值观引导人们多样的价值观念、宣传社会新发展理念，汇聚广大人民主动积极参与创造美好生活和社会主义现代化国家建设的精神力量和物质力量，实现经济社会发展与社会效益更多惠及人民群众，协调社会各方利益关系，构建社会和谐关系，不断增强人民群众的道路自信、理论自信、制度自信、文化自信。

（二）人民美好生活的创造主体要求思想政治教育发挥培育时代新人功能

唯物史观科学地回答了历史的创造者这个问题，认为人民群众是社会历史的主体，是历史的创造者。人民群众是社会物质财富和社会精神财富的创造者、还是社会变革的决定力量。"人民群众日益增长的美好生活需要"，从主体维度上讲，"美好生活"的主体是广大的人民群众。这一"主体"既是美好生活的体验者，也是美好生活的创造者。人民群众由每一个个体组成，存在着差异性，即"生活好不好，是不是'美好'的，归根到底是社会中的每一个个体对自我生命意义的体验和感知，'美好生活'从根本上说也是人们自由自主的实践创造活动。"①"不平衡不充分的发展"到"平衡充分的发展",归根到底也是在新发展理念贯彻下通过社会实践主体即广大的人民群众得以实现的。构建新发展格局,推动高质量发展,依托创新、依托科技,创新精神和科技研发都要落到现代化人才的实践活动中。所以,广大人民群众作为社会实践主体,既是社会平衡充分发展的实践主体,又是美好生活的创造主体,社会平衡充分发展与美好生活创造又是相互促进的过程,总的来说,新时代社会主要矛盾的解决和新的转化,依靠广大人民群众的实践来实现。"广大人民群众的实践""人民自由自主的实践创造活动",即人的劳动,人民群众的劳动过程实现平衡充分的发展,人民群众的劳动创造美好生活。劳动是人的存在方式,劳动将人与动物在根本上区别开来,劳动是"人类的本质活动,劳动光荣、创造伟大是对人类文明进步规律的重要诠释"②。依据人的自由全面发展是社会主义社会发展的根本目标,平衡充分的社会发展与美好生活的满足与实现两者比较起来,美好生活的实现是目标,再者,促进社会平衡充分发展的实践主体与美好生活的创造主体的同一性,这也就可以把社会主要矛盾的实践主体归纳为创造美好生活的主体。就美好生活的创造主体而言,要不断激发人民群众在美好生活中的主体性,包括追求和实现美好生活的能动性、自主性和创造性。

中国共产党人永远把人民对美好生活的向往作为奋斗目标,党领导人民进行革命、建设、改革的进程就是不断实现这一奋斗目标的过程,广大人民群众的实践正是在这一过程中实现着一代一代人对美好生活的创造。可见,美好生活创造主体随着社会发展客观要求、实践主体思想实际和发展要求等的变化在不断变化,有着阶段性和时代性的特征,主体性的激发也存在这样的特征。新时代美好生活创造主体即人民群众的主体性的激发,自然要适应新时代经济社会发展特点和要求,体现新时代广大人民群众的思想实际和发展需求。思想的实践是思想政治教育活动方式的特征,也就是说它发挥着"思想转化为物质"的实践功能。马克思以"批判的武器当然不能代替武器的批判,物质力量只能用物质力量来摧毁。但是理论一经掌握群众,也会变成物质力量。理论只要说服人,就能掌握群众;而理论只要彻底,就能说服人。所谓彻底,就是抓住事物的根本"③来说明思想转化为物质力量,可见思想实践能够赋予实践主体以强

---

① 宋芳明,余玉花.人民美好生活视域下思想政治教育发展的新任务[J].思想理论教育,2018(02):44-49.

② 习近平.在庆祝"五一"国际劳动节暨表彰全国劳动模范和先进工作者大会上的讲话[M].北京:人民出版社,2015:03-04.

③ 马克思恩格斯选集(第1卷)[M].北京:人民出版社,2012:9-10.

大的动力和支撑。思想政治教育铸魂育人正体现了此思想实践功能，基于新时代美好生活创造主体而言，铸魂育人表现为形塑新人，要求它发挥培育时代新人的功能。时代新人作为人民美好生活的创造主体，在承继中华民族优秀特质的同时，自然要求提升和体现与时代发展相适应的素质与能力，如人的现代化素质的丰富、逐步摆脱"物的依赖"的人的发展演变观念的获得，等等。新时代思想政治教育通过坚定理想信念、更新思想观念、树立健全人格、增强创新创造能力等，激发人民群众的能动性、自主性和创造性，尤其是培养青年的使命感与责任感、担当精神与奋斗精神，优化创造美好生活实践过程中人的主体力量。新时代十年的伟大变革和历史性成就，更加赋予新时代美好生活创造主体以新的素质、特征、机遇和挑战，培育时代新人功能的发挥需要进一步的加强，思想政治教育作为重要的思想实践活动，需要积极观照"美好生活"所彰显的主体意义，培育肩负全面建设社会主义现代化国家的时代新人。

（三）以人民为中心的发展思想要求思想政治教育发挥人文关怀功能

社会主要矛盾反映社会实际、决定社会任务、内蕴着一定的价值取向和发展观念。中国共产党成立以来，基于人的全面发展的理想，认识、归纳、解决社会主要矛盾，其中蕴含着彰显人民主体地位、维护人民根本利益的价值取向。新时代社会主要矛盾转化集中体现了中国特色社会主义实践进程以人民为中心、满足人民美好生活需求，这是为人民谋幸福、为民族谋复兴价值取向的传承和发展。新民主主义革命时期，在推翻"三座大山"的革命斗争中"人民"范畴的界定逐步清晰完善，党坚持群众路线，全心全意为人民服务，从政治上保障人民平等地位，使中国人民真正站起来；社会主义革命和建设时期，社会主义制度在我国基本确立，为人民主体地位的保障和维护提供了制度基础；改革开放和社会主义现代化建设新时期，解放和发展生产力，摒弃过去物本的发展观，将人民群众置于发展的价值主体地位，以人为本推动科学发展。另一方面，矛盾的解决在于促成积极的变化，即发展，我国社会主要矛盾解决之关键也在于发展，所以上述价值取向也是社会发展观的体现，而社会发展观的内涵如何创新，外延如何扩展，其核心标准始终是价值主体即人民，从对"人民"范畴的界定，到人民利益高于一切、始终代表最广大人民群众的利益、以人为本的科学发展观，这些指导党领导人民进行的革命、建设和改革，都为以人民为中心的发展思想作为新时代中国特色社会主义实践的根本宗旨和核心理念提供了历史原点、奠定了制度基础、形成了实践基础。新时代社会主要矛盾的判断和解决，使中国特色社会主义实践着眼于新的发展实践，形成了新时代以新发展理念和美好生活建设为核心内容的"以人民为中心"发展观。它正确反映和正面回应了人的需求的多维度与多层次、丰富性与全面性，指引着政治、经济、文化、社会、生态等领域发展上突出"惠民"和"利民"，在新时代中国特色社会主义实践中注重协调个体利益和集体利益，丰富人民的物质生活和精神生活，扎实推进全体人民共同富裕，使人民群众的获得感、幸福感、安全感更加充实、更有保障、更可持续。

新时代社会主要矛盾蕴含着的价值指向和发展观念，指出了新时代思想政治教育要坚持以人民为中心，注重发挥人文关怀功能。党的十七大报告首次明确提出思想政治教育要注重人文关怀的问题，指出："加强和改进思想政治工作，注重人文关怀和心理疏导，用正确方式处理人际关系。"①党的十八大报告再次明确指出："加强和改进思想政治工作，注重人文关怀和心理疏导，培育自尊自信、理性平和、积极向上的社会心态。"②党的十九大报告从更高层次上提出要求，"加强和改进思想政治工作，深化群众性精神文明创建活动"③。党的二十大报告强调，"用社会主义核心价值观铸魂育人，完善思想政治工作体系"④并且立足中国式现代化，强调以人民为中心，注重现代化国家建设的人文关怀逻辑，"我们坚持把实现人民对美好生活的向往作为现代化建设的出发点和落脚点""物质富足，精神富有是社会主义现代化的根本要求""满足人民日益增长的精神文化需要，巩固全党全国各族人民团结奋斗的共同思想基础""增进人民福祉，提高人民生活品质"，等等。新时代思想政治教育拓展自身的人文关怀功能，真正以人民为中心，贴近人民群众，依靠人民群众，更多地关注人、关爱人，满足人民群众创造和实现美好生活的需要。

### 四、思想政治教育结构和功能创新发展的原则

新时代社会主要矛盾转化对思想政治教育结构调整和功能变化提出了要求，根据这些要求，结构优化和功能拓展也必须遵循一定的原则，主要有发展与稳定相统一的原则、整体与部分相统一的原则。

① 十七大以来重要文献选编（上）[M].北京：中央文献出版社,2009:27.
② 十八大以来重要文献选编（上）[M].北京：中央文献出版社,2014:25.
③ 习近平.决胜全面建成小康社会 夺取新时代中国特色社会主义伟大胜利——在中国共产党第十九次全国代表大会上的报告[M].北京：人民出版社,2017:43.
④ 习近平.高举中国特色社会主义伟大旗帜 为全面建设社会主义现代化国家而团结奋斗——在中国共产党第二十次全国代表大会上的报告[M].北京：人民出版社,2022:44.

（一）发展与稳定相统一的原则

新时代社会主要矛盾仍是人民内部矛盾，其转化是人民内部矛盾的变化，反映人民内部矛盾的多样呈现和多元属性。这也就是新时代社会主要矛盾转化过程的"变"与"不变"的统一。社会需求方面由物质文化需要升级为美好生活需要，社会供给方面由大力发展社会生产力转变为在此基础上调整生产关系实现平衡充分的社会发展。而我国社会主义所处的历史阶段没有变，社会主义初级阶段的基本国情和世界上最大的发展中国家的国际地位要求中国特色社会主义实践过程中牢牢坚持党的基本路线。思想政治教育结构和功能的创新发展在新时代社会主要矛盾"变"与"不变"相统一的背景下也要坚持"变"与"不变"相统一的原则。遵循新时代社会主要矛盾"变化"对思想政治教育结构和功能调整的要求，作出相适应的变化，即进一步优化结构与拓展功能以形成新时代思想政治教育的发展形态；另一方面又要坚持思想政治教育的本体论，把握主体结构和基本功能，在适应新的时代境遇与人的发展诉求的结构优化与功能拓展过程中，保证运行过程的稳定，符合思想政治教育的本质规定性，即仍坚守其社会主义意识形态的主导与灌输本质，仍是中国共产党的政治优势和优良传统，仍处于"生命线""中心环节""极端重要"的地位。这一"变"与"不变"相统一的原则，正是思想政治教育结构和功能创新发展中首要遵循的原则，既要促进发展又要保持稳定，以实现新时代思想政治教育发展新形态不颠覆思想政治教育的本质、不背离思想政治教育运行规律，又适应社会主要矛盾转化的新要求、增强思想政治教育的时代实效性。

（二）整体与部分相统一的原则

结构是由要素组成的，结构与要素可以说是整体与部分的关系；结构又是分层次的，各层次之间及与整个结构层次又可以说是整体与部分的关系。结构决定功能，结构反映的整体与部分的关系又决定功能也包含着整体与部分的关系，有整体功能与局部或个体功能之分。社会主要矛盾作为社会系统的核心体现和决定性要素，其转化过程中的"变"与"不变"也反映了社会系统运行中的"变"与"不变"，社会系统运行过程是"社会整体"与"社会各部分"及其"各要素"的关系作用过程，所以社会主要矛盾决定和推动社会发展，也是社会系统中"整体"与"部分"作用相统一的过程。思想政治教育实践也是个系统运行的过程，呈现着系统"整体"和要素环节"各部分"，实践的创新发展要处理好"整体"与"部分"的统一，所以，思想政治教育结构优化和功能拓展在遵循发展与稳定相统一的首要原则基础上，更要在具体实践中遵循整体与部分相统一的原则。

新时代社会主要矛盾转化下思想政治教育结构优化要遵循整体与部分相统一的原则。思想政治教育作为观念上层建筑，是社会系统的组成部分，与社会系统构成部分与整体的关系，思想政治教育自身系统也是由主体、客体、介体、环体构成的部分与整体的关系体系，思想政治教育各要素内部又是由平行的区分要素构成的部分与整体的关系。所以，思想政治教育结构优化既要谈局部结构优化也要谈整体结构优化，同时，在整体优化的原则下处理局部与整体的关系。功能是结构关系的外显，所以功能拓展自然也要遵循整体与部分相统一的原则，以局部功能促进整体功能的发挥，以整体功能引领局部功能的彰显。再者，从思想政治教育存在状态和运行方式来讲，结构和功能是体现思想政治教育形态的标志性要素，也就是说新时代思想政治教育要以凸显结构优化和功能拓展来聚焦体现其创新发展新形态，这就要求立足于思想政治教育实践系统整体上着眼于其具体的结构优化和功能拓展，这也是遵循整体与部分相统一原则的另一方面要求。

# 第二节　思想政治教育结构优化

依据新时代社会主要矛盾转化对思想政治教育结构调整的要求和原则，结构优化具体体现为如下三个方面。

## 一、思想政治教育社会结构的关系完善

"思想政治教育社会结构"，是就其结构的第一层次而言的，思想政治教育与社会的关系是结构关系。社会是一个极其庞大复杂的系统，其内部各构成要素之间按照一定的规则，处于有序的运行状态之中，依据社会学家有关社会结构的理论，可以将社会划分为包括经济结构、政治结构、观念结构、社会关系结构、生态结构在内的几大要素。思想政治教育作为上层建筑，属于社会的观念结构和意识形态结构，是社会结构的有机组成部分和社会运行的重要保障机制，也受到社会结构中其他子系统和社会总体的影响和制约。因此，思想政治教育社会结构，就是指它作为社会子系统，与社会其他子系统和社会总体的结构关系。这一结构关系，既表明思想政治教育对社会系统及其相关条件有着很强的依赖性，又彰显着思想政治教育在社会系统中占据和发挥着"生命线"的地位和功能。新时代社会主要矛盾转化要求社会实现由经济建设为中心向以经

济建设为基础，以实现人民美好生活和人的全面发展为目标的转变。这一转变引起思想政治教育与包括经济、政治、文化等建设在内的各个领域工作发生新的结构变化；在遵循思想政治教育独立性的同时，注重与整个社会领域的融合和服务于社会其他工作，完善思想政治教育社会格局。

（一）思想政治教育与社会其他工作之间的结构完善

社会主要矛盾由阶级对抗性矛盾转化为人民内部矛盾，社会实现了由阶级斗争向以经济建设为中心的转变，思想政治教育与社会其他子系统和社会总体的结构关系发生转变。阶级对抗性矛盾占主导地位的时期，思想政治教育在整个社会体系中居于中心地位，社会其他工作成为条件、保障，为其服务。社会主要矛盾转化为人民内部矛盾，具体表现为经济层面的供需矛盾时期，思想政治教育调整其与社会其他工作的结构关系，形成相互平等的关系，都为经济建设提供条件、保障，围绕经济建设进行具体实践。新时代社会层面供需矛盾凸显，相较于阶级对抗性矛盾转化为人民内部矛盾这一根本转化来说，是人民内部矛盾的内部转化、局部转化，人民内部矛盾随着改革和社会转型由经济领域扩大到社会各个领域和各个环节。思想政治教育处理人民内部矛盾问题的矛盾场域由聚焦于经济领域拓展至包括经济政治文化社会生态在内的整个社会系统领域。思想政治教育与社会其他子系统由相互平等的结构关系发展为相互服务和支持的关系。新时代社会经济结构、政治结构、文化结构、社会关系结构、生态结构为思想政治教育提供物质、制度、文化、社会的保障，新时代思想政治教育在经济、政治、文化等建设中则着重发挥着价值引领的功能。

随着党的十一届三中全会明确党的工作重心转移至社会主义现代化建设上来，思想政治教育领域正确把握新时期政治与经济的关系，更明确了思想政治教育实践要更好地服从和服务于社会主义现代化建设这一中心工作。"人民日益增长的物质文化需要同落后的社会生产之间的矛盾"要求解放和发展生产力，不断提高劳动生产率，满足人民物质和文化生活的需要。这就首先使思想政治教育确立了与社会经济结构的关系，即由社会经济结构决定并服务于社会经济结构。社会主义现代化进程中逐步提出物质文明和精神文明相统一，思想政治教育本身就是社会观念结构和精神文化结构的组成部分，是社会意识形态建构、意识形态领域发展的内在需要，推动着社会主义意识形态建设。人民群众在满足了物质文化生活的基础上，"美好生活的追求"表明广大人民群众提出了政治生活、社会生活、生态文明等的需求。政治性是思想政治教育的本质属性，它的目标和内容受社会政治结构的决定影响，又通过对人们政治生活的引导，推动着我国社会政治结构的健康运行。马克思指出："人的本质并不是单个人所固有的抽象物。在其现实性上，就是一切社会关系的总和。"[①] 社会关系结构良性运行有利于人民群众社会生活需要的满足。思想政治教育在提升人的思想政治素质过程中，由注重社会发展到日益注重在与社会建设相对应、以改善民生为主要内容的社会行为和发展过程中尊重个人的发展，实现社会发展与个人发展相统一。社会生态结构是随着科学发展观、人与自然和谐发展、人民群众绿色生活需要提出的对社会结构的丰富，思想政治教育的发展也要求为社会生态文明建设提供价值引领和精神动力。由此可以看出，社会主义现代化进程中，思想政治教育与社会其他系统的结构关系是不断地关联着的，并且是一个渐进发生作用和实效的过程。实现人民美好生活，要求这一渐进过程的横向融合，不断达到思想政治教育与社会结构的关系完善、协调。

（二）思想政治教育社会格局的完善

思想政治教育社会结构，除了其与社会其他子系统的关联和渐进作用以外，还包括思想政治教育的社会分布，即从国家层面到各个社会领域，全国思想政治教育布局所形成的格局。中国共产党的思想政治教育伴随着党的成立而萌芽、形成、发展，在其发展过程中从依附型到独立型转变，逐渐获得了独立性。"这是思想政治教育由潜到显、由'无'到'有'、由小到大、由弱到强的过程，是思想政治教育从依附他者中独立出来成为相对独立的结构。"[②] 尤其是思想政治教育学科化、科学化的进程，更使其彰显独立性。同时，思想政治教育的独立性，又反过来助力其更加专业化、职业化、科学化，极大提升了自身的实效性。然而，思想政治教育的独立性也在一定程度上使它的研究论域和实践场域都被窄化，逐渐地与一些社会领域分化，明显集中在党政机关、军队、学校、国有企事业单位，其他社会领域的思想政治教育在理论上与实践上相较于前者都存在着一定的差距。新时代社会主要矛盾转化表明社会层面供需矛盾凸显过程中不平衡不充分的社会发展是矛盾的主要方面，是制约人民美好生活实现的主要因素。这就要求在发展生产力的基础上，调整生产关系，协调社会关系，实现社会整体平衡充分发展。思想政治教育作为保障社会有序运行的价值引领机制和精神动力机制，其社会分布形成的思想政治教育社会格局必须适应社会整体的平衡充分发展而不断完善。

自中华人民共和国成立初期社会主义思想政治教育的全面推进，经过社会

---

① 马克思恩格斯选集 ( 第 1 卷 ). 北京：人民出版社 ,2012:139.

② 孙其昂 . 思想政治教育现代转型研究 [M]. 北京：学习出版社 ,2015:95.

化、制度化的探索，到社会主义现代化建设进程中的全面展开，已经形成了各行各业的思想政治教育，即党内的、军队的、学校的、企业的、社区的等。从社会实践和思想政治教育实践的发展来看，由于行业之间、领域之间各有区别、各有特色，加之包括生产关系、交往方式在内的社会活动特点的变化，思想政治教育社会格局凸显出一定程度上的不平衡性。具体来说，将领导干部和青年学生作为焦点对象，顶层设计中对党内的、军队的、学校的思想政治教育进一步推进部署的文件政策相对集中，而其他领域则相对较少；企业思想政治教育中国有企业同非国有企业的差别较大，前者存在系统的思想政治教育，后者则或者是自发式的，即以"企业文化"予以等同，抑或是直接呈现出"空白区"；农村和社区的思想政治教育常常归为群众精神文明建设部署之中，一定程度上缺乏针对性；依托网络技术不断迭代的网络生活作为日新月异的社会交往领域和生活方式，网络思想政治教育无论从理论研究还是实践活动来看都存在一定程度的滞后性；还有民间社会组织和其他社会领域，以及新兴行业所产生的新领域，思想政治教育处于自发、自然状态，或者是真空状态。因此，完善思想政治教育社会格局，以凝聚推动社会平衡充分发展的精神力量，就是要形成适合各社会领域组织化程度的思想政治教育实践活动，尤其是注重基层的、新兴行业的思想政治教育实践探索，并立足实践开展具体领域的理论研究，以反过来更好指导实际工作。如在全面推进乡村振兴加快农业农村现代化的过程中，立足农村经济发展、围绕和美乡村建设、依托农村社会工作服务，开展以社会主义核心价值观宣传教育为主线的农村思想政治工作系统化探索；数字蓝领职业、自由职业者、"数字零工"职业等呈现的新就业形态劳动领域，需要建构围绕职业道德规范和劳动法律法规进行的道德教育和法治教育为主要内容的新兴行业思想政治工作；等等。

## 二、思想政治教育系统结构的体系整合

"思想政治教育系统结构"，是就其结构的第二层次而言的，思想政治教育系统本身是一个结构存在。思想政治教育系统结构转变，是指自身系统的各种要素之间和系统整体在空间维度和时间维度上的协调有序。关于思想政治教育系统的基本要素说法不一，有"三要素论""四要素论""五要素论"以及"多要素论"。这里依据思想政治教育科学化发展，认为其基本要素包括目标、主体、客体、介体、环体，五要素。系统结构优化，使各要素之间结构合理、运行协调。总体来说，使主体、客体、介体、环体能够围绕思想政治教育目标和

谐运转，实现空间维度上的协调性；每一阶段思想政治教育主体、客体、介体、环体合理运行接续地指向目标，实现时间维度上的有序性。新时代社会主要矛盾转化反映了社会交往关系的复杂化，人们在交往关系基础上形成的思想、观念、价值等也随着交往关系的复杂化而变得复杂，并且人民群众精神生活、政治生活和社会生活需要的增长，改变了思想政治教育运行和发展的环境，这就要求完善其社会结构关系的同时，更需要自身系统结构的协调有序，即实现横向整合和纵向整合，发挥新时代思想政治教育的空间合力和时间合力。

（一）思想政治教育系统结构的横向整合

思想政治教育通过目标、主体、客体、介体、环体的相互关联形成自身基本系统结构。目标是思想政治教育系统结构优化的根本标准，统摄着主体、客体、介体、环体的协调。主体在思想政治教育系统结构中起着主导作用，引导和推动着客体、介体、环体的相互作用，表现为思想政治教育者；客体具有能动性，制约和体现着思想政治教育的作用过程和作用效果，即思想政治教育对象；介体具有纽带作用，是主体、客体、环体相互联结的点，表现出内容和方法或形式的多样性；环体起着条件作用，影响着思想政治教育可能性向现实性转化的程度，通俗来讲即思想政治教育环境。系统结构在空间维度上的优化，就是要求主体、客体、介体、环体围绕思想政治教育目标呈现结构合理、运行协调，产生最大的教育合力。观照已有的思想政治教育系统结构，理论研究方面关于结构论的研究很早就有学者提出，一方面鉴于系统要素没有确立公认的标准，另一方面多注重要素内部结构的局部优化研究而相对忽略了要素相互关系的整体优化研究。实践活动方面关于思想政治教育系统运行过程，形成了主体中心模式、客体中心模式、多元主体模式、双向互动模式等要素结构运行模式，在一定程度上只抓住某一要素的显著特征或者是适应某一要素的变化状况来确定要素间相互关系，而忽略了围绕实现思想政治教育目标这一结构优化的根本标准，使主体、客体、介体、环体在运行过程中与目标的不一致或背离。另外，思想政治教育系统结构还以性质结构的形式存在，只注重要素的局部优化在一定程度上会造成思想政治教育运行过程中人们思想关系的异质结构。

基于时代境遇的变化及面临的压力和挑战，新时代思想政治教育系统结构的优化首先要实现系统结构的横向整合，即形成思想政治教育目标、主体、客体、介体、环体之间的空间合力。目标是一定时期内实施思想政治教育活动所要达到的预期结果。新时代社会交往关系的复杂化，人们思想、意识、观念、价值判断等表现出的多样特征，以及人民群众提出的美好精神生活需要，要求思想政治教育确立在社会思想观念关系丰富和发展中的价值引领和精神建构目标，满足人民日益增长的美好精神生活需要。随着人们思想政治诉求的自主性、选择性增强，主体呈现专业化和职业化、多样化和社会化的发展趋势，这都影响着主体的规模和素质。客体一方面自主思考、自我选择的意识和能力提高，接受思想政治教育的主动性增强，另一方面又容易在纷繁复杂、变动不居、良莠不齐的思想观念和价值体系中迷失方向。思想政治教育介体，一方面呈现生活化、创新性的特征，另一方面又必须体现思想性和政治性。思想政治教育环体，一方面呈现综合化发展的趋势，另一方面又表现出复杂化的特征。基于思想政治教育基本要素的时代特征和发展趋势，要求把握系统结构紧紧围绕思想政治教育实现人民美好生活的目标，明晰主体、客体、介体、环体的时代特征提高其自身的多功能要求，充分发挥目标的统摄作用、主体的主导作用、客体的主动作用、介体的纽带作用、环体的条件作用，整合主客体之间关系、介体和环体对主客体的关系，以及各要素和整体结构的协调关系，保证主体、客体、介体、环体与目标在性质上和方向上的一致性，建立思想政治教育系统结构的良性运行，实现整体优化。

（二）思想政治教育系统结构的纵向整合

与横向整合相对应，还存在纵向整合。横向整合产生空间维度上的教育合力，纵向整合产生时间维度上的教育合力。后者主要表现在思想政治教育的连续性和阶段性相统一上。人的思想发展过程是连续的，又是分阶段的。思想政治教育的过程也是如此。因此，必须实行连续性和阶段性的有机统一。坚持连续性，就是遵循人的思想品德形成发展规律和趋势，实现计划性和不间断性的统一；坚持阶段性，就是结合社会现实和个体诉求，实现目的性和有序性的统一。从时间维度来看，思想政治教育的良性循环，就是主体、客体、介体、环体分阶段地连续地指向思想政治教育目标，承接上一阶段运行过程和运行成果，又通过主客体之间、介体环体与主客体之间的良性协调取得积极成果为下一阶段思想政治教育循序发展奠定基础。这一良性循环显示了趋向其根本任务的纵向上量的积累和质的飞跃。纵向整合形成的时间合力就是量的积累，是达到质的飞跃的基础和必经过程。

思想政治教育从根本上是为促进社会发展和个人发展而提升人的思想政治品德素质的过程。中国共产党思想政治教育伴随着党的成立而萌芽、形成、完善和发展，其要素关系过程在党领导人民进行的革命、建设、改革进程中实现着思想政治教育效果的阶段性和连续性的有机统一。阶级对抗性矛盾占主导地

位时,思想政治教育要素关系运行过程服务于党领导人民夺取政权,建立人民
民主专政;阶级对抗性矛盾转化为人民内部矛盾,经济层面的供需矛盾凸显时,
思想政治教育要素关系运行过程服务于经济建设这一中心工作和主要任务,激
发广大人民群众的创造力和建设热情,致力于满足人民群众的物质文化生活需
要;新时代社会层面供需矛盾凸显,思想政治教育要素关系运行过程以满足人
民日益增长的美好精神生活需要来服务于实现人民美好生活。社会的发展和个
人的全面发展都不是一蹴而就的,社会发展与个人发展的有机统一也是渐进的
过程,这就从时间维度上要求思想政治教育系统结构优化是一个呈现阶段性和
连续性相统一的动态过程。新时代思想政治教育系统结构就要以符合时代境遇
和时代任务的阶段特征、人民群众的思想品德发展特征,有重点地整合思想政
治教育主体、客体、介体、环体运行关系。新时代社会发展提出全面建成社会
主义现代化强国,个人发展方面人民群众提出了美好生活需要,思想政治教育
直接作用于美好精神生活需要,并通过价值引领和精神建构在社会五大文明建
设过程中发挥作用。基于此,新时代思想政治教育系统结构中侧重于客体的主
动作用、环体的条件作用,整合要素的作用关系,以满足美好精神生活需要的
阶段性目标为实现人的全面发展奠定基础。如参与社会实践各领域的实践群体
相较于以往时期有了相对充裕的闲暇时间和相对较高的精神富足需求,就应该
主动地汲取多样化的精神产品或主动参与精神生产之中,不断地追求真理、价
值、境界,而不是一味地受到"信息茧房"的"包裹",或者仅是享受感官快乐
这种与真正精神富足相悖的低级需求;同时,思想政治教育主体要善于发挥信
息技术要素和视觉传播时代要素的正向精神熏染构建作用,以人的现代化为不
断实现的目标,为人们在日常生活实践中满足自身真正的精神富足和社会整体
的精神生活共同富裕,营造积极的信息技术环境和精神生活氛围。

### 三、思想政治教育要素结构的整体平衡

"思想政治教育要素结构",是就其结构的第三层次而言,每一要素都是结
构化存在着的。要素结构,就是指思想政治教育每一要素内部之间的相互关系
和作用方式,包括目标结构、主体结构、客体结构、介体结构、环体结构。目
标具有不同的层次,思想政治教育目标的基本层次是个体目标与社会目标以及
其自身的层次与结构。主体即思想政治教育者,也是一个结构化存在,包括组
织结构和人员结构。客体即思想政治教育对象,对象是广泛的,从不同的角度
可将其划分为多种类型的结构化存在。介体即主体作用于客体时的思想信息内

容及思想政治教育方式。环体即思想政治教育的环境，可分为不同的类型结构，如按照范围分为宏观环境、中观环境与微观环境，按照要素有政治环境、经济环境、文化环境和生态环境等。

思想政治教育要素结构的优化，就是依据包含着生产方式、生活方式、人际交往方式以至思维方式改变着社会发展和个人发展的境况，转变各要素内部的作用方式，实现"局部优化"，又由各要素的"局部优化"促成要素之间及系统结构的"整体优化"。新时代社会主要矛盾转化反映了不平衡不充分的发展是实现人民美好生活和全面建成社会主义现代化强国的主要制约因素，这一制约因素反映在社会思想观念领域，就是对社会整体建设的发展观念和个人全面发展的价值观念的传播和引导的不平衡和不充分。思想政治教育是社会意识形态建构、发展的内在需要，在社会变迁中发挥价值导向功能，作为促进个体思想品德发展的内在控制方式，在新时代的实践运行中，也需要以平衡充分的发展来要求自己。基于新时代社会主要矛盾转化的动态平衡性，思想政治教育观照自身各要素结构内部的相互关系和作用方式，以保证要素结构的整体平衡。以此思维来考察思想政治教育各要素内部结构，尤其需要以客体结构的整体平衡，来辐射其他要素结构的整体平衡，实现新时代思想政治教育的平衡充分发展。

（一）思想政治教育客体结构的整体平衡

客体是主体活动的作用对象。思想政治教育活动具有广泛的群众性，与此相应，对象也具有广泛性。按照不同的年龄、职业、空间将思想政治教育客体结构分为纵向结构、横向结构和层次结构。纵向结构是指依据不同年龄特征，思想政治教育客体是覆盖了儿童、少年、青年、中年、老年所有年龄阶段的结构化存在；横向结构是指依据行业、职业特点，思想政治教育客体包括工人、农民、军人、公务员、学生、知识分子、新兴行业从业人员等在内的社会各行各业的人；层次结构，依据空间来划分，思想政治教育客体结构存在基层组织工作对象、焦点领域教育对象、顶层教育对象。另外，还可依据地域来划分，思想政治教育对象结构分层包括高水平经济发展区域、经济发展水平一般区域、经济发展水平相对较低区域；也可根据人们思想素质层次来分，思想政治教育对象结构包括思想先进者、思想政治水平一般者、思想政治道德素质落后者；等等。当然，按照这些分类标准对思想政治教育客体结构的把握在一定程度上会存在交叉，但这不干扰开展客体结构研究。新时代面临着不平衡不充分的社会发展所反映的思想政治教育领域不平衡不充分的问题，可通过客体结构内部的不平衡来剖析。思想政治教育理论研究和实践活动中，尽管对象结构中的横向结构、纵向结构、层次结构都有涉及，但是存在关切比例失衡的问题，思想政治教育的焦点对象一直是青少年和领导干部，依据两点论和重点论相统一的观点，着重思想政治教育焦点对象有实现效果最大化的意义，而对其他对象的兼顾程度不够则又必然削弱着人民群众整体的思想政治道德素质水平。新时代社会主要矛盾转化反映的生产力水平和交往关系的变化，使社会阶层结构、社会活动方式、社会成员接受方式等都发生变化，思想政治教育客体结构内部的层次性更加突出，客体自主选择的意识和能力提高，社会呈现纷繁复杂、良莠不齐的思想观念和价值体系，都要求平衡客体结构。

就纵向结构的整体平衡来说，新时代思想政治教育客体结构更注重一体化发展，如学校思想政治工作的主渠道思想政治理论课，其大中小学一体化建设，依据客体各年龄阶段的思想政治素质发展特征，注重过程的阶段性和连续性；培育和践行社会主义核心价值观从娃娃抓起、从小抓起，有青年自觉践行社会主义核心价值观专项指导；等等。就横向结构的整体平衡来说，新时代思想政治教育客体结构要求协调性发展，从事不同行业不同职业的社会成员，其劳动方式、生活方式、休闲方式等都不同，思想观念形成过程也呈现不同特点，要求思想政治教育活动过程中抓住对象的思想特点兼顾对象的结构比例。所属党政机关、国有企事业单位、军队和学校的人员，是思想政治教育对象结构中最稳定的部分，政府和国有企事业单位以外的从业人员，在思想政治教育对象结构中处于"摇摆"状态，新兴行业从业人员如互联网络行业人员，则是思想政治教育对象结构中的"缺失群体"，协调横向结构就需要加大后两部分群体的关注度并提升其思想政治工作的组织化程度。就层次结构的整体平衡来说，新时代思想政治教育客体结构需要融合化发展。国家治理现代化过程中要求发挥和提升基层的治理能力和治理水平，新时代农村思想政治工作和新时代社区思想政治工作就是把握基层对象和发挥基层思想政治教育作用的体现；还有，不同经济发展水平地区间教育对象的融合，实现资源"过剩区"向资源"匮乏区"的流动。

（二）以思想政治教育客体结构整体平衡辐射其他要素结构的平衡

客体在思想政治教育系统结构中占有重要地位，是实践的作用对象，反馈运行过程，体现效果，可以说是系统结构中的中心枢纽。总体上说，对于不同的思想政治教育对象，设定的实现目标、发挥组织和引导作用的教育者、所进行的教育内容和运用的方式方法、所营造的环境都是不同的。因此，客体结构的变化实际上客观要求着和必然联动着系统结构中其他要素内部结构的变化，由以上新时代思想政治教育客体结构的整体平衡，来探究目标结构、主体结构、介体结构、环体结构各自内部的平衡，抓住了中心和主线，是合乎学理逻辑，同时也是对现实实践的反映和指导。

思想政治教育目标，从整体上说，指向社会层面和个人层面，每一层面又分为具体的层次结构，客体结构的调整平衡，要求目标结构的平衡。如基于客体纵向结构的一体化发展，目标结构也要凸显出一体化的调整，聚焦于大中小学思政课培养目标的结构化调整来说，小学阶段注重培养学生的道德情感，初中阶段注重打牢学生的思想基础，高中阶段注重提升学生的政治素养，大学阶段注重增强学生的使命担当。思想政治教育主体作为实践的组织者、主导者，对客体的价值观养成发挥着整体引导的作用，与客体呈现结构化相适应，也是结构化的存在，也就随着客体结构的调整平衡而平衡。如基于客体横向结构的协调性发展，主体结构也要呈现协调性的调整，聚焦于不同领域思想政治教育主体的结构化调整来说，加快形成新兴行业的思想政治工作队伍建设步伐，提高企事业单位思想政治工作队伍的组织化程度，增强青少年思想政治教育队伍的教育实效性，发挥领导干部和军队思想政治工作队伍的引领作用。介体是连接主客体的纽带，对增强实践效果发挥着关键性的作用，从其包括的实践过程中的具体内容、依托的载体和运用的方法来看，本身就是结构化的存在，必然随着客体结构和主体结构的平衡而调整其结构的内在平衡。一方面，思想政治教育内容、载体和方法间的结构平衡，基于客体结构的平衡要求，针对不同对象，教育内容的聚焦点、依托载体的适当性和运用方法的可行性在整体上要实现高度协调和融合，以增强主体作用于客体的整体实效；另一方面是思想政治教育内容、载体和方法各自内部的结构平衡，这就要求基于客体结构的平衡要求，突出各自内部的多样性特征构建出具有针对性的内容结构、载体结构和方法结构，以实现主体作用于客体各环节的实效。环体结构是影响思想政治教育实践效果的整个环境要素综合作用的呈现，其结构简单来讲由宏观、中观、微观层面形塑着，各层面的互构及各层面内部的良性变动都随着客体结构的调整平衡而发生着。如就宏观的国家大环境来说，立足于人的现代化，要求以构建人类文明新形态为总着力点，呈现社会主义物质文明、政治文明、精神文明、社会文明和生态文明；就中观的社会环境来说，着眼于人民美好生活的实现，要求以全体人民精神生活共同富裕为具体指向，构建现代化都市、文明社区、和美乡村人居环境等；就微观的各领域具体环境来说，着眼于人民群众精神面貌改善、精神境界提高，要求以社会主义核心价值观的培育与践行为引领，使包括自媒体平台、社交圈子等在内的个人日常生活场域不断呈现出清朗健康、文明和谐、诚信友善等特征。

# 第三节　思想政治教育功能发展

按照结构与功能的关系原理，思想政治教育结构决定着思想政治教育功能，结构的优化也必然促进功能的发展。思想政治教育的功能具有客观性、多样性、层次性、发展性的特点，其中"发展性是思想政治教育功能的重要特点，也是思想政治教育保持旺盛生命力之所在"[①]。思想政治教育功能主要体现为服务于人的发展和社会的发展，并随着社会和人的发展不断变化发展。某些功能得到强化，另一些功能可能受到一定程度的抑制，此外还可能产生新的功能。所以，从外部系统来看，社会主要矛盾作为社会系统的核心问题，其新时代转化所反映的生产力、生产关系和上层建筑组成的社会结构实在内容的变化，要求作为社会系统结构诸要素中的一个关键性要素的思想政治教育实现功能发展；从内部系统来看，其结构优化必然引起功能的发展。功能是结构的派生、是要素关系作用的反映，但功能发展与结构调整不是一一对应的关系，而是结构优化的综合体现。依据新时代社会主要矛盾转化的要求及思想政治教育结构的优化，功能的发展表现为价值引领功能、培育时代新人功能、人文关怀功能。从根本上说这三方面的表现不都是"产生的新功能"，而是基本功能的时代发展。

## 一、价值引领功能

社会层面供需矛盾的凸显表明，相较于以往把社会主义经济建设作为最大的"政治"，实现社会的全面建设和人的全面发展是中国特色社会主义新时代最大的"政治"，相较于以往更多地关注经济领域各种矛盾引发的问题，新时代思想政治教育应面向新的社会主要矛盾引发的更广领域产生的新矛盾和新问题。新时代思想政治教育社会结构的关系完善决定其发挥社会协调作用，系统结构的体系整合更好体现它的精神生产本质，要素结构的整体平衡决定其效果的整体性和针对性。综合来说，结构优化决定着思想政治教育拓展价值引领功能，即由以规范性功能为主向以发展性功能为主的发展、价值观传播功能向价值观先导功能的发展。

---

① 张耀灿.思想政治教育学前沿 [M].北京：人民出版社,2006:163.

（一）以规范性功能为主向以发展性功能为主的发展

思想政治教育的规范性功能体现在对个体思想和行为的规定和约束上，以达到实现个体的思想和行为同社会要求相一致的目标。规范性功能在思想政治教育的存在和发展中有着根本性意义，但它又不是唯一价值目标，也就是说不仅仅是以规约社会成员的思想和行为为落脚点，而是通过规范性功能这一中介来实现更高层次的功能，即发展性功能。发展性功能，主要体现在思想政治教育对人的思想道德素质和整体素质的培养和提高上。就这两者功能的关系来说，规范性功能是发展性功能的基础，发展性功能是规范性功能的目的，发展性功能主导着规范性功能。[①]中国特色社会主义新时代，社会物质文化生产为人的思想观念发展提供坚实基础，实现人民美好生活成为时代主题，思想政治教育需要突破对个体思想和行为的规范与约束，结合新时代社会发展理念和人自身的发展特点，立足人的现代化，有力影响人的思想政治素质的发展，以促进社会和个人全面发展，最大限度体现自身的价值合理性。

新时代社会物质文化生产为思想政治教育提供了坚实的基础，人们的美好精神生活需要为思想政治教育拓展了作用空间，同时经济社会发展的不平衡不充分在一定程度上和一定范围内造成的社会利益冲突给思想政治教育带来了挑战，这相较于人们聚焦于满足基本的物质文化生活需要阶段思想政治教育集中于规定和约束人们的思想和行为，要超越规范性功能，更多地以符合社会发展和个人发展的价值观念引导人们的价值判断和价值选择。新时代社会主要矛盾转化要求新时代注重包括生产关系、交往关系等在内的社会关系的调节，中国特色社会主义实践过程中的社会关系说到底是社会的利益关系。新时代社会主要矛盾的多元属性和多样呈现，体现了人民群众在经济、政治、文化、社会、生态文明等领域利益关系的复杂性。"利益一旦产生，即以某种方式反映在人们的意识中。要保护利益，必须对这种利益有所意识。"[②]从这个意义上说，思想政治教育的形成和发展就是社会的利益协调需要在思想关系领域里的具体表现。社会利益关系，包括个体利益与集体利益的关系，个人利益、社会利益与国家利益的关系，经济、政治、文化、社会、生态文明等领域的利益关系，等等。社会利益关系说到底属于关系范畴，需要以一定的价值标准来协调，所以，思想政治教育在协调社会利益过程中必然以正确的价值观引导人们的思想观念

---

① 杨威.思想政治教育的社会学研究[M].北京：中国社会科学出版社,2014:178-179.

② [苏]普列汉诺夫.普列汉诺夫哲学著作选集（第二卷）[M].上海：生活·读书·新知三联书店,1960:109.

的发展，使人们在社会主义实践过程中形成利益共识。面对新时代社会利益关系，思想政治教育以社会主义核心价值观来规范、引导人们的利益共识、政治共识和思想共识，以满足个人利益促进社会利益的实现，以实现社会利益为个人利益丰富提供条件，实现社会的全面建设和个人的全面发展。如思想政治教育实践过程中客体结构实现整体平衡，必然表现出各领域群体主观能动性的发挥，在把握自身利益需要中更好理解美好生活观，进而在奋斗创造中善于处理个人与他人、集体的关系，主动适应并积极推进个人与社会的现代化进程。

（二）价值观传播功能向价值观先导功能的发展

思想政治教育概念界定中，"施加论"最早被提出，使用也最广泛，即教育者有目的、有计划、有组织地对受教育者施加系统的影响，使社会成员形成符合社会发展要求的思想观念、政治观点、道德规范。这就是思想政治教育的价值观传播功能，是将国家意识形态为核心的价值观传播给受教育者，体现的是思想政治教育的"受动性"，即将体现着社会主流意识形态的具体思想观念传播给受教育者。而价值观传播还仅仅是思想政治教育过程的一个阶段，提高社会成员的思想政治道德素质，使受教育者不仅认知或接受某种价值观，更关键的是让受教育者能够将"知"转化为"行"，践行所传播的价值观。相较于"践行"这一步，可以说"传播"即思想政治教育活动第一步，价值观传播过程中，价值观作为"知识"，受教育者是相对容易对此形成正确的认识的，而将价值观落实在教育对象的行为上则相对困难。所以，思想政治教育发展过程中需要将价值观传播功能拓展为引领行为的价值观先导功能。价值观先导，体现的是思想政治教育引导人民群众具体行为的"能动性"。价值观作为一种"思想"或"观念"，它的能动性就体现在该价值观对行动的"先导"当中。"先导"就是用某种价值观引导受教育者实施某种具体"行为"。人的行为总是在某种价值观的引领下进行的。

中国特色社会主义新时代，社会主要矛盾发生转化，价值观先导功能作为有针对性的功能，是针对具体的国家行为而采取的价值观教育活动，所以，新时代思想政治教育的价值观先导功能就要落实在解决社会主要矛盾之中。不仅通过经济手段、政治手段、技术手段等这些具体的操作层面的手段来解决社会主要矛盾，还应该发挥思想政治教育的价值观先导功能，用价值观引导社会实践主体的思想意识这一"主观手段"，为解决社会主要矛盾先行提供价值观的引导，保证解决社会主要矛盾的正确方向。新时代社会主要矛盾转化也体现了人民群众对新时代社会发展的"价值诉求"和党中央对新时代社会发展的"价值承诺"，如民主、法治、公正、安全、环境等。这些"价值诉求""价值承诺"与共产主义远大理想、中国特色社会主义共同理想、社会主义核心价值观的基本关系，也要求思想政治教育发挥价值观先导作用，引导人们认识新时代社会主要矛盾的价值取向。实现人民群众美好生活作为中国特色社会主义实践的时代主题，美好精神生活是重要组成部分。人是有思想的存在，人总是通过思想为自己的生活提供价值指向，所以如何实现人的精神的自我认同，如何完善人民群众的精神生活，如何实现个人精神生活充裕与社会精神文明建设的统一，就首先需要新时代美好生活的价值观做支撑，即确立美好生活所必须具备的"价值理想"。对于个人来讲，实现美好生活的价值理想就是指个人在思想观念上对美好生活标准的理解和确立，主要指个人在社会生活和个人生活中的美德；对于国家和共同体来说，建构美好生活的价值理想就是构建共同体原则和秩序。新时代思想政治教育在这一过程中的价值观先导功能的发挥，即对社会成员的社会主义核心价值观的塑造和引导。解决不平衡不充分的发展，仍包含着价值观问题。"平衡""充分"是什么，为什么要实现"平衡""充分"，以及"发展"为了谁，这些都需要某种价值观来衡量，归根结底取决于我们的"发展观"，即关于发展问题的"价值观"。实现平衡充分的发展，需要确立先进的发展观，确立从"注重数量"向"数量和质量并重"的发展观。由平衡充分的发展促进社会主义现代化强国的实现过程中，又需要确立先进的国家观、财富观等等。这些价值观的确立，构成了解决新时代社会主要矛盾的"先导"。所以，拓展思想政治教育的价值观先导功能，是解决新时代社会主要矛盾的思想起点和前提，探索新时代社会主要矛盾转化过程中的价值观预设，使社会成员以符合新时代社会发展和个人发展的价值观引导其实践活动。

### 二、培育时代新人功能

"培养什么样的人"历来为中国共产党所重视，不同历史时期有不同的"新人"培育目标。"人们自己创造自己的历史"，时代发展赋予人更高的要求和更具体的任务，新时代造就了时代新人，时代新人成就新时代。育人功能作为思想政治教育的基本功能，随着时代的发展而丰富发展，新时代思想政治教育发挥培育时代新人功能，包括彰显育人的时代特征、提升时代新人的思想政治道德素质培育人民美好生活的实践主体、超越思想政治教育的焦点领域和焦点对象完善时代新人的培养对象结构。

（一）实现育人连续性与阶段性的统一

思想政治教育的目标从根本上来说是要实现社会全面发展和人的全面发展。它是提升人们参与符合广大人民群众根本利益的社会活动的积极性，培养社会发展所需要的人；也是提升人的精神境界促进人的自由全面发展。这两方面都反映了"培养什么样的人"是思想政治教育的核心问题，即把育人功能作为思想政治教育的基本功能。同时，思想政治教育目标具有阶梯递进性，未来目标集中体现了马克思主义的崇高使命、未来社会的美好性和共产主义的理想人格，现实目标是以未来目标为指向的现实发展阶段中实现人与社会协同发展过程中人的思想行为的预期。所以，"培养什么样的人"具有阶段性的特点，也就是说，思想政治教育的育人功能在不同时期有不同的特点和要求。在革命战争时期，思想政治教育是"以共产主义精神教育广大的劳苦民众，使文化教育为革命战争与阶级斗争服务"①，培养适应革命斗争的革命者；社会主义建设时期，思想政治教育动员广大人民群众投身社会主义建设，"应该使受教育者在德育、智育、体育等方面都得到发展，成为有社会主义觉悟的有文化的劳动者"②，培养无产阶级革命事业的接班人；改革开放新时期，思想政治教育动员广大人民群众投身社会主义现代化建设，培养社会主义新人和中国特色社会主义事业的合格建设者和可靠接班人，"教育全国人民做到有理想、有道德、有文化、有纪律"。中国特色社会主义新时代，面对实现人民群众美好生活、实现中华民族伟大复兴，思想政治教育就是要"培养德智体美劳全面发展的社会主义建设者和接班人"③，培养"立大志、明大德、成大才、担大任"的堪当民族复兴重任的时代新人。

正如党的二十大报告中对青年的寄语："广大青年要坚定不移听党话、跟党走，怀抱梦想又脚踏实地，敢想敢为又善作善成，立志做有理想、敢担当、能吃苦、肯奋斗的新时代好青年，让青春在全面建设社会主义现代化国家的火热实践中绽放绚丽之花。"④这既表达了青年群体的时代要求，也要求新时代思想政治教育要有时代针对性，彰显出阶段性特征。具体来说，聚焦于"有理想、敢担当、能吃苦、肯奋斗"，立足青年的群体特点、成长时间轴和结构平衡，结合

---

① 毛泽东同志论教育工作 [M]. 北京：人民出版社,1958:15.

② 毛泽东文集（第 7 卷）[M]. 北京：人民出版社,1999:226.

③ 习近平在全国教育大会上强调：坚持中国特色社会主义教育发展道路 培养德智体美劳全面发展的社会主义建设者和接班人 [N]. 人民日报,2018-09-11(01).

④ 习近平：高举中国特色社会主义伟大旗帜 为全面建设社会主义现代化国家而团结奋斗——在中国共产党第二十次全国代表大会上的报告 [M]. 北京：人民出版社,2022:71.

新时代的机遇与挑战，运用包括内容、方法、环境等在内的系统结构的体系整合，着力进行理想信念教育、责任使命感教育、锤炼意志教育、伟大奋斗精神教育，以培养理想信念坚定、本领过硬、创新创造、艰苦奋斗、品格高尚的时代新人，从而实现青年的成长成才与现代化强国建设的同频共振。

（二）培养实现人民美好生活的实践主体

新时代思想政治教育培养担当民族复兴大任的时代新人，意味着思想政治教育保障了创造人民美好生活的实践主体。从时代新人的思想政治品德素质来看，首先要坚定理想信念，这对应的是理想信念培育功能。"美好生活"的价值理想与我们追求的共产主义远大理想和中国特色社会主义共同理想具有方向的一致性和实现过程的渐趋性，包括全面丰富的物质文明、政治文明、精神文明、社会文明和生态文明，体现着社会全面进步和人的全面发展的统一。在人们追求美好生活的过程中发挥理想信念培育功能，最大限度地凝聚起社会成员为美好生活而奋斗的目标共识和精神力量。其二，发挥价值观念指引导向功能。人民群众生活的"美好"判定标准，可称之为"美好生活观"，美好生活的创造和享有首先从认识上依赖于正确价值观的引导。人民群众的美好生活是一个复杂的体系，是每一个社会成员生活的综合体，一方面需要将个人美好生活与集体美好生活相统一，让美好生活追求成为社会的共同价值目标；另一方面需要将物质生活、政治生活、文化生活、社会生活、绿色生活的"美好"统一起来，形成美好生活的内涵价值。思想政治教育以社会价值与个人价值相统一的美好生活观为指导，引导人们将对美好生活向往的个人需要与推动国家发展的社会要求有机统一起来，实现人民群众美好生活的共建共享。其三，激发主体的劳动创造。人民群众是美好生活的创造主体，人类生活在本质上是实践的，创造美好生活的实践说到底是人民群众的劳动过程。不断实现社会平衡充分发展过程中，伴随着包括生产方式在内的社会交往方式发生大的变化，必然使社会利益关系、利益形式也呈现出多样化、复杂化、冲突性等变化着的特征，这就可能造成人们自身利益的获得取向出现偏斜、利益获取方式多种多样，从而在一定程度上和一定范围内形成错误的劳动观念。基于此，思想政治教育开展劳动精神教育，依据马克思主义劳动观，引导创造主体在观念上崇尚劳动、尊重劳动、乐于劳动，在日常生活实践中辛勤劳动、诚实劳动、创造性劳动，从而使广大人民群众为实现美好生活习得、积累创造创新的本领。

（三）完善时代新人的培养对象结构

从时代新人的培养对象来看，结合新时代思想政治教育结构优化，需要突破以往的焦点领域和对象，实现思想政治教育场域、区域、关注对象的平衡，充分发挥培育时代新人的功能。长久以来思想政治教育对象以青少年和领导干部为重点对象，所以讲到思想政治教育的育人功能，一定程度上会将其局限于党内、学校和军队。"时代新人"是人民群众美好生活的创造主体，并没有领域、人群、区域的"限定"，包括所有参与新时代中国特色社会主义实践的建设者。所以，新时代思想政治教育培育时代新人功能的发挥，要实现教育场域的平衡。不仅仅集中于高校学生、军队青年的培养，更要关注各级各类学校学生的理想信念、创造本领、高尚品格的培育，对企事业单位职工、新兴行业青年、城镇青年等包括青年群体在内的广泛社会群体的教育引导。实现区域育人的平衡。经济发展水平存在着区域之间的不平衡，这受制于地理环境等客观条件和社会整体发展战略，而培育时代新人不能因区域发展水平有别而出现空场，并且不同区域的美好生活创造也不因经济水平而被打折扣。思想政治教育基于经济发展水平的不同，发挥区域特色，培育社会成员创造美好生活所应具备的健全人格和本领才干。如以乡村全面振兴推进农业农村现代化建设中，农村思想政治工作着力推动乡村文明实践，提高农村劳动力的科学素养、绿色生态观念、奋斗幸福观念等全面发展素质，以农村"人"的现代化和人才振兴战略，激发农村青年群体的劳动创造；再如，基于蕴藏红色革命文化的区域，培育时代新人可以依托革命文化育人使社会成员坚定理想信念、增进人民情怀、培养艰苦奋斗精神，激发其创造美好生活的精神动力和创造活力。

### 三、人文关怀功能

思想政治教育发挥人文关怀功能，是践行以人民为中心的发展思想，推动其基本理念由社会本位向以人为本拓展、致力于重心由社会教化向人文关怀拓展。基于新时代人民群众在基本的物质文化需要基础上提出了更高层次、更多样化的需要，思想政治教育系统结构与要素结构的优化，要求把以人民为中心的发展思想所倡导的为了人、尊重人、关心人、解放人和塑造人落实到思想教育的实处，以思想或精神领域的关怀提升人民群众全方位的"获得感"，调适制约人民创造美好生活的思想矛盾，建设积极、向上、平和、理性的社会心态。

（一）践行以人民为中心的发展思想

新时代社会主要矛盾转化体现和要求新时代中国特色社会主义现代化建设进程中坚持以人民为中心的发展思想。以人民为中心是以人为本的深化和时代表达，是实现社会全面建设和人的全面发展的必然要求。思想政治教育在社会主要矛盾转化所营造的复杂社会境遇中必然需要坚持以人民为中心的发展思想，注重人民群众在政治、社会、生态等领域内的需求，坚持人民性是美好生活的基本属性，实现社会主义意识形态在围绕人民、关照美好生活过程中的有效传播与主导，推动其基本理念由社会本位向以人为本拓展、致力于重心由社会教化向人文关怀拓展。

由社会本位向以人为本拓展，实际上是新时代条件下思想政治教育社会本位观的积极拓展。社会的整体发展与个体的全面发展是辩证统一的，思想政治教育既促进个体的全面发展，也必须以国家和集体的发展为前提和基础。革命时期，思想政治教育为无产阶级革命服务，必须以社会整体发展为唯一目标，树立社会本位的基本观念；社会主义建设时期，经济建设为中心仍然要求思想政治教育激发人们参与经济建设的热情和创造力。新时代思想政治教育为实现人民美好生活服务，要求将关心人、尊重人、教育人有机结合，从注重体现政治价值、社会价值向关注个体价值倾斜，关切人民群众的正当利益，在塑造他们的思想性、政治性和道德性基础上完善其社会性。立足马克思主义的立场观点方法，人文关怀是对"现实的人"的生存状况的关注、对人的尊严与符合人性的生活条件的肯定，以及对人类的解放与自由的追求。思想政治教育从"现实的人"的需要出发，引导"现实的人"在满足其需要的过程中积极推动社会整体的发展，要求其着力点由社会教化向人文关怀拓展。面对社会需求侧一方的复杂化和不平衡不充分的发展引发的新的各式各样的思想观念问题和社会实际问题，思想政治教育在对阻碍人民创造美好生活的思想行为进行修正、约束和规范的同时，更多是关照人民群众体验美好生活过程中的思想困惑与精神压力，以社会主义核心价值观和美好生活观引导人们在各种价值观念的冲突中、在各种层次精神生活的选择中，作出实现人的现代化的价值判断和价值选择。

（二）提升人民群众全方位的"获得感"

人民获得感是以习近平同志为核心的党中央基于马克思主义的人民主体思想，把握新时代社会主要矛盾转化提出的，彰显了中国共产党人坚持以人民为中心的发展思想和把人民对美好生活的向往作为奋斗目标的价值追求。"获得感"是在生活实际获得基础上形成的相应的主观感受，"获得"是获得感的基础，而"获得"是相对于获得者的"需要"来说的，所以，"需要"是"获得感"能否实现以及实现程度如何的根基所在。①人的需要是多种多样的，并且是不断发展的，新时代人们在满足基本的物质文化需要基础上提出了美好生活需要，大体上粗略地可将其划分为物质性需要和精神性需要。由上述我们对新时代社会主要矛盾转化形成的社会历史条件，以及对人民美好生活需要的具体分析，可知精神性需要在新时代更加凸显。思想政治教育作为直接满足人们精神性需要的社会教育活动，满足人们的美好生活需要进而提升人民获得感，就提出了"思想政治教育人文关怀"的时代命题。

基于人们的物质性需要和精神性需要，思想政治教育包括物质关怀和精神关怀，其中精神关怀是直接体现为对教育对象进行适应社会发展、适合个人发展的思想、政治、道德、法律等价值观念的教育与引导，使教育对象能够从中获得精神性需要的满足。精神性需要主要指人的精神生活及其发展的需要，精神性需要的满足形成的思想力量又可以转化为人们满足物质性需要的物质力量，这即是精神关怀转化为物质关怀的过程，如此，思想政治教育给广大人民群众带来物质的与精神的全方位的"获得感"。同时，提升人民群众全方位的"获得感"，还要求依据思想政治教育要素结构的整体平衡，满足全体人民的美好生活需要，体现满足对象的整体性。人民美好生活需要是全体人民的普遍权利，中国式现代化的特征是全体人民共同富裕、物质文明和精神文明相协调，不是一部分人的部分美好生活需要得到满足，而另一部分人的部分美好生活需要得不到满足，思想政治教育人文关怀是整体的现实的人的物质关怀和精神关怀，激发人民群众对美好生活需要的追求，引导人民群众正确认识自身需要与他人需要、个人利益与集体利益的关系，树立全体人民意义上的需要观。

（三）培育积极、健康的社会心态

新时代社会主要矛盾转化集中反映的是社会关系，在其呈现的时代特征中，社会利益关系表现突出，要求在实现人的现代化进程中注重利益调节。利益调节是利益冲突的要求，利益关系影响社会心理状态。改革开放以来，尤其是市场经济成熟，再加之互联网、信息技术的快速发展，形成了经济收入分化、利益差异显性化、价值取向多元化等特征的"社会存在"，反映在社会群体总体性心理倾向和情绪态度上，就呈现出整体上向好又局部多样化的特征，包含着消极、非理性的社会心理状态，比如，趋利主义、物质利益至上的社会心态，不

① 王习胜.思想政治教育人文关怀的理论与方法研究[M].北京：人民出版社,2018:01.

同社会阶层在激烈的社会竞争中存在着社会心理失衡的"症候群",因社会风险和不确定性而产生的焦虑、迷茫心态,社会诚信危机,等等。党的十八大报告中指出:"加强和改进思想政治工作,注重人文关怀和心理疏导,培育自尊自信、理性平和、积极向上的社会心态。"①党的十九大报告重申社会心态建设,在社会治理过程中,"加强社会心理服务体系建设,培育自尊自信、理性平和、积极向上的社会心态"②。"心理疏导本质上就是人文关怀,也就是说,人文关怀有许多领域和方面,心理疏导便是其众多领域和方面之中的一个领域或一个方面。"③

思想政治教育之所以能够为心理疏导、社会心态建设助力,是因为人们的思想认识和价值认同在一定程度上会影响社会心态的形成和嬗变。影响社会心理、社会心态的因素,有物质利益层面的冲突,也有思想观念层面的问题,同时物质利益层面的冲突实质上又是观念认识不到位所致。所以,新时代思想政治教育要及时地、动态地关注社会心理心态的波动状况,在引导人们思想认识和价值观养成的过程中加强心理疏导,关切人民群众利益,及时有效地对人民群众进行心理调适,以社会主义核心价值观增进不同群体之间的社会共识,形成平和、理性的社会心理,培育积极、健康的社会心态。如思想政治教育作用于中国式现代化中的全体人民共同富裕的现代化、物质文明与精神文明相协调的现代化,就凸显出其通过对人的精神生活的良性建构助力全体人民共同富裕,具体来说,就是引导民众形成关于共同富裕的良性认知、坚定信念和正向价值观,以确立"发展是实现共同富裕的硬道理""平衡好发展与共享之间的关系""勤奋有回报"等关于共同富裕的态度、实现路径的信念和信心,从而形成现代化进程中积极的社会心态基础。又如,面对数字技术传播给社会心态的形成及其治理增加的全新特征,思想政治教育社会结构的关系完善、客体结构的整体平衡,其作用聚焦于网络空间、聚焦于新兴行业或从业人员,营造"风清气朗"、生态良好的网络空间环境,引导网民对社会现象或社会事件在网络上的"发酵""网红"经济等的辨别辨识、判断表达、价值观养成,涵养网民理性、健康的心态。再如,面对经济压力引发的社会焦虑情绪、社会风险和不确定性导致的迷茫心态,社会主义核心价值观培育和践行的日常生活化,可以作为一个相对固定的"锚",帮助广大人民群众理解"经济发展后还会遇到新的问题"

---

① 胡锦涛.坚定不移沿着中国特色社会主义道路前进 为全面建成小康社会而奋斗——在中国共产党第十八次全国代表大会上的报告 [M].北京:人民出版社,2012:32.

② 习近平.决胜全面建成小康社会 夺取新时代中国特色社会主义伟大胜利——在中国共产党第十九次全国代表大会上的报告 [M].北京:人民出版社,2017:49.

③ 王习胜.思想政治教育人文关怀的理论与方法研究 [M].北京:人民出版社,2018:161.

这样的社会发展规律，养成"在发展中解决问题"的辩证思维，从而提升群众对经济社会发展的信心，培育更积极、良好的社会心态。

# 第四节　思想政治教育结构优化和功能发展的统一

要素、结构和功能作为系统的基本组成部分，结构是系统之"核"，根本上决定系统的存在状态，又通过功能来表明系统运行状态的价值和意义。思想政治教育系统的结构与功能就表现为它的存在状态和运行方式。结构和功能的变化，使其呈现出与过去不同的结构特点和功能表现，总体上形成思想政治教育新形态。新时代社会主要矛盾转化下思想政治教育结构优化表现为它的社会结构的关系完善、系统结构的体系整合、要素结构的整体平衡，结构优化催生功能拓展，包括思想政治教育的价值引领功能、培育时代新人功能、人文关怀功能。这一结构优化与功能拓展，形成思想政治教育整体性形态。整体性形态，符合整体性成为新时代中国特色社会主义实践的重要战略思维、整体性发展成为我国发展的主导形态，要求新时代思想政治教育发展中增强系统性和协同性。

## 一、思想政治教育结构、功能与形态

"形态"在《现代汉语词典》被释义为："①事物的形状或表现；②生物体外部的形状；③词的内部变化形式，包括构词形式和词形变化的形式。"[①] 日常生活中，"形态"常被人们用来描述事物的现象或存在的状态，"形"是事物的静态体现，表明具体性、稳定性，"态"则是事物的动态展现，表明灵活性、变动性。"形态"在思想政治教育领域也被使用，尽管没有形成统一的、系统的理论界说。有著作中这样认为，"思想政治教育的形态发展，是指思想政治教育运行方式和整体特征的转换，主要呈现为传统思想政治教育形态向主导式、交往式和网络式的思想政治教育的转换"[②]。有将研究范式与形态结合起来，提出思想政治教育理论新形态是"以现实问题研究为核心基点，以'论'、'史'、'比较'为主要支撑"[③]。还有从思想政治教育发展历程出发，认为它经历了三种形态，依次是以群众运动的方式展开的意识形态型思想政治教育、以学科建设和科学理论研究的方式展开的学术型思想政治教育、以赋予群众实践合规律的目

---

① 现代汉语词典 [Z]. 北京：商务印书馆,2012:1459.
② 张耀灿,郑永廷,吴潜涛,等. 现代思想政治教育学 [M]. 北京：人民出版社,2006:95.
③ 沈壮海. 论思想政治教育理论研究的新范式与新形态 [J]. 思想理论教育导刊,2007(02):40.

的性的方式展开的面向生活型思想政治教育；①改革开放以来的社会实践进程推动思想政治教育从一元性形态向主导性形态转型；②中国共产党思想政治教育正在经历由传统形态向现代形态转型。③从思想政治教育实践活动的根本性要素，如实践方式、主体、时间、空间等作为标准，对思想政治教育形态做类型化区分，包括实践形态、主体形态、时间形态、空间形态。④依据主要领域、组织化水平、呈现方式等核心要素，思想政治教育形态可划分为日常生活形态、公共生活形态、虚拟空间形态，自发形态、经验形态、制度形态、科学形态，泛在形态、隐性形态、显性形态。⑤从思想政治教育现代形态的具体建构出发，认为人的现代化从根本上预置了思想政治教育形态演进的现代内核，以人的现代化为基本尺度与标准对思想政治教育系统进行现代性形塑；⑥思想政治教育结构是其存在发展的本体，只有对思想政治教育结构形态的现代化建构，才能促进思想政治教育的现代化发展。⑦等等。

有关"思想政治教育形态"的概念使用和理论研究，表明该领域尚未形成关于其形态的统一认识。大多数观点是从自己的研究视角出发对思想政治教育的具体形态的认识和提炼，有活动方式、历史进程、学科研究、教育方式、时代特点、领域空间等等；还有就是以突出思想政治教育系统某一要素而形成的形态，或者说是按照要素来划分思想政治教育具体形态，当然这些突出要素的变化发展是特定时空境遇和人的发展诉求的体现；也有从形态学的角度立足思想政治教育元问题，就"形态是描述事物发展状态的范畴"来描摹思想政治教育的外在样态、内部结构及发展规律。

这里，我们由要素、结构与功能来理解"形态"。事物都是由要素组成，要素间的联系形成结构，结构内外作用时所表现出来的能力又称之为功能。要素、结构与功能是"系统"的主要体现，且"系统"的存在状态、运动形式和性能表现是由作为"系统"之"核"的"结构"从根本上决定的。系统的存在状态、运行方式和性能表现，即系统的形态，所以，系统的结构和功能表现为系统的形态，结构和功能的变化，总体上形成系统的新形态。思想政治教育作为一个

① 孙迎光.思想政治教育的三种形态[J].河海大学学报(哲学社会科学版),2016(02):24-27.
② 石书臣,靖守侠.论主导性思想政治教育形态[J].广西教育学院学报,2009(02):01-05.
③ 孙其昂.思想政治教育现代转型研究[M].北京:学习出版社,2015:25.
④ 叶方兴.论思想政治教育形态[J].学术论坛,2019(04):120-130.
⑤ 杨威,陈毅.思想政治教育形态问题初探[J].思想理论教育,2020(01):55-56.
⑥ 杨威,丁丽.人的现代化与思想政治教育的现代形态[J].思想理论教育,2023(08):26-32.
⑦ 杨威,张会静.思想政治教育结构形态及其现代化[J].学校党建与思想教育,2024(01):18-23.

复杂的巨系统，其形态不仅仅以要素的特征来认识，而更应该以要素构成的结构和体现的功能来认识。因此，本书立足结构与功能这一基本范畴来把握思想政治教育的新形态，依循结构优化与功能拓展来认识、归纳思想政治教育的新时代形态。这一形态归纳实际上是关于思想政治教育本体论的新时代思考，即社会主要矛盾转化作为中国特色社会主义新时代的显著标志，新时代思想政治教育在这一视域下的样态如何，是关乎其具体发展的最基本问题。

### 二、思想政治教育整体性形态

结构与功能表现为形态，新时代社会主要矛盾转化视域下思想政治教育的结构优化和功能拓展，即社会结构的关系完善、系统结构的体系整合、要素结构的整体平衡和价值引领功能、培育时代新人功能、人文关怀功能，使思想政治教育形态表现为整体性形态。

新时代社会主要矛盾转化是社会供需矛盾的凸显，相较于经济层面的供需矛盾，集中反映和要求新时代中国特色社会主义实践由追求物质文明、政治文明、精神文明、社会文明、生态文明、人的全面发展这一个个要素性发展，到实现包括这些"要素"在内的整个社会发展和人的发展的统一，即整体性发展。把握新时代社会主要矛盾转化，是认识新时代社会发展的逻辑起点，整体性发展成为我国社会发展的主导形态。思想政治教育与整个社会大系统之间的生态关系，必然要求其关注生产方式、交往方式的巨大变化充分体现在人们的思想观念和价值行为的差异性，从而调整自身结构、拓展相应功能，凸显其凝聚人们共识、激发人们创新创造活力和引领人们美好生活追求与实现的地位和价值。所以，新时代社会主要矛盾转化过程中的思想政治教育结构与功能的创新发展，与社会发展的主导形态一样，综合表现为整体性形态。"整体性的实质含义是指系统结构的有序性，即构成系统的诸要素之间或内部在具有了协调关系的基础上所形成的一种稳健有序的结构，从而使系统拥有了不同于个体的部分或要素的整体性功能。"[1]思想政治教育的整体性形态，是其结构有序性调整和功能增进性发挥所表现出的彰显系统性和协同性的新时代存在状态和运行方式。

思想政治教育社会结构关系形成其在整个社会系统中的存在状态和运行方式，其社会结构关系完善，使其受制于并服务于包括经济政治文化社会生态文明建设在内的社会主义现代化强国建设，表现为在社会系统中思想政治教育的

---

① 邱耕田.论整体性发展 [J].北京大学学报（哲学社会科学版),2017(05):05.

整体性形态。思想政治教育系统结构体系形成其自身的存在状态和运行方式，其系统结构的体系整合，使其主体、客体、介体、环体自觉适应社会环境的发展变迁，从教育者、受教育者到目标、内容以及方式、载体、环境等各自作出适合新时代社会境况与人的发展诉求的调整，相互配合、协同共进，并且使这些要素组成的活动过程的各个环节呈现有序、稳定的发展态势，表现为思想政治教育自身系统运行中的整体性形态。思想政治教育要素结构形成其各要素内部的存在状态和运行方式，其要素结构的整体平衡，使其主体、客体、介体、环体各个要素内部平衡协同，发挥专兼职思想政治教育者的协作，注重各场域、区域、对象的平衡，充分利用各类资源，表现为各要素内部的整体性形态。思想政治教育这三个层次的结构作用关系又从总体上形成思想政治教育系统的存在状态和运行方式，与社会大系统的生态关系、自身系统的有效运行、各要素内部的平衡存在是相辅相成的，以客体结构的整体平衡辐射其他要素结构的平衡，必然要求和带动系统间要素综合作用的协同运行，从而在社会大系统中自然凸显自身的位置和价值发挥，即表现为思想政治教育系统的整体性发展形态。

结构决定着功能，功能体现系统存在的价值和意义。新时代思想政治教育结构优化决定着其功能的增进性发挥，使其拥有了不同于各部分或各要素的整体性功能。以规范性功能为主向以发展性功能为主的增进，由价值观传播功能向价值观先导功能的发展，是思想政治教育在社会系统中"生命线"地位和作用的新时代要求，是整体性功能发挥的核心呈现。坚持育人连续性与阶段性的统一，充分发挥培养人民美好生活实践主体的时代新人功能，是思想政治教育系统结构体系整合的新时代体现，是整体性功能发挥的实践指向；践行以人民为中心的发展思想，提升人民群众全方位的"获得感"，培育积极、健康的社会心态，是思想政治教育要素结构平衡的新时代体现，这一人文关怀功能是整体性功能发挥的基础保证。价值引领功能作为"核心呈现"、培育时代新人功能作为"实践指向"、人文关怀功能作为"基础保证"，这就使新时代思想政治教育功能发挥过程中正确处理主导性与多样性的关系，实现功能的增进性发挥，做到政治引领主导性与价值凝聚多样性的统一，即思想政治教育系统发挥着不同于某一方面或某一要素的整体性功能。

新时代思想政治教育结构优化与功能拓展表现出的整体性形态，实际上是整体性发展形态，以整体性发展战略思维为指导，符合整体性发展为社会发展主导形态，是对思想政治教育要素性发展形态的超越。要素性发展是强调某一要素或部分在某一阶段的发展，突出其绝对化或唯一化；整体性发展与之相对应，强调各要素或部分的关联性、有序性，突出协调发展和持续发展。新时代思想政治教育整体性形态，就是建立在"整体人"的"整体发展"基础之上，即结合广大人民群众的各种需要、"全面自由发展"总体特征，突破焦点对象领域，协调全民美好生活观与社会平衡充分发展观深入人心，充分巩固其在社会大系统中的"生命线""中心环节"地位和作用，以价值引领功能激发群众强化共同利益，进而凝聚共识、主动投身自身实际领域的深化改革实践，实现个人发展与社会发展的统一。

### 三、新时代思想政治教育发展的系统性和协同性

思想政治教育的整体性形态，要求新时代思想政治教育在发展过程中增强系统性和协同性。系统性是其发展的前提，即系统性存在；协同性是其发展的方式，即协同性运行。

（一）发展的前提：思想政治教育的系统性存在

思想政治教育的整体性形态，首先要求确立好其新时代发展的前提是系统性存在，即以整体性观照每一层级的结构要素，增强结构要素的关联性和集成性。

作为社会巨系统的组成部分，新时代思想政治教育要以整体性处理好与社会巨系统的"生态"关系，在国家治理体系中增强与社会系统结构其他要素间的联系和结合。比如，思想政治工作与经济发展的关系，前者是建立在后者基础之上，前者的成效又为后者助力，面对新时代社会主要矛盾的实践样态，思想政治工作要传播新发展理念，在新就业组织、新兴科技企业等"出场"，发挥价值引领功能调节群众利益满足、激发群众创新创造活力；思想政治工作与生态文明建设的关系，中国式现代化是人与自然和谐共生的现代化，新时代思想政治工作最直观的要求就是其内容要增加生态文明教育；等等实例表明，"增强联系和结合"就是要抓住新时代的实践际遇、理论际遇等，来保证思想政治教育与社会其他实践活动的系统化存在。实践际遇，从宏观来说即社会主要矛盾转化反映的新问题，急切要求思想政治教育在处理与社会巨系统的"生态"关系中完善自身工作体系；理论际遇，从总体上来说即党的创新理论为完善思想政治工作体系提供科学方法论指导，它既遵循理论指导又将党的创新理论与时俱进、有效地武装群众。

思想政治教育者、教育对象、内容、话语、载体、方法、环境等要素构成

主体客体介体环体的体系化，要以整体性确证其发展过程中的系统性存在，即各要素的变化和变动要相互间进行、其可塑性和创新性要一体化呈现。比如，新时代塑造广大人民群众的美好生活观、实现人民美好生活，推进人民群众物质生活和精神生活相协调的共同富裕，思想政治教育体系作用于此，不仅仅是其中的内容设计要突出美好生活观的价值引领，同时也要求工作者的总体价值理念以人的需要为本、对象覆盖面突破焦点领域、方法选取上结合人们追求精神生活富足的特点、话语选择上侧重生活化图像化等各要素都做出适应性的变化。因此，"相互间进行、一体化呈现"就是新时代思想政治教育体系各要素如此相互联动、一体作用，构成变动着的、发展着的系统性存在，为实现结构要素间运行的合力成效提供科学前提。

思想政治教育是复杂的活动，有人的地方，就要开展思想交流、观念引导等实践，所以，其中的工作者、对象、内容、方法、载体、话语等主体客体介体环体等各要素是复杂多样的，在其发展过程中同样需要以整体性来厘清各要素内部的系统性存在。比如，思想政治教育对象结构的系统化存在，就是要聚焦于实现社会各领域多行业平衡充分发展，突破以往焦点领域，在以往建制不健全的领域、新兴行业领域、新兴职业从业者中客观分析对象的思想行为特点和利益需求，为工作者选取合适的内容与话语、载体与方法凝聚对象的价值共识和激发对象参与深化改革活力，提供基本前提。再如，思想政治教育内容结构的系统化存在，要坚持主导性与多样性、稳定性与发展性相统一，既突出社会主义意识形态本质特征又立足广大人民群众与时俱进的获得感和幸福感，具体说来，形成马克思主义立场观点方法、党的创新理论、新时代社会发展战略布局、美好生活主题、人民群众社会心态、道德与法律规范等的作用于教育对象的具体内容系统。思想政治工作者队伍结构的系统化存在、方法体系结构的系统化存在、话语体系结构的系统化存在等等，如此，以各要素内部的系统化促进思想政治教育整体的系统化构建。

（二）发展的方式：思想政治教育的协同性运行

思想政治教育的整体性形态，不是静态的呈现，是动态的运行，在确立好系统性存在的发展前提下，更强调发展过程中的协同性运行，即以整体性协调每一层级结构要素的发展方式，增强结构要素变化的融贯性和效能性。

思想政治教育社会结构的协同运行，就是要将思想政治工作在社会巨系统中"社会主义意识形态主导与灌输"这一作用于"意识形态工作极端重要性"的本质体现得淋漓尽致。具体来讲，就是将思想政治工作置身于经济社会发展、社会思想状况、文化强国建设、信息技术变革趋势、国际形势等方面，以此现实联结充分发挥它们的融贯协作。如立足经济社会发展中的新发展格局与不平衡不充分问题突出，以高质量发展和新质生产力为主要内容加强经济宣传和舆论引导，以经济社会发展大势提振人们对发展的信心，凝聚广大人民群众投身促进经济发展的创新创造活力；面对各种思潮各种文化观念在社会成员中的激荡交锋，思想政治工作坚持马克思主义理论宣传，引导广大社会成员认识马克思主义立场观点方法，以中国化时代化的马克思主义批驳新自由主义、历史虚无主义、享乐主义、拜金主义等错误思潮、错误观念，巩固马克思主义在意识形态领域的指导地位；助力文化强国建设，要求思想政治工作落实"两个结合"的根本要求，以文化人、以文育人，深化社会主义核心价值观在各群体中"落小落细落实"，走稳社会主义文化发展方向，增强广大人民群众的文化自信自觉自强；面对信息技术变革趋势，顺势而为，将大数据、人工智能适时运用于思想政治工作，推进其数字化发展，同时更好抢占网络的意识形态主阵地，以"风朗气清"的网络空间增强主流意识形态的引领力和影响力；就国际形势来说，百年未有之大变局中，思想政治工作要有国际视野，面对西方国家的打压遏制、炒作反华议题、大国博弈中的舆论战等，敢于善于斗争，掌握意识形态工作主动权、主导权，增强国际传播能力，讲好中国故事、讲好构建人类命运共同体的故事。

　　思想政治教育系统结构的协同运行，就是新时代以来"完善思想政治工作体系"的不断部署，"思想政治工作"到"思想政治工作体系"用语的变化，正是对思想政治教育作为系统性存在、发展过程中协同性运行要求的写照。"构建新时代思想政治教育体系"，要求系统内各要素依据新时代赋予思想政治教育的新目标和新任务做出协同性的变化，而不是主体与客体、客体与内容、内容与方法、载体与环境等要素之间存在着不同步、不协调的矛盾特征。比如，目前在一定范围内和一定程度上经常出现的问题，思想政治工作体系中围绕党的创新理论所进行的内容要素发展较快，即相关工作者积极进行理论阐释、自觉丰富教育内容等，与载体、方法、话语、队伍、环境等要素的发展不匹配，这样的不平衡就阻塞了工作体系运行的通畅性、削弱了工作体系的作用合力，教育主体自身搞得"如火如荼"，凝聚共识的实际效果微乎其微。如此，思想政治教育整体性形态要求其体系中各要素随着新目标和新任务做出同步、协调的适应性变化，以不断调节相互协作过程中的矛盾关系，增强要素间相互关联的开放性，促进工作体系的通畅性，实现效能的最大限度发挥。

思想政治教育要素结构的协同运行，是整体性形态发展中最基础的层级要求，即主体要素、客体要素、内容要素、方法载体要素、环境领域区域要素等内部结构组成部分适应性变化的平衡协作。比如，思想政治教育作用领域的平衡协作，以整体性视野观照其运行的协同性，需要打破作用于少数实践领域的局限性，探索所有领域思想政治工作体系运行，具体来说就是在军队、党政机关、学校、农村、社区、国有企业这些"传统""成熟"的实践领域发挥成效外，建构新兴科技领域、新型从业职业者领域、数字化传播领域等的实践工作体系；再聚焦于某一实践领域来讲其中的平衡协作，如就上述学校思想政治工作具体来讲，思想政治理论课是它的主渠道，而这一主渠道取得实效又要分学段，注重学段间的衔接性和渐进性，即当前相关工作者致力于的"大中小学思政课一体化建设"；接着是学校思想政治理论课建设，就其中所运用资源的平衡协作来谈，"大思政课"建设即是如此，开发更多的实践教学基地和教学资源库，强调将思政小课堂与社会大课堂结合起来。再如，思想政治教育方法要素间的组合运用，面对不同领域的不同受众，教育者依据相应情形和多样特点，综合选取运用适当的方法，包括理论宣传方法、实践教育方法、思想转化方法、心理疏导方法、网络教育方法等等，并处理好方法间的组合关系和运用模式，大大提高工作实效。思想政治教育内容要素间的相互补充、话语要素间的相互融合、队伍结构间的开放团结、资源要素间的共享利用等，都是如上述举例中要素结构在具体发展过程中的配合和协助，以增强要素结构最大限度助力系统整体效能的发挥。

由以上分析，以整体性增强新时代思想政治教育发展方式的协同运行，总体来说，是以社会结构系统的协同运行为目标指引，以自身系统结构的协同运行为活动过程，以各要素结构的协同运行为具体落实，来充分实现其价值引领功能、培育时代新人功能和人文关怀功能。另外，就发展结果来看，以思想政治教育系统各层次结构要素的协同保证发展过程每一环节的协同运行，每一环节内部的协同促进各个环节间的协同运行，各个环节过程呈现稳定、有序、良好的发展态势，实际上实现的是思想政治教育过程与目标的横向协同；再者，阶段性与连续性相统一，表明了时间阶段上的协同运行，即新时代思想政治教育与历史长河中思想政治教育发展历程的纵向协同。

# 第五章　思想政治教育内容和形式的创新发展

　　内容与形式作为一对基本范畴，是事物统一体的两个方面、二重体现。选取实践操作层面上关于内容和形式的认识，即实践蕴含着的思想理论内容与其表现和实现效果方式。简要来说，内容与形式，是实践的内容与形式。新时代社会主要矛盾转化视域下思想政治教育结构优化与功能拓展使其呈现出整体性形态，是关于新时代思想政治教育发展的本体论认识，也可以说是静态的探究视角；而社会主要矛盾进一步解决与转化，依赖于新时代思想政治教育实践，即动态发展过程，这就需要从方法论的角度来探究整体性形态的实践过程和现实效果。内容与形式作为实践的基本范畴，必然以实践效果来衡量其科学性与价值性，即内容、形式与效果的辩证关系，表明只有内容与形式都具有广泛的适当性，并且两者关系协调，才能产生最大程度的效果，这实际上就要求对新时代社会主要矛盾转化下思想政治教育内容与形式创新发展的探究。剖析这一探究的基本要求和遵循其中的原则，提出开展以习近平新时代中国特色社会主义思想为核心的思想教育推进主导性教育内容的与时俱进，开展美好生活教育赋予主题性教育内容时代感，开展中国特色社会主义文化教育拓展社会化教育内容；思想政治教育原则、方法、载体等的综合开发和运用，使教育形式呈现精细化、生活化和立体化。内容发展与形式创新，推进思想政治教育实践的发展，解决新时代社会主要矛盾，并为这一矛盾实现下一阶段的转化提供一定的经济社会条件，以增强新时代思想政治教育发展的实践性和有效性。

# 第一节　思想政治教育内容和形式创新发展的原则要求

实践活动中的内容与形式，具体表现为，内容反映目标和任务，形式是原则、方法、载体等的总和，内容与形式共同作用于活动对象和过程。依此观照思想政治教育，内容与形式连接着并反映着各要素的作用关系，将各要素的协同运行贯穿在实践活动中。所以，考察新时代社会主要矛盾转化下思想政治教育内容与形式的创新发展，是在其本体论基础上对其方法论的认识和把握，是探究其实践发展的基本范畴选择。

## 一、思想政治教育内容、形式与创新发展

思想政治教育的内容，是反映思想政治教育的目标和任务，由教育对象认同、接受、内化的思想观念、政治观点和道德规范等。思想政治教育的形式，是教育过程中与内容相对应的原则、方法、载体等的综合作用方式。内容和形式存在辩证关系：前者决定后者并需要通过后者来展现，后者对前者具有能动作用。思想政治教育内容必须通过一定的形式展开和实施，即不遵循原则、不借助任何载体、不运用相应的方法，内容就无从体现；思想政治教育形式又依赖于具体内容，是具体内容的动态呈现，为内容服务，无内容表达的形式是空洞的、无意义的；思想政治教育内容与形式的缺乏或者不适配，当然也就谈不上其效果的生成。作为社会巨系统的组成部分，思想政治教育是随着时代变化调整其目标和任务，也就赋予其内容以时代特征，同时要求其形式作出适配内容表达的变化。

社会主要矛盾决定着党的中心工作和主要任务，思想政治教育作为党的优良传统和政治优势，服从和服务于党的中心工作，在一定程度上就可以说思想政治教育是解决社会主要矛盾的社会实践活动之一。新时代思想政治教育实践进程就是促进新时代社会主要矛盾解决和进一步转化的过程。社会主要矛盾转化反映的时代特征、形成的时代主题，要求思想政治教育的内容与形式顺应时代要求、解答时代课题。反过来讲，思想政治教育要把握时代主题，丰富内容、创新形式，以最大的实践效果将社会精神力量转化为社会物质力量，形成有效解决新时代社会主要矛盾的经济社会条件，推动社会主要矛盾发生新的转化。同时，新时代社会主要矛盾转化下考察的思想政治教育结构调整与功能拓展，

也必须通过作用于广大人民群众的具体实践得以呈现和实现，这就要求实践内容与形式随着结构调整与功能拓展而发生相应变化。所以，新时代社会主要矛盾转化下思想政治教育创新发展的研究，在结构与功能这一范畴的基础上需要进一步选择"内容与形式"这对范畴，以考察内容与形式的创新发展增强新时代思想政治教育实践实效性，实现新时代思想政治教育实践进程与新时代社会主要矛盾转化过程的有机统一。

## 二、思想政治教育内容创新发展的要求

思想政治教育的内容反映其目标和任务，包括思想教育、政治教育、道德教育，以及之后对其丰富发展的法治教育、心理教育、生态教育等，依据思想政治教育的本质可将这些内容归纳为主导性教育内容、主题性教育内容、社会化教育内容。新时代社会主要矛盾转化下思想政治教育内容的发展，关键是内容的适当性，即解决以新时代社会主要矛盾为核心的社会问题过程中思想政治教育内容的政治性、时代性、对象性的有机统一。实现这一有机统一，要求思想政治教育丰富主导性教育内容、赋予主题性教育内容时代特征、拓展社会化教育内容。

（一）新时代社会主要矛盾转化要求丰富思想政治教育主导性内容

新时代社会主要矛盾转化是人民内部矛盾的变化，解决这一矛盾就应该首先坚持社会主义的本质和要求，这是把握社会主要矛盾转化过程中的政治方向。解决社会层面的有效供给问题，需要统筹推进经济、政治、文化、社会和生态文明建设，这一社会整体性建设过程中的市场经济、民主政治、核心价值、社会公平、发展方式等等，都有一个"社会主义问题"，即社会各方面建设都要体现中国特色社会主义。解决社会层面的需求问题，即满足人民日益增长的美好生活需要，在满足了基本的物质文化生活需要的基础上，人民群众提出了更多领域的多样化和高层次需求，包括品质化的经济需求、政治民主化程度的高要求、精神文化生活充裕、社会民生需要的满足与共享水平的提高、绿色健康生活方式的养成等等。人的本质是一切社会关系的总和，而每个人所处的社会关系又交错复杂，人民群众整体的需求就呈现复杂的特征，无论是需求内容还是需求水平都表现出多样性。这就要求以社会主义核心价值观来引领社会需要，既满足广大人民群众的广泛需要又推进中国特色社会主义实践的时代发展。思想政治教育实质上是社会主义意识形态教育，政治性是它的本质属性，基于社会供给与需求的社会主义性质和方向，在其实践过程中要突出体现内容的政

治性。

思想政治教育内容的政治性是通过主导性教育内容体现的，主导性教育内容又鲜明体现了思想政治教育的地位和功能。主导性教育内容是马克思列宁主义、毛泽东思想和中国特色社会主义理论体系，它们是中国特色社会主义实践根本指导思想的体现。马克思主义作为思想政治教育的根本指导思想，是与时俱进的，尤其是中国化时代化马克思主义随着中国特色社会主义实践的发展而不断丰富。"党的理论创新每前进一步，理论武装就要跟进一步。"就思想政治教育主导性内容而言，中国共产党的每一次理论创新，都为其注入新的"血液"，同时，为其研究提供新的指引方向。中国特色社会主义新时代形成了习近平新时代中国特色社会主义思想，丰富主导性教育内容，就是要开展以这一思想为核心的思想理论教育，进一步保证思想政治教育内容的政治性。从而使思想政治教育实践主导社会供需平衡的社会主义方向，保证解决社会主要矛盾的社会主义的性质和方向。

（二）新时代社会主要矛盾转化要求增强思想政治教育主题性内容的时代感

经济层面的供需矛盾转化为社会层面的供需矛盾，意味着社会主要任务由经济建设转变为在此基础上注重社会建设，实现人民美好生活成为新时代的主题。解决社会供需矛盾，是在社会生产力水平整体提高的基础上，侧重于调整生产关系，以平衡充分的社会发展满足人民群众的美好生活需要。调整生产关系、创造美好生活，相较于社会主义革命和建设时期、改革开放和社会主义现代化建设新时期的经济建设时代任务更加具有挑战性。围绕经济建设的时代任务，大力解放和发展生产力是主要途径，要求激发人民群众参与经济建设的热情和创造活力。而"美好生活"是一个多层内涵的命题，既包括以衣食住行为代表的物质文化生活的显性要求，又有关于物质文明、政治文明、精神文明、社会文明、生态文明等的隐性要求，既是一种对理想生活的向往，又是一种现实的生活感受，体现理想性和现实性的统一。实现人民美好生活的时代任务，除了在进一步发展生产力基础上侧重生产关系的调整以外，引领人民群众关于美好生活的思想观念发展显得更为重要。

思想政治教育实践是解决社会主要矛盾的过程，自然也以实现人民美好生活为时代任务。这一时代任务要求赋予思想政治教育内容时代感，即确立以美好生活教育为其新时代主题性教育内容。主题性教育内容是紧紧围绕着时代主题开展的，是思想政治教育内容聚焦中国改革发展实践前沿和改革发展需要的体现，发挥着与时俱进的精神力量凝聚功能。"在新的时代条件、实践水平和科学发展的基础上，思想政治教育的内容总是不断更新和变化的，只有主动地与时代保持同步和协调，研究和回应具有战略性、前瞻性的时代课题，才能真正体现思想政治教育的目的性、实践性和超越性的本质属性。"①美好生活教育作为主题性教育内容，以美好生活观引导人民追求美好生活的理想需要、激发广大人民群众创造美好生活的思想动力、调适制约人民群众创造美好生活的思想矛盾，承载着解决新时代社会主要矛盾赋予思想政治教育创新发展的目标和任务，体现着思想政治教育实践创新的时代发展指向。

（三）新时代社会主要矛盾转化要求拓展思想政治教育社会化内容

社会主要矛盾是生产力、生产关系、上层建筑之间的辩证关系在经济、政治、文化等各领域的集中反映，又是个人利益、集体利益与国家利益之间关系的集中反映。新时代社会主要矛盾是人民内部矛盾的多样呈现，在社会主义本质规定性下具有多样属性，其中以利益属性为显著特征。解决新时代社会主要矛盾要在进一步发展生产力的基础上侧重调整包括生产关系、政治关系、道德关系、法律关系等在内的社会关系，如利益调节、社会心态建设等。利益调节包括调节个人利益、集体利益与国家利益之间的矛盾，个人与个人之间的利益矛盾，当前利益与长远利益的矛盾等，社会心态建设包括培养稳定、平和的社会心理和健康、积极的社会情绪等。而这些更多地要求精神层面的价值观引导，无论是人民群众的美好生活需要尤其是日益增长的精神生活需要，还是整体社会发展的观念包括先进的发展观、正确的国家观、科学的财富观等。另一方面还要看到，国际局势等外部世界的状况必然要反映并作用到精神生活，意识形态层面问题呈现出思想观念作用领域的广泛性，尤其是意识形态斗争不再局限于影响宏大领域的政治思想观念，更多的"迂回"到广大人民群众生活领域的思想观念，聚焦于"生活方式的政治"。以上社会主要矛盾的现实要求与国际环境的现实反映，从作用过程的底层逻辑体现出新时代社会实践活动主体的自我意识和主动性、能动性增强，也就是说，社会实践活动主体是一个个独立的个体或群体，在共同追求精神生活、满足自己的获得感的同时对精神生活和获得感的具体需要又各自不同，促进广大人民群众较前一时期或阶段更加自由全面发展的过程中存在着对象的差异性、多样性。所以，解决社会主要矛盾要具体到社会实践主体，即人民群众，在尊重社会实践主体的对象性、差异性基础上，

---

① 熊建生.论思想政治教育内容建构的时代性[J].中南民族大学学报（人文社会科学版），2012(06):156.

以社会主义核心价值观为引领，实现整体社会生活中广大人民群众精神生活共同富裕的主导性与多样性相统一。

思想政治教育内容除了体现政治性本质的主导性教育内容和赋予时代感的主题性教育内容，还有包容教育对象差异性的社会化教育内容。思想政治教育在社会化过程中持续深化着关于不同教育对象的兼顾普遍性与特殊性的教育内容，即社会化教育内容，这一内容立足教育对象的日常生活及利益、需求，更加贴合社会生活实际和教育对象的思想实际。人们精神生活是一定社会文化的产物和反映，新时代满足人民群众美好精神生活需要、以实现精神生活共同富裕促进人的现代化，说到底就是建设中国特色社会主义文化，以文化人、以文育人。"思想政治教育作为主动影响人的精神生活的经常方式，作为自觉塑造人的精神世界的有效方式，是形成人的精神生活的重要途径。"[1] 因此，解决新时代社会主要矛盾，拓展思想政治教育社会化教育内容，就是围绕人民精神生活需要和社会精神文明建设，以社会主义核心价值观为价值方向和方法论原则来审视和调整其内容结构，开展中国特色社会主义文化教育，构建主流文化与大众文化相契合的教育内容体系，以文育人、以文化人，构建思想性与审美性内容相整合的内容体系，以对象需要体系教育实现思想政治教育内容体系的创新。

### 三、思想政治教育形式创新发展的要求

思想政治教育形式是指与教育内容相对应的原则、方法、载体等的总和。其中，思想政治教育原则是教育规律与价值追求相结合而形成的准则，对教育活动起着规范和保证作用。思想政治教育方法是指教育过程中运用的各种思想方法和工作方法的总称，包括基本方法、一般具体方法和特殊方法。思想政治教育载体是承载一定教育信息的中介，具有多样性。我们说，形式是原则、方法、载体等的总和，但并不是说方法、载体等的各自呈现和简单相加，而是方法、载体的综合作用过程，即思想政治教育实践中在遵循原则的前提下对方法、载体有目的的综合选择运用与开发。内容决定形式，形式表现内容。解决新时代社会主要矛盾要求创新发展思想政治教育内容，与此相适应，也要求思想政治教育形式作出创新发展，以适当的形式体现内容的创新发展，实现形式与内容的适配，发挥最大限度的实践效果。新时代社会主要矛盾转化集中体现的社会生产力、生产关系和上层建筑的时代特点，影响着人们的思想行为方式和社

---

① 颜晓峰.人民日益增长的美好生活需要对思想政治教育提出的新课题 [J].思想教育研究,2018(04):11.

会交往环境，这就要求思想政治教育形式做出适配内容拓展的变化，即体现时效性、对象性和生动性的有机统一。

（一）思想政治教育形式增强时效性

相较于改革开放和社会主义现代化建设新时期，新时代社会主要矛盾的解决，是以实现人民美好生活为时代主题，在进一步发展生产力的基础上调整包括生产关系、政治关系、道德关系、法律关系等在内的社会关系。思想政治教育内容创新发展要体现时代主题，形式也应随着时代主题的变化而变化。形式的变化是反映与时俱进地、借助与时代发展相适应的思想政治教育载体、方法的选择、开发与运用，将思想政治教育内容有效传递给教育对象的过程，即"时效性"。时效性，突出的是时间层面上的有效性，放在社会发展的时代性来讲，就是要符合时代主题、体现时代特征、发挥时代效果。思想政治教育形式增强时效性，就是把握时代主题、社会物质条件、人的思想和行为以及科学技术等的变化状况，使原则、方法、载体等的综合作用过程随着时代境况的变化而变化、随着服务的时代主题的变化而变化、随着教育内容的发展而变化。如人民美好生活的多层次内涵，要求思想政治教育形式也要体现多层次性；社会交往方式的网络化，要求赋予思想政治教育形式以网络技术性特征；新兴行业和新兴社群的出现，要求思想政治教育形式表现出开拓性、新颖性。作为社会系统的一部分，思想政治教育既是社会系统运行的产物又是社会系统运行的需要，社会主要矛盾作为社会系统的核心问题，其转化推动的社会系统发展，要求思想政治教育原则、方法、载体等的选择运用体现时代性，反映时代发展的客观要求，以增强思想政治教育的时代效果。

（二）思想政治教育形式更具对象性

时效性是就时间层面所言，而解决新时代社会主要矛盾的思想政治教育活动，在规定了其时代性外，就要体现实效性，即针对社会主要矛盾转化的活动实践效果。这就要求思想政治教育内容和形式具有针对性，内容的针对性即上述所言内容的创新发展，形式的针对性即解决社会主要矛盾过程中形式的"对象性"问题。思想政治教育形式的"对象性"有三层理解，首先，是从形式的直接作用对象上讲，即"思想政治教育内容"，形式是内容的呈现，所以思想政治教育形式首先是依循教育内容有针对性地选择教育方法、载体等。新时代人们日益增长的美好精神生活需要，要求以"文化育人"拓展思想政治教育社会化内容，尤其是新时代处于视觉传播的时代，视觉文化对人们精神生活的影响，思想政治教育可以针对视觉文化治理选择例如短视频等的载体、方法。其二，是从思想政治教育活动过程中的服务对象来讲，即"思想政治教育对象"，形式只有作用于服务对象才能传播内容、获得效果，所以形式的对象性还要考虑到教育对象的整体性和差异性。新时代社会主要矛盾转化反映了整体性发展作为中国特色社会主义实践的主导性形态，包括社会整体发展和人的全面发展，思想政治教育整体性形态中包括教育对象的全员覆盖，即年龄层次、职业门类、空间格局的全员性。思想政治教育方法、载体的选择要依据教育对象的整体性和差异性体现出针对性，如青年学生与城镇务工青年的思想政治教育形式的针对性。其三，是从思想政治教育形式的具体对象体现来讲，即思想政治教育原则、方法、载体等，要把握基本原则、具体载体、具体方法选择的针对性，以及思想政治教育过程中载体与方法选择运用的协调性。新时代社会生产力的发展改变了人们的生产方式及交往形式，人们交往方式呈现复杂性、网络化，促进人们思想发展和引导人们价值判断的方法或载体更多地会选择运用正面宣传教育方法、利用现代网络载体。综上，解决新时代社会主要矛盾的思想政治教育过程中必须考虑到教育内容、教育对象、教育方法等载体的整体性和差异性，凸显教育形式的对象性。

（三）思想政治教育形式富有生动性

思想政治教育解决新时代社会主要矛盾的运行过程，就是把新时代社会整体建设作为思想政治教育实践的关注点。社会层面供需矛盾的凸显，从需求侧方面来讲反映了广大人民群众的美好生活需要，从供给侧方面来说社会发展必须坚持以人为本，谋求更多的民生利益，解决更多的民生顾虑，补齐民生短板，充分发挥体现人民群众意志、保障人民群众权益、激发人民群众创造活力的社会主义制度优势。这就是新时代中国特色社会主义实践要坚持的以人民为中心的发展思想。思想政治教育也要坚持以人民为中心的理念，围绕人的生活质量提升和生命意义追求而展开实践，所以，其运行过程中原则、方法、载体的选择要坚持以人民为中心、体现人民性，引导人们从现实生活世界出发，形成健康向上、自信自强、能动创造的思维方式和生活方式。体现人民性，就要依循人民群众思想观念和价值判断的特点来选择人民群众喜闻乐见的教育形式，将实践效应转化为人民群众的精神品质和生活质量。而人民群众的广泛性决定了人民群众思想观念的特点、发展阶段、价值取向等的不同性和多样化，要求思想政治教育原则、方法、载体的选择必须研究人的现实生活、观照人的现实生活，形成丰富多彩、生动活泼、寓教于乐的思想政治教育形式，彰显生动性。具体来说是，将主导性教育内容、主题性教育内容、社会化教育内容结合个体的生命活动和现实生活，以贴近生活实践的朴素的语言来表达、以群众乐于接受的方式和活动来宣传，善于选择、开发与运用多样化、生活化、个性化的方法载体，引导人们丰富精神家园，追求社会主义幸福观，实现人们自我发展、自我超越、自我创造的生活图景。

### 四、思想政治教育内容和形式创新发展的原则

内容与形式是实践活动的内容与形式，内容与形式的创新发展是为增强实践活动的有效性。思想政治教育内容与形式的创新发展以自身实践活动的有效性为旨归，所以新时代社会主要矛盾转化对思想政治教育内容与形式创新发展的要求，仍需以思想政治教育作为社会巨系统的一环发挥其实践活动效果来把控，即促进人们政治社会化、丰富人们精神生活、激发人们创新创造活力、实现人的现代化。基于此，在新时代社会主要矛盾转化背景下，思想政治教育内容与形式的创新发展需要遵循政治性与生活性相融合的原则、时代性与继承性相统一的原则、独特性与兼容性相耦合的原则。

（一）政治性与生活性相融合

政治性的原则，是指思想政治教育内容与形式的创新发展要体现其实质内涵、本质特征、根本功能。思想政治教育实质上是社会主义意识形态教育，有着强烈的意识形态性、富于浓厚的政治教育色彩，帮助教育对象更好地实现政治社会化，因此，思想政治教育实践内容要突出马克思主义根本指导思想、社会主义制度优势、中国共产党先进性等政治性导向，实践形式也要指向有利于引导人们增进中国特色社会主义道路自信、理论自信、制度自信、文化自信等更好实现政治社会化的价值取向。生活性的原则，是指思想政治教育内容与形式的创新发展要贴合人们的现实生活，考虑到人民群众是社会生活中鲜活的、实在的、有广泛性特征的处于现实的具体的社会关系中的实践主体，体现感染力、亲和力。思想政治教育是做人的工作，尤其是人们思想观念、价值取向、道德品格等精神层面的工作，对于广泛人民群众而言社会主义意识形态教育是寓于其日常生活之中的，只有结合实践主体的生活实际才能捕捉其精神生活实际，也才能聚焦于精神生活中的核心价值取向，引导其包括增进政治认同在内的自由全面发展，因此，思想政治教育实践内容要从人们的现实生活出发，结合人们的社会生活凸显其意识形态教育本质，实践形式要将政治社会化的价值取向蕴含在更接地气、发挥真挚感染力的载体方法活动选择之中。

政治性与生活性相融合的原则，是思想政治教育内容与形式创新发展保持

自身本质特征和立足人们现实生活实际要求的融贯与结合要求。新时代社会主要矛盾转化下人民群众美好生活的需要图景，相较于以往时期，更加要求思想政治教育内容拓展和形式创新侧重于生活性原则，但又要避免过于强调生活化而忽略了其实践的本质特性，如一味强调结合人们的现实生活而偏离价值引导而出现的实践内容的空洞化，一味地迎合受众的特点而出现的实践形式的娱乐化。人们美好生活的追求和实现中，政治生活的特点表现出了由宏大政治转向生活政治，也就是说如今的政治社会化是一种"生活方式的政治社会化"，即广大人民群众将自己的生活方式选择都带入到了公共生活领域，并以期影响整个社会政治生活和自身政治观念、政治素养；人们在物质生活满足的基础上更倾向于追求精神生活充裕的实践中，随着科学技术迭代升级、人们丰富自身精神生活的能动性增强，自媒体无处不在的发挥着全方位的影响，其中无不充斥着多样化的价值观，主流价值观的培育和践行更多依赖于人们在日常生活中主动选择和落实。因此，思想政治教育形式与内容的创新发展就要坚持体现生活性提升其亲和力的同时注重遵循政治性原则以更好发挥其促进人们政治社会化、引导人们正向价值观养成等功能。

（二）时代性与继承性相统一

时代性原则，是思想政治教育内容与形式创新发展的应然之义，创新发展就是随着时代的变化而发生变化，内容的整合拓展、形式的丰富优化都是服务于时代主题取得最大效果所必需的。思想政治教育内容是目标和任务的具体化，思想政治教育形式是内容作用于受众所依赖的方法、载体、活动等的综合运用，目标和任务是聚焦于社会主要矛盾所反映的人民美好生活和中国式现代化这一时代发展主题的，内容与形式的变化自然要体现变化着的时代主题及社会环境特点、人民群众利益需要，比如主导性教育内容在丰富发展中所要求的以党的最新理论成果武装群众，面对受众追求精神生活的差异性和多样性思想政治教育形式要更具有对象性、增强其时效性，等等。继承性原则，是思想政治教育内容与形式创新发展的必然要求，"变"中保持"不变"、"发展"中保持"稳定"是对思想政治教育本质特征和地位功能的坚守和丰富，所以，求变的过程中要以充分发挥其意识形态教育功能为有效变化的判断标准，在延续优良传统的基础上求新求变。就像新时代社会主要矛盾的转化，推动了社会主义初级阶段的发展，但并没有从根本上改变社会主义初级阶段的性质，在未来较长一段时间里，乃至整个中国特色社会主义新时代，我国仍将处于并将长期处于社会主义初级阶段。解决新时代社会主要矛盾的思想政治教育实践内容与形式要符合在人民内部矛盾范围内、符合社会主义初级阶段这个最大实际、充分体现自身发挥着的理论武装、利益调节、精神激励、价值引导作用。

时代性与继承性相统一的原则，是指思想政治教育内容与形式的创新发展既要突出时代变化的特征又要不失自身本色发挥优良传统。"每一个时代的理论思维，从而我们时代的理论思维，都是一种历史的产物，它在不同的时代具有完全不同的形式，同时具有完全不同的内容。"① 这就要求思想政治教育实践内容与形式要体现时代性，解答时代课题，同时，其结构和功能动态呈现在实践中又是相对稳定的运行体系和协作过程，即实践内容和形式是有基本框架和特征的，如内容一般包括主导性教育内容、主题性教育内容、社会化教育内容，形式就是成熟化的原则、方法、载体、活动的综合作用呈现。稳定的教育内容与成熟化的表现形式要回答时代课题，就需要在"传统的"基础上赋予时代性特征，即两相结合实现时代性与继承性的有机统一。仍拿主导性教育内容来说，它是以马克思主义指导思想的理论化成果为核心的思想理论教育，这一内容既有深厚理论基础又是与时俱进的，需要以时代化的理论体系来丰富发展，即进行习近平新时代中国特色社会主义思想教育，这其中就包括讲清楚它作为新的理论成果的独创性和它与毛泽东思想、中国特色社会主义理论体系间的承继性。再比如，思想政治教育形式中的基本方法、传统载体具有普遍适用性和根本指导性，特殊方法、新兴载体则具有特殊针对性和时代效用性，前者在任何时代都要坚持并结合时代条件合理运用，后者要在承继优良传统基础上充分出新出效果。所以，解决新时代社会主要矛盾的思想政治教育实践内容发展与形式创新既要凸显时代特征发挥时代效能又要承继优良传统深化实质内涵。

（三）独特性与兼容性相耦合

相较于上述前两个原则，此原则是就思想政治教育内容与形式创新发展中两者关系处理而言的。独特性的原则，是指思想政治教育内容与形式创新发展是各自基于自己的特征所做的有特殊性、针对性的变化。思想政治教育实践内容围绕服务于人们美好生活的创造、中国式现代化美好图景的实现而设计，是实践目标和任务的具体化；思想政治教育实践形式承载着具体的设计内容，将内容以合适的方法、活动、载体传导给广泛的受众，是实践目标和任务的手段化。两者各有特征和侧重，所以，在内容拓展、形式创新中"走"的是不同的"路径"，内容更多的是聚焦于社会主要矛盾转化所反映的时代主题相关的顶层

---

① 马克思恩格斯文集（第 9 卷）[M].北京：人民出版社,2009:436.

设计、战略规划、发展目标，形式更多的是从社会主要矛盾转化在广泛人民群众身上表现出的思想观念和行为特点、社会交往变化特点出发。兼容性的原则，是指思想政治教育内容与形式创新发展过程中两者之间的适配性、协调性。内容、形式是实践的一对基本范畴，内容、形式共同作用于实践效果，内容与形式就存在着辩证的关系，无内容有形式是空洞的、无效的，因为形式总得反映内容，名与实结合起来才有效果；有内容无形式是机械的、无效的，因为内容依赖于形式表现，形式更好地反作用于内容才能实现最大效果；有内容有形式也不一定有效果，这是因为内容与形式如果不适配、不协调就没有效果。因此，只有内容与形式都适配、相协调，才能有效，也才能谈实现效果最大化，思想政治教育内容与形式围绕新时代社会主要矛盾转化所反映的社会境况和人们思想观念特点，要求作出适配度高、协调性好的创新发展。

"耦合"是两事物通过相互作用而彼此影响以致联合起来，独特性与兼容性相耦合的原则，是指思想政治教育内容与形式创新发展中两者分别凸显各自的特性又注意特性发挥是服务于两者适配、协调的关系的，既立足独有特性实现适配、协调，又在更协调关系塑造中凸显出各自特性，将内容与形式关系的"排列组合"调整至最佳以发挥最大效果。以党的创新理论丰富主导性教育内容、赋予主题性内容以时代感、拓展社会化教育内容，思想政治教育形式增强时效性、更具对象性、富有生动性，新时代社会主要矛盾转化视域下的这些要求并不是孤立的，在具体的实践中是要相得益彰、适当协调的。如党的创新理论武装群众要实现效果，需要考虑受众的接受方式、可接受特点，这就是形式富有生动性、具有对象性的适应性要求。基于各领域、各行业受众的多样性特点和新传播技术影响下自媒体深入受众生活的各角落，党的创新理论成果要更好地武装群众，就要求遵循政治性与生活性相统一的原则，采取符合受众多样性特点的多类型理论宣讲方法，选择广泛深入群众的各类载体，依托群众喜闻乐见的日常性活动；同时，生活性原则的遵循、群众喜闻乐见的方法载体活动的选择，又不能落入教育活动的"普遍性"之中，而是始终强调内容的政治性特征、形式的思想政治教育特有效果。因此，思想政治教育实践内容发展和形式创新也要从整体上兼顾、协调两者的关系，实现内容发展与形式创新的相互作用而彼此影响以致产生最大化效果。

# 第二节　思想政治教育内容发展

依循上述新时代社会主要矛盾转化对思想政治教育内容创新发展的要求与原则，内容发展具体包括，开展以习近平新时代中国特色社会主义思想为主导的思想教育，推进主导性教育内容的与时俱进，保证其内容的政治性；开展美好生活教育，赋予主题性教育内容时代特征，增强其内容的时效性；开展中国特色社会主义文化教育，拓展社会化教育内容，完善其内容的系统性。

## 一、以习近平新时代中国特色社会主义思想为指导的思想教育

主导性教育内容是思想政治教育本质内涵和核心功能的根本性保证，指涉的是党的理论创新成果，即党的政治理论教育，在整个内容体系中占据主导地位、发挥着最高统摄作用。《中共中央关于党的百年奋斗重大成就和历史经验的决议》明确指出："习近平新时代中国特色社会主义思想是当代中国马克思主义、二十一世纪马克思主义，是中华文化和中国精神的时代精华，实现了马克思主义中国化新的飞跃。"[①]这就要求新时代思想政治教育将习近平新时代中国特色社会主义思想作为主导性教育内容，用这一思想武装人民群众头脑、从根本上铸魂育人。具体包括引导教育对象对这一思想的主要内容和科学体系有整体的、学理的认识和掌握，以其中的世界观、方法论为指导深刻认识和承担起我们所处的时代和社会主要矛盾所决定的时代任务，把握其中贯穿的立场观点方法以领悟其思想真谛从而坚定信仰信念信心。这一主导性教育作为新时代思想政治教育内容优化的首要体现，发挥着激励广大人民群众不断在政治上、思想上、理论上、情感上自觉增进认同、内化和践行的作用，能够保证思想政治教育实践在解决新时代社会主要矛盾过程中的政治性和方向性、提升自身实践效果的思想性和价值感。

（一）习近平新时代中国特色社会主义思想教育

这一思想教育首要的是传播习近平新时代中国特色社会主义思想的完整科学体系，让广大受众从整体上认识其内容，为增进政治认同、理论认同、情感认同和行为认同提供认识论基础。这一思想内涵十分丰富，党的十九大、十九届六中全会提出的"十个明确""十四个坚持""十三个方面成就"概括了它的

---

① 中共中央关于党的百年奋斗重大成就和历史经验的决议 [M].北京：人民出版社,2021:26.

主要内容。党的二十大提出的"六个必须坚持"，是它的世界观、方法论和贯穿其中的立场观点方法的重要体现。"十个明确"是对党的领导的重要性、中国特色社会主义总任务、社会主要矛盾、"五位一体"总体布局和"四个全面"战略布局、改革总目标、法治总目标、基本经济制度、强军目标、外交关系、从严治党这些方面的具体明确，是这一思想体系的主体内容，集中体现了它的主要观点和基本精神，相当于四梁八柱，发挥着统摄作用；"十四个坚持"是这一思想的重要组成部分，是在治国理政各方面作出的理论分析和政策指导，构成了新时代坚持和发展中国特色社会主义的基本方略，包括坚持党的领导、以人民为中心、全面深化改革、新发展理念、人民当家作主、全面依法治国、社会主义核心价值体系、在发展中保障和改善民生、人与自然和谐共生、总体国家安全观、党对人民军队的绝对领导、"一国两制"和推进祖国统一、构建人类命运共同体、全面从严治党；"十三个方面成就"是涉及以上方面取得的历史性成就和发生的历史性变革，是对新时代伟大实践进行的科学总结，全景式地展示了这一思想的理论与实践成果；"六个必须坚持"，即必须坚持人民至上、自信自立、守正创新、问题导向、系统观念、胸怀天下这六个方面，它们相互联系、彼此支撑，贯通了唯物论和辩证法、认识论和实践论、真理论和价值论，赋予了马克思主义世界观和方法论以新的时代内涵，彰显了这一思想体系的理论品格和鲜明特征。

其二是以习近平新时代中国特色社会主义思想的历史地位引导受众深刻认识其精神旗帜作用，为增进政治认同、理论认同、情感认同和行为认同提供价值论基础。一方面，这一思想是对三个课题的成功探索，是一次新的伟大飞跃。它坚持科学社会主义基本原则，深刻总结和充分运用党百年奋斗的历史经验，根据时代和实践发展变化，从理论和实践的结合上科学回答了新时代坚持和发展什么样的中国特色社会主义、怎样坚持和发展中国特色社会主义，建设什么样的社会主义现代化强国、怎样建设社会主义现代化强国，建设什么样的长期执政的马克思主义政党、怎样建设长期执政的马克思主义政党等重大时代课题，实现了马克思主义中国化时代化新的飞跃，是当代中国马克思主义、二十一世纪马克思主义。它被写入党章、载入宪法，实现了党和国家指导思想的与时俱进，有了党和国家指导思想的新的伟大飞跃，才会有中华民族在中国特色社会主义新时代迎来从站起来、富起来到强起来的伟大飞跃，两者飞跃相辅相成、交相辉映，也是相互依存的。另一方面，"在五千多年中华文明深厚基础上开辟和发展中国特色社会主义，把马克思主义基本原理同中国具体实际、同中华优秀传统文化相结合是必由之路"①。习近平新时代中国特色社会主义思想是"两个结合"的光辉典范，使马克思主义这个魂脉和中华优秀传统文化这个根脉内在贯通、相互成就，是中华民族的文化主体性最有力的体现，是中华文化和中国精神的时代精华。它坚守中华文化立场，立足中华民族伟大复兴的现实要求，用中华文明充实马克思主义的文化生命，使马克思主义呈现鲜明的中国风格、中国气派，用马克思主义进一步激活中华文明的基因，为建设中华民族现代文明、创造人类文明新形态提供了思想指引和精神动力。再者，就新时代伟大实践来看，这一思想指导中国共产党团结带领全国各族人民，统揽伟大斗争、伟大工程、伟大事业、伟大梦想，开创了中国特色社会主义新时代，完成了脱贫攻坚、全面建成小康社会的历史任务，续写了经济快速发展和社会长期稳定两大奇迹，推动了中华民族伟大复兴进入不可逆转的历史进程，为人类和平与发展崇高事业作出了重大贡献。这就表明它是全面建成社会主义现代化强国、以中国式现代化全面推进中华民族伟大复兴的科学指引、行动指南和根本遵循。

其三是以习近平新时代中国特色社会主义思想所蕴含着的世界观、方法论和贯穿其中的立场观点方法引领受众学以致用，为增进政治认同、理论认同、情感认同和行为认同提供方法论基础。"六个必须坚持"的系统概括，是这一思想体系的精髓要义，是新时代丰富和发展马克思主义世界观和方法论的重大成果。人民至上，体现历史唯物主义群众史观，要求坚持站稳人民立场、满足人民群众美好生活需要；坚持自信自立，要充分发挥人民群众的主体地位，挖掘中华文明的潜力，激发广大人民群众的创造力；守正创新，要求处理好传统与现代的关系、变与不变的关系、继承与发展的关系，实现各领域新生态的重塑；坚持问题导向，要深入调查研究，聚焦于社会主义现代化建设实践中的新问题、难问题，把发现问题、面对问题和解决问题有效结合起来；系统观念，体现了辩证唯物主义普遍联系的原理，是基本思想和工作方法，要求广大实践者坚持从全局、整体、长远出发；胸怀天下，注重开放性，是更大范围、更广领域、更深层次的对外交流，是拥有世界眼光、构建人类命运共同体大格局的体现，要求广大实践者将自主性与"走出去"相结合，为世界实践贡献中国智慧。再者，"善于运用新时代中国特色社会主义思想观察时代、把握时代、引领时代，善于运用这一思想推进中国式现代化取得新进展、新突破，善于运用这一思想解决经济社会发展中的各种矛盾和问题，善于运用这一思想防范化解重大风险，

---

①　习近平在文化传承发展座谈会上强调：担负起新的文化使命 努力建设中华民族现代文明 [N]. 人民日报 ,2023-06-03(01).

善于运用这一思想深入推进全面从严治党"①。此"五个善于"正是党领导广大人民群众对其世界观、方法论和立场观点方法习得内化后的具体学以致用。新时代社会实践主体理解时代特征、把握时代主题和任务,适时调整自身以适应时代要求、融入时代精神,以激发自身所在实践领域的创造动力和活力,进而汇聚群体力量以推进中国式现代化;人民群众在追求美好生活需要的过程中,及时发现矛盾和问题并自觉解决矛盾和问题,如满足需要的不均衡发展矛盾、多样化利益协调问题,还有美好生活观养成过程中存在的意识形态风险的防范化解,涉及日常生活价值观的自媒体影响无处不在,要及时捕捉影响主流价值观的低俗、恶俗、媚俗观念,并立足各群体做好调查研究,提出适合群众正确价值观养成的解决问题和矛盾的切实思路、方法。

（二）以习近平新时代中国特色社会主义思想为核心的理想信念教育

习近平新时代中国特色社会主义思想是当代中国马克思主义、二十一世纪马克思主义,不断增进对其政治认同、思想认同、理论认同、情感认同,实际上是进一步引导广大人民群众增强对马克思主义的信仰、对中国特色社会主义的信念、对实现中华民族伟大复兴中国梦的信心。而这一崇高的科学信仰、坚定的理想信念是人的思想政治素质的根本内容,这就要求新时代思想政治教育主导性内容中还要开展以习近平新时代中国特色社会主义思想为核心的理想信念教育。习近平总书记强调:"理想信念是我们不断战胜困难,从胜利走向胜利的强大精神支柱。没有理想信念,就会迷失前进方向,就会失去奋斗动力。"②以这一思想体系为核心的理想信念教育,就是引导广大受众在领会这一思想的真理力量和实践伟力基础上,把握远大理想和共同理想的关系、个人理想与社会理想的关系、理想与现实的关系,在满足自身美好生活需要的实践中坚定信仰信念信心,筑牢实现强国建设、民族复兴的精神之基。

认识真理、掌握真理、信仰真理,是坚定理想信念的前提,习近平新时代中国特色社会主义思想教育使受众深刻领会其真理力量和实践伟力,牢固树立与时代主题同心同向的理想信念。这一思想是坚持"两个结合"的光辉典范,保持了马克思主义的蓬勃生机和旺盛活力,开辟了马克思主义中国化时代化新境界。这一思想坚持把马克思主义基本原理同中国具体实际相结合,着眼解决新时代改革开放和中国式现代化建设的实际问题,是最现实、最鲜活的中国化

---

① 习近平在中共中央政治局第四次集体学习时强调:把学习贯彻新时代中国特色社会主义思想不断引向深入 [N]. 人民日报 ,2023-04-01(01).

② 习近平关于青少年和共青团工作论述摘编 [M]. 北京 : 中央文献出版社 ,2017:62.

时代化的马克思主义；坚持把马克思主义基本原理同中华优秀传统文化相结合，使马克思主义思想精髓同中华优秀传统文化精华贯通起来、同人民群众日用而不觉的共同价值观念融合起来，让马克思主义更深地扎根于中国的土地上、扎根于亿万人民的心中。通过党的这一理论创新成果武装人民群众头脑，彰显着理想信念教育始终坚持马克思主义理论教育的连贯性和理论性，能够进一步增强广大人民群众对马克思主义的信仰。这一思想还集中表达了道路自信、理论自信、制度自信、文化自信，广大人民群众深刻感受在此思想指导下新时代取得的伟大实践成就，能够为进一步增强对中国特色社会主义的信念提供坚实的实践基础。这一思想关于新时代中国特色社会主义的总目标、总任务的回答，根据新的实践对党和国家事业各方面作出的理论概括和战略指引，表明我们比历史上任何时期都更接近、更有信心和能力实现中华民族伟大复兴的目标，这进一步增强了广大人民群众对实现中华民族伟大复兴的信心。

理想信念教育还要引导广大群众正确认识和处理共产主义远大理想与中国特色社会主义共同理想的关系。现阶段，习近平新时代中国特色社会主义思想在思想指引上是认识远大理想与共同理想有机统一的集中反映，在行动指南上是处理远大理想与共同理想实现关系的集中反映。共产主义是人类最崇高的社会理想，从物质和精神、个人和社会、生产力和生产关系、经济基础和上层建筑等各个方面，对理想社会状态做了科学描绘，寄托着人类关于美好未来的全部情愫和渴望。今天，我们理解共产主义，关键是要抓住共产主义社会是以"每一个个人的全面而自由的发展为基本原则的社会形式"[1]这一本质。看当代中国是不是以共产主义为最终目的，关键是看每个人是不是比过去能够更自由、更全面地发展自己的才能，是不是更少地受到物的奴役、资本的奴役，是不是向着"自由全面发展"的方向挺近。习近平新时代中国特色社会主义思想确立的以中国式现代化推进中华民族伟大复兴是现阶段的共同理想，是以共产主义远大理想为根本方向的，它的实现是以这一思想为思想指引和行动指南的、也是以这一思想凝聚广大人民群众的思想共识、物质力量。两者是方向指引和实现基础的关系，这就表明广大受众通过这一思想的学习和领会，能够正确处理远大理想与共同理想的有机统一关系，在心中确立"崇高理想信念是伟大事业和美好生活的有力支撑"这一信念。

"实现共产主义是我们共产党人的最高理想，而这个最高理想是需要一代又

---

[1]　马克思恩格斯选集（第2卷）[M].北京：人民出版社,2012:267.

一代人接力奋斗的。"① 这就要求理想信念教育需要引导广大群众正确认识和处理个人理想与共同理想的关系。个人理想与社会理想的辩证关系表明，个人理想以社会理想为指引，社会理想是对个人理想的凝练和升华。社会理想在目前的体现就是上述共同理想。"得其大者可以兼其小"，以中国式现代化全面推进中华民族伟大复兴，是国家的、民族的目标和实践，也是每一个中国人的目标和实践。历史告诉我们，每个人的前途命运都与国家和民族的前途命运紧密相连，只有每个人将自己的人生实践融入国家和民族的伟大实践中，才会汇聚成强大力量以促进个人发展与社会发展的"双向奔赴"。习近平新时代中国特色社会主义思想明确了总任务、时代主题，回答了中国特色社会主义共同理想与人民群众美好生活的紧密关联，前者理想的实现为后者需要的满足提供了广阔的舞台，后者获得感的不断增强也促进前者理想的更快更高层次的实现。比如，这一思想体系中寄语广大青年"有理想、敢担当、能吃苦、肯奋斗"，"有理想""敢担当"作为核心的思想素质，明确了新时代广大青年要将个人的美好生活追求汇入以中国式现代化实现中华民族伟大复兴的共同追求中去。所以，以习近平新时代中国特色社会主义思想为核心的理想信念教育，使社会成员在理解个人理想与共同理想关系基础上，将创造个人美好生活与实现中华民族伟大复兴相统一，以进一步增进情感认同。

理想信念是一个思想认识问题，更是一个实践问题。理想信念教育还要引导受众正确认识和处理理想与现实的关系。理想与现实是对立统一的，对立的一面是两者之间是有矛盾与冲突的，即理想是超越现实、经过预测而设计的，是人们为之奋斗的未来目标，现实是既定的庞大社会存在，两者是"应然"和"实然"的矛盾；统一的一面是两者通过实践这一桥梁得以转化，即现实中包含着理想的因素，理想中也包含着现实中必然发展的因素，在一定条件下理想就可以转化为未来的现实。"一定的条件"就是实践过程中主客体的相互作用，是我们常说的艰苦奋斗，尤其是其中所蕴含着的坚定不移的信心和坚韧不拔的毅力，就是我们常说的"信念"。习近平新时代中国特色社会主义思想是共同理想设计与现实状况观照的统一反映，它立足于中国特色社会主义发展现实及趋势，描绘了人民美好生活向往和以中国式现代化推进中华民族伟大复兴这一发展目标，并为实现此向往和目标提出了总体布局和战略布局等具体的实施原则、方略。这就引导社会成员充分认识到新时代的社会理想与社会现实之间的矛盾，

---

① 习近平谈治国理政（第 2 卷）[M]. 北京：外文出版社，2017:142-143.

确认人民美好生活、推进中国式现代化、实现中华民族伟大复兴为新时代社会发展的理想，又关注和立足全面深化改革、人民美好生活需要满足过程中充满曲折等新时代社会发展过程中存在的现实，并理解和掌握将现实转化为理想的发展理念、改革方案等方法论。仍然以新时代广大青年"有理想、敢担当、能吃苦、肯奋斗"的寄语为例，"能吃苦、肯奋斗"就是聚焦于理想与现实的转化，结合广大青年的思想观念行为实际和其担当使命的角色，而赋予的核心素质。所以，以习近平新时代中国特色社会主义思想为核心的理想信念教育，揭示了现实向理想转变过程中曲折性与前进性的统一，引导社会成员认识树立理想信念与应对现实状况的统一，激励其努力奋斗，用智慧和汗水切实解决现实问题，更加坚定逐步实现自身美好生活与强国建设、民族复兴的信念信心。

### 二、美好生活教育

"一切划时代的体系的真正的内容都是由于产生这些体系的那个时期的需要而形成起来的。"[①]人民美好生活作为新时代中国特色社会主义实践的时代任务和时代主题。中共中央、国务院印发《关于新时代加强和改进思想政治工作的意见》指出，思想政治教育"要把人民对美好生活的向往作为奋斗目标"[②]，其内容供给要与美好生活需要相适配，不断优化教育内容。这就要求，在解决新时代社会主要矛盾的思想政治教育过程中，应将美好生活教育作为主题教育内容，赋予主题性内容时代感。因此，新时代思想政治教育主题性内容的创新发展，就是在理论研究与实践过程中探索和提供给广大人民群众"与美好生活相适配"的内容，以培养和提升广大人民群众适应和创造美好生活的能力和素质。具体来说，美好生活教育，包括以美好生活需要观教育阐释"美好生活"的内涵，以新时代劳动教育激发人民群众创造美好生活，以协调利益关系教育调适制约人民群众享有美好生活的思想矛盾。

（一）美好生活需要观教育

"美好生活"是一个历史范畴和相对概念，在不同的历史和社会发展阶段，不同的社会实践主体对它的内涵概念和实际呈现有着不同的理解和追求。从纵向历时性的维度来看，随着经济社会发展阶段的不断跃升，人们对美好生活的需要越来越趋于宽领域、高质量和高层次；从横向共时性的维度来看，不同的

---

① 马克思恩格斯全集（第3卷）[M]. 北京：人民出版社,1960:544.
② 中共中央 国务院印发《关于新时代加强和改进思想政治工作的意见》[N].人民日报,2021-07-13(01).

社会实践主体对于美好生活的理解、需要和创造呈现出越发多样化的趋向。新时代人民的美好生活追求，相较于改革开放和社会主义现代化建设新时期人民的物质文化生活需要，呈整体"上升"趋势，即生活的需要领域覆盖整个社会领域，生活需要的质量和层次都相对提升。人民美好生活的追求和实现，首要解决的是广大人民群众对"美好生活"的认识论基础，即理解"美好生活"的具体所指。所以，美好生活教育第一位要进行的是引导广大人民群众科学地、实在地理解"新时代美好生活"的内在蕴含和实践指向。

帮助广大群众有效理解新时代美好生活的内在蕴含和实践指向，需要着眼于上述谈到的"横向共时性的维度"。人的本质是一切社会关系的总和，现实的人在具体的生产关系和交往关系中又表现出群体差异性或个体差异性，人民群众在现实社会关系中就分为不同的社会实践群体或社会实践个体。马克思主义强调："历史不过是追求着自己目的的人的活动而已。"① 由于参与社会劳动的方式、获得的劳动报酬、科学文化水平、思想观念的养成、道德素质等等的不同，社会实践群体或社会实践个体对"美好生活"的内涵理解以及美好生活的实际需要、现实创造，必然存在群体性差异或个体性差异，其中群体性差异中又由个体性差异构成。新时代经济社会要集中解决的"不平衡不充分的发展"这一社会主要矛盾的主要方面，必然反映出广大人民群众对"美好生活"内涵理解和实践创造的差异性。这正是群众各自以经济关系为中心的社会关系决定着个人的需要，需要又是促使人们进行社会活动的内驱力，需要决定动机，而动机触发行为。实际上，对"美好生活"内涵的理解和实践的创造，底层逻辑在于人们的"美好生活需要观"如何。美好生活需要观，实际上是人们的世界观、人生观和价值观在美好生活上的集中体现。

美好生活需要观教育，就是以科学的、反映时代特征的美好生活需要观引导广大受众科学认识美好生活的实践内涵、形成正确的美好生活需要观。以马克思主义需要观为理论基础，美好生活需要观教育具体体现在如下两个方面：一是引导受众理解和把握美好生活需要观的平衡性指向。平衡性指向是就美好生活作为全体人民共同的向往、共同的追求而言的，也是就中国式美好生活的人民性本质特征而言的。广大人民群众作为社会实践的主体，必然要处理好个人与他人、与社会的关系，个人美好生活需要不能脱离周围人的美好生活需要，也就是在确立美好生活需要观时要考虑满足每个人的需要与满足最广大人民的

---

① 马克思恩格斯全集 ( 第 2 卷 )[M]. 北京 : 人民出版社 ,1957:118-119.

需要的有机结合，确立的是包括自身在内的符合最广大人民群众利益的美好生活需要观。这一平衡性指向在广大受众中实现观念有效引导，首先取决于经济社会发展中始终坚持以人民为中心，不仅把"蛋糕"进一步做大、做好，更强调把"蛋糕"公平地切好、分好，为平等满足人民美好生活需要奠定基础。比如全面脱贫攻坚中的"精准脱贫"既是具体体现，也是引导人们确立全体人民美好生活需要观的实践基础。接着，对于参与经济社会的人民群众实践主体而言，这一指向的美好生活观教育就是要引导其认识到人民性是中国式美好生活的本质特征，激发自身实践过程中的主动性和创造性以赋能其美好生活的个体性特征向共同体性特征的飞跃，摒弃个人主义、利己主义等错误观念的侵扰，在确立美好生活需要观过程中不断凸显出美好生活需要的平衡性，不断强化平等追求、满足和实现最广大人民群众美好生活需要的意识和思维。

二是引导受众理解和把握美好生活需要观的物质性指向。物质性指向是就美好生活需要的物质维度而言的，也是结合中国式美好生活的新时代特征而言的。美好生活的向往和追求，基本的需要还是它的物质维度，也就是说高层次的、宽领域的、多样化的需要，还是基于满足人们的吃喝住穿不断进阶的，但是这里要强调的是"美好的物质需要"，即凸显出物质需要的"价值取向"，具体表现为凸显物质需要的品质性、日常性和文化性。随着经济社会发展速度和质量的提升，在高科学技术的加持下，人们的物质生活需要在基本满足的基础上追求品质的高规格、覆盖的全面化和体现文明进步的社会意义性，比如追求均衡营养、绿色健康的饮食结构和饮食方式，追求现代化的、舒适度高的居住方式和生活环境，追求多样化的、消遣性的休闲方式和娱乐需要，等等，在吃喝住穿各方面物质需要追求过程中都赋予其向自由全面发展需要过渡的特质。同时，现实实践中，也存在着由物化、异化等物质主义的蔓延而导致的一部分人将美好的物质需要片面地、错误地理解为无限大的物质欲望、不合理的物质需要的满足。基于此，这一指向的美好生活需要观教育，总的来说就是引导广大人民群众理解美好物质需要的价值取向，即以实现人的自由全面发展为根本价值取向，在美好生活需要观养成过程中注重凸显物质需要的品质性、日常性和文化性。具体来讲，要鲜明批判和反对将物质生活需要的"美好"错误地理解和狭隘地贬低为"单一的""不合理的""无限的"物质生活、物质需要和物质欲望。教育引导人们将物质需要与社会现实联系起来，理性将物质需要的"美好"和现阶段社会生产力联系起来，实现主观追求与客观供给的统一；教育引导人们以美好的物质需要克服不合理的物质需要，警惕消费主义、享乐主义等错误思潮的侵扰，比如擦亮双眼认清超过个人购买力的攀比性消费和奢侈性消费都是物欲无限膨胀的结果，是对"美好的物质需要"的误读。

三是美好生活需要观的精神性指向。精神性指向是就美好生活需要的精神生活方面而言的，依据人的需要层次结构，结合实现物质文明和精神文明共同富裕的目标，"精神生活需要"是美好生活的主导性需要。人的主动性和创造性凸显了人在满足美好的物质生活需要基础之上自觉地追求精神文明，生产力不断解放和发展的经济社会环境使人们拥有更多的自在时间和旺盛精力，社会主义文化事业和文化产业的日趋繁荣给人们提升自身精神文明提供了丰富的资源和浓郁的氛围。结合人们美好生活需要，可归纳出人民美好精神生活需要包括高品质的文化需要、公平正义的政治需要、有尊严的社会需要、美丽和谐的生态需要。由此观照现阶段人们的实践活动，高品质的文化需要受到享乐主义、消费主义、虚无主义等西方文化思潮的消极影响，社会主义先进文化需要没有成为全部人民群众的主导文化需要；人们政治社会化程度不一、对政治生活理解的不够、受个人主义影响、权利与义务相统一意识相对薄弱等，使公平正义的政治需要在人们美好精神生活需要中有一定程度的缺失；在一定范围内物化特征鲜明、技术主义盛行，掩盖了人与人之间的劳动关系，人与人之间出现不同程度的疏离，人的生命尊严、价值体验影响着和谐的人际关系。基于此，这一指向的美好生活需要观教育，就是要充分发挥社会主义核心价值观的引领作用，引导人们认识此指向的需要是新时代美好生活需要的主导性需要，以形成健康向上、积极进取的价值观念激发人们精神生活需要的主动性、创造性，开掘人们的精神文明追求。比如，现阶段人们的时间和精力被先进的生产力不断解放出来，有闲时间越来越多，加之社会文化产业和文化事业为人们提供更多的精神消费产品，人们本能够更好地满足自己的精神生活需要、构建自己充盈的精神世界、提升自身的精神文明，而事实上由于人们思想道德素质的参差不齐、精神产品消费观念不够健康，部分人们在一定程度上存在着越休闲精神世界越空虚的悖论；究其原因，在于人们关于精神产品需要和消费的合理价值观念未养成，这就需要以社会主义核心价值观来发挥价值观引领作用，这一价值观反映了人与人的和谐关系、人与技术的价值理性和工具理性相统一、人与人自身精神需要的自洽度、人与社会精神文明不断提升的相互促进；由此，美好生活需要观教育在这方面的举措就是，通过群众喜闻乐见的形式进行反映国家层面的价值目标、社会层面的价值取向、个人层面的价值准则的价值观传播与引导，实现以构建社会健康向上的精神文明系统、个人积极进取的精神生活价值观来满足人们的精神生活需要，充盈人们的精神世界。

（二）新时代劳动教育

马克思指出，劳动是人的本质，劳动本身是自由自觉的活动，是人的生存方式，不仅人类的基本生活资料依靠劳动来创造，甚至人自身的发展包括人的体力发展和智力发展，都是在劳动过程中实现的。这就是说，劳动不仅创造了人类生存和发展的根本条件，而且还创造了人本身，劳动是推动人类社会进步的根本力量。"社会主义是干出来的，新时代也是干出来的。"① 社会主义伟大事业需要在劳动精神的指引下不断开创，劳动者要不断提高自身素质，通过劳动为实现人生价值奠定基础，通过劳动推进社会主义现代化建设。马克思曾指出，人民生活需要的满足必须"通过活动来取得"。这里的"活动"即"劳动"之意。所以，新时代人民日益增长的美好生活需要，不仅需要人们去感受和体悟，更需要人们通过劳动去创造。"美好生活不会向我走来，只有我走向美好生活"揭示了人们只有通过实实在在的劳动才能满足自身的美好生活需要。全国教育大会上提出，坚持劳动教育是坚持中国特色社会主义教育发展道路的应有之举。通过劳动教育可以引导社会成员树立正确的劳动观念、养成积极的劳动习惯、涵养浓厚的劳动情感，弘扬和践行劳动精神，在劳动创造中追求获得感和幸福感，推动实现人民美好生活和中华民族伟大复兴。

新时代思想政治教育以美好生活教育为主题，在引导人民群众树立美好生活需要观的基础上，开展劳动教育，使人民群众正确处理个人需要与个人劳动、社会贡献等关系，动员人民通过实实在在的劳动创造美好生活。具体来说，一是通过马克思主义劳动观教育，帮助人们调整对待劳动的正确态度、确立正确的劳动观念。劳动力在不断的被解放和发展，但是劳动是创造人类和社会的原生动力，以马克思主义的劳动创造人的人本论意义向人们阐释清楚"美好生活"的实现途径，唯有劳动、实实在在的劳动才是正道，以此激发人们对待劳动的情感，引导人们尊重劳动、崇尚劳动、辛勤劳动。比如，学校思想政治教育以新时代劳动教育丰富主题性教育内容的体现，即，在大中小学劳动教育一体化过程中，小学阶段注重结合个人生活习惯的养成引导学生对待劳动的情感认知，中学阶段以马克思主义劳动观的知识习得增强学生劳动创造美好生活的观念，大学阶段结合学生校内外实践建构和深化自身正确的劳动观。二是借助多种形式弘扬劳动精神、劳模精神、工匠精神，为新时代人民通过劳动实现美好生活

---

① 习近平给中国劳动关系学院劳模本科班学员的回信 [N]. 人民日报 ,2018-05-01(01).

提供强大精神动力。美好生活需要是注重层次和质量的不断提升的，实现美好生活的劳动也自然要以高标准来体现，劳模精神中的"争创一流""勇于创新"、工匠精神中的"精益求精""追求卓越"都彰显了个人积极进取的劳动精神，以此实现个人不断完善、推动社会进一步发展，在个人完善与社会共同体进步统一中实际上收获的是对生活更加美好的深刻感受。如，以表彰劳动模范和先进工作者的形式，激发人民群众追求美好生活的劳动热情，鼓舞广大劳动者投身实现中国式现代化的奋斗实践中。三是针对适应科技发展和产业变革形成的劳动新形态，以社会主义核心价值观进行规范和引导，为人们通过辛勤劳动实现美好生活营造良好的社会氛围。时代变迁，劳动形态发生了很大变化，可笼统地归纳为出现了多样的相较于传统劳动形态的新型劳动形态，如平台经济劳动、共享经济劳动、数字劳动、众包劳动、虚拟劳动、创意劳动，从事这些劳动的人员不完全像传统行业劳动者具备较强的组织性、制度化，一定程度和一定范围内会出现劳动者缺乏职业安全感、劳动者权益保护不足、影响社会群体正确的择业观和就业观等。比如，网红主播这一职业形态，有积极的影响，也存在着不容忽视的消极影响，从文化传播角度来看，部分主播存在着为了吸引眼球传播虚假、低俗的内容，影响着正向价值观的传播。这就需要开掘新型就业领域中思想政治教育的价值观引领功能，结合劳动形态开展劳动教育，提升新型劳动形态从业者诚实劳动、辛勤劳动的思想道德观念，更好发挥新型职业对经济社会中劳动者劳动精神和劳动热情的积极影响，建构实现美好生活的正向劳动价值取向。

（三）协调利益关系教育

新时代社会主要矛盾转化，仍是人民内部矛盾的转化，由经济层面供需矛盾的凸显到社会层面供需矛盾的凸显。相较于经济层面供需矛盾集中反映社会经济领域的矛盾，更多体现的是经济属性，社会层面供需矛盾则是包括经济领域在内的社会各领域矛盾的集中反映，具有多元属性，如经济属性、社会属性、文化属性、利益属性等等。具体的、现实的个人对美好生活理解的差异性，以及其内在反映的经济社会发展的不平衡不充分的矛盾性特征，还有人们对劳动创造美好生活的认识，都反映出美好生活实践中存在着差异，或者说是差距，这样的差异或差距就难免形成冲突，在侧重调整社会关系的新时代，冲突集中体现为利益冲突。所以，新时代社会主要矛盾的多元属性中，利益属性相对突出，全面深化改革也是基于社会利益协调而提出的。以美好生活需要观来引导人们理解美好生活的内涵，属于认识论。开展劳动教育动员人民创造美好生活，属于实践论。人们在正确认识美好生活的基础上，通过实在的劳动创造美好生活的过程中，还存在一个价值论的问题，即个人利益、集体利益、国家利益在美好生活实践中的关系处理问题。所以，从价值论上讲，还要求美好生活教育包括协调利益关系教育。

协调利益关系教育，就是通过引导人们正确认识美好生活实践过程中个体价值实现与社会价值实现之间的关系，处理个人利益、集体利益与国家利益之间的矛盾，处理个人利益与他人利益之间的矛盾，处理当前利益与长远利益之间的矛盾。首先，以利益认同来实现个人利益、集体利益和国家利益的整合。个人与社会的关系问题是认识和处理人在社会实践活动中各种关系和问题的重要着眼点和出发点，这一关系的最根本体现是个人利益与社会利益的关系。社会主义社会，个人与社会的辩证关系表明了个人利益与社会利益在根本上是一致的，两者在诉求与满足过程中是相互制约与相互促进的。各领域思想政治工作应该以此来阐释清楚个人利益、集体利益和国家利益的有机统一，增进社会成员的利益认同感；结合具体的经济社会实践，凸显集体主义作为社会主义道德的原则，引导实践主体理解社会主义实践发展更加注重保护个体的合法利益，但仍以国家利益、全局利益作为利益认同和选择的根本指针，面对个人、集体与国家之间的利益冲突，仍要发挥集体主义的利益导向作用，形成个体对集体利益与国家利益的认同，实现三者的整合。其二，以科学正确、与时俱进的利益观引领个体之间实现利益协调。社会运行过程中的实践活动说到底是个体之间的实践交往，社会运行顺畅依赖于个体之间紧密的分工协作、合理的利益分配。马克思主义利益观的核心点立足于个人与他人关系的处理上，树立此观念，首要的是在日常的社会实践中理解并处理好个人与他人之间的关系。任何人是他人自由发展的条件，社会主义制度下，人民群众之间的利益在根本上是一致的，具体的冲突、矛盾都是在根本利益一致大前提下"发展不平衡不充分"导致的个体利益之间的不协调，是可以通过调整和完善生产关系、分配机制来实现个体利益合理诉求满足、个体之间利益沟通和利益协调。新时代各领域开展协调利益关系教育，需要讲清楚个人与他人之间合理利益满足是相互成就的、相互服务的、不是掣肘的，每个个体在各自的分工领域中充分发挥自己的才能创造更多的物质财富和精神文明，都是自身利益满足和他人利益获得的过程；在此基础上，教育引导社会成员调整好利益满足心态，面对利益满足过程中的具体问题，始终坚持在追逐自身利益时需要尊重他人利益满足而不是损害他人利益，以避免走向对立型心态、消极型心态、投机型心态、情绪型心态、虚无型心态。其三，以可持续的发展观念疏解社会实践活动中当前利益与长远利益的矛盾。对于社会整体利益诉求来说，需要与当前社会生产力水平相适应，发挥当前社会形态的最大利益协调功能，满足人民群众"美好生活"这一新时代利益需要，比如提供更多与当前经济社会发展相适应的优质生态产品和优美自然环境以满足人们的绿色生活方式养成。对于社会个体的利益需求来说，引导广大社会成员着眼于长远发展，在整个人生长河中进行利益规划和利益选择，同时秉持可持续的发展观念、增强大局意识和整体意识，正确处理个体成长与集体发展的关系，实现个体利益和社会整体利益的长远发展。

### 三、中国特色社会主义文化教育

美好生活是事实判断和价值判断的统一，价值判断在很大程度上依赖于文化的尺度；推动中国式现代化建设中的高质量发展，文化是重要支点。这就要求解决新时代社会主要矛盾的思想政治教育实践，开展中国特色社会主义文化教育，拓展社会化教育内容，提供实现人民美好生活需要的文化熏陶路径，以文育人、以文化人，致力于引导最广大人民群众满足美好生活需要的价值判断，发挥社会主义核心价值观对经济社会平衡充分发展观念的引领作用。开展中国特色社会主义文化教育，拓展思想政治教育的社会化教育内容，首要的是以其丰富的文化内容来满足广大人民群众的美好生活需要，其二是将社会主义核心价值观落实落细落小在人们日常生活中以涵养中华文明。

（一）中华优秀传统文化、革命文化、社会主义先进文化教育

中国特色社会主义文化，包括中华优秀传统文化、革命文化和社会主义先进文化。以丰富的文化内容来满足广大人民群众的美好生活需要，就是要以传承中华优秀传统文化涵养中华民族的道德伦理，以弘扬革命文化坚定社会整体的理想信念，以发展社会主义先进文化培育人民群众的时代精神。

"中华文化积淀着中华民族最深沉的精神追求，包含着中华民族最根本的精神基因，代表着中华民族独特的精神标识，是中华民族生生不息、发展壮大的丰厚滋养。"[1] 开展这一文化教育，首先要充分认识到中华优秀传统文化是中国特色社会主义文化的源头活水，用其中包括着的宇宙观、天下观、社会观、道德观等丰厚内容来巩固各领域思想政治工作开展文化教育的内容根基。这里以

---

① 习近平总书记系列重要讲话读本 [M]. 北京：学习出版社、人民出版社,2016:201.

道德观举例，中华传统美德作为中国传统道德的精华部分，为今天的道德建设提供了丰富的资源。如，"追求精神境界，向往理想人格"，主张的是物质生活满足基础上应该追求崇高的精神境界，并且把道德理想的实现作为人的需要中最高层次的需要。本着"仁义"行事、孔颜乐处、"先天下之忧而忧，后天下之乐而乐"等等，都表明这一传统美德已凝聚为中华民族特有的价值追求，将其作用于美好生活观教育，可以使广大人民群众从其深厚滋养中更深刻地理解充盈的精神生活需要作为新时代美好生活需要的重中之重，以更好地消解消费主义、享乐主义等错误社会思潮对实现精神生活共同富裕的影响。其二是要处理好继承与发展的关系，对中华优秀传统文化进行创造性转化和创新性发展，将其中蕴含着的家国情怀、革故鼎新等理念与现代文化、现代生活相融相通，采用时代表达方式，最大程度地发挥其化育功能，增强面向各领域思想政治工作的铸魂育人效果。比如《经典咏流传》等时下比较热门的节目，正是用独具时代特征的形式让中华优秀传统文化丰富人们的精神世界，这种"大思政"的视角和方式，更好地使具有当代价值的文化精神影响着广大人民群众的思维方式、行为习惯、价值观念，增强和凝聚着人们在创造和共享美好生活实践中的精神力量。

革命文化，是党领导人民进行的伟大革命实践中创造出来的物质文化、精神文化和制度文化的统一体，是马克思主义与中国革命、建设、改革的伟大实践相结合的产物。其主要内容和基本精神表现为"为实现社会主义和共产主义的理想而奋斗""全心全意为人民服务""战胜各种困难和奉献的革命加拼命精神""团结奋斗、甘于奉献"等等，"坚定社会主义和共产主义的理想信念"是革命文化的灵魂。故而，革命文化是坚定广大人民群众理想信念的资源宝库，为文化育人提供着坚实的理论支撑。各领域思想政治工作以革命文化丰富教育内容，开展革命文化教育，就是结合各领域受众的思想行为特点和精神文化生活需要，有效传播革命文化主要内容和基本精神，树立和培养人民群众的社会主义和共产主义的理想信念，坚定广大人民群众的道路自信、理论自信、制度自信和文化自信。理想信念是人的精神之钙，革命文化教育凸显出理想信念教育，可以引导人们避免精神空虚和迷茫、超越庸庸碌碌的人生，追求和实现投身于新时代中国特色社会主义伟大事业的人生理想。比如，面向青年大学生开展系统的理想信念教育，能够激发他们将个人奋斗志向融入进国家和民族的前途命运中，增强他们的使命担当，在服务祖国和人民中提升人生价值的实现；党政机关的思想政治工作，借助革命文化教育，使广大领导干部在具有新的历史特点的伟大斗争中筑牢理想信念之魂，经受住各种考验、突破各种局限，依靠顽强斗争，发挥解决新时代社会主要矛盾、推进中国式现代化实践中的先锋作用。

社会主义先进文化，萃取了中华优秀传统文化和革命文化的精华，作为当代中国的新文化，是对前两者的现代阐释。它立足当代中国现实，尤其是立足于新时代这一新的历史方位，在回答当代中国问题，尤其是发展新质生产力、构建物质文明和精神文明相协调等面临的现实挑战的中国方案中，提炼出了其中的思想文化精华，发挥着引领中国特色社会主义道路方向、汇聚实现中国式现代化力量、鼓舞广大人民群众满足美好生活需要士气的作用。相较于前两者文化形态，它体现出新时代背景下鲜明的中国价值和时代精神，比如人民至上、自信自强、绿色发展、开放包容等理念，是文化育人的重要来源和精神动力。开展社会主义先进文化教育，首要的是各领域思想政治工作要警惕西方资本主义文化渗透侵袭，引导人们捍卫中国特色社会主义文化的独立性，以文化人加强社会主义意识形态建设。其二是针对大众文化勃兴中受到个人主义、消费主义、功利主义、泛娱乐化等的冲击，思想政治工作者要注重发挥社会主义先进文化的主流价值引导功能，既规范广大受众的文化需要方向，又涵育其向上而行的文化追求，实现满足人们具体文化需求与增强人民整体精神力量相统一。其三是各领域思想政治教育实践要结合受众的思想行为特点和所在文化环境、所受文化氛围，进行各有特征的文化育人、以文化人。以青年学生思想政治教育为例，近年来"佛系文化""锦鲤文化""躺平文化""内卷文化"等对青年学生思想行为的影响，亟需针对青年学生群体的以文化人过程中，发挥社会主义先进文化对青年亚文化的主导作用，适时揭示青年亚文化现象中对冲主流文化的本质，引导青年学生挣脱亚文化样态的漩涡，以汲取时代精神营养涵育自身奋斗姿态，促进青年群体表达自我与实现人生价值的正向交互。

（二）社会主义核心价值观教育

文化的核心是价值观。文化之间的不同说到底是其蕴含的价值观的不同。树立和坚定文化自信，从根本上来说，是树立和坚定核心价值观自信。开展文化教育，从产生的根本效果来看，就是发挥文化中蕴含的核心价值观对人的深刻、深远影响。中国特色社会主义文化的核心是，社会主义核心价值观，它是在我国社会发展的历史长河中逐步形成、显现和发挥作用的。中国特色社会主义文化的形成和发展，是社会主义核心价值观的逐渐凸显和深刻影响的过程。

所以，从根本上来讲，文化育人是发挥社会主义核心价值观对人的思想和行为潜移默化的影响，文化教育要求开展社会主义核心价值观教育。社会主义核心价值观教育是引导受教育者树立正确的价值观念，提高价值理解力、价值判断力和价值选择力，坚定社会主义核心价值观自信。

价值观教育是引导受教育者树立正确的价值观念，提高价值理解力、价值判断力和价值选择力，坚定价值观自信。"一种价值观要真正发挥作用，必须融入社会生活，让人们在实践中感知它、领悟它。"①故而，社会主义核心价值观教育，就是结合经济社会的发展实际和人们的具体实践，将其落细落小落实，增强人们的价值判断力、自觉做社会文明进步的推动者。

社会主义核心价值观落细落小落实，是经历着不同阶段、体现着不同特点的过程。首先是广大人民群众认识、认同和内化社会主义核心价值观的具体内容。价值观是在反映和作用于社会实践的文化发展中凸显出来的，在中国特色社会主义文化发展过程中不断提炼、总结、丰富，形成了包括体现国家层面发展方向、社会层面发展目标、个人层面发展准则的社会主义核心价值观，基本内容是"富强、民主、文明、和谐，自由、平等、公正、法治，爱国、敬业、诚信、友善"。人们对它的认识、认同和内化，首要依赖于对其内容的广泛传播。现阶段，这一过程已经取得明显的效果，通过媒体宣传、学校教育和社会教育、文化活动、公益广告、社区宣传、典型示范、网络传播、出版物等，人们形成了对社会主义核心价值观基本内容的广泛认知，能够理解到它是全社会共同遵循的价值导向。现阶段，基于人们广泛认知基础上，由于物质文化生产基础、科学文化水平、思想价值观念等的不同，内化社会主义核心价值观表现出参差不齐的特征，这要求价值观教育进入"引领教育"的阶段，即以先进群体的核心价值观内化和践行，来引领社会广泛群体的社会主义核心价值观养成。如青年学生、党员干部、各行各业的先进典型等等，以这些走在时代前列、培育和践行社会主义核心价值观最积极、最活跃的先进代表，用最真实的价值观内化事迹、最朴实的价值观养成方式，现身说法、榜样示范，诠释核心价值观是全社会的价值共识、应成为每个人的日常行为准则。

其二，实践是价值观养成的现实土壤，各领域思想政治工作要结合文化强国建设实践，发挥社会主义核心价值观对文化建设和人民群众精神文化需要的引领作用。针对基本公共文化建设从业者进行全面系统的社会主义核心价值观

---

①　习近平. 习近平谈治国理政（第一卷）[M]. 北京：外文出版社,2018:165.

教育，就是要将"平等""公正"等价值观融入工作过程中，逐渐推动基本公共文化服务均等化，实现以更广泛的更高质量的公共文化产品和文化服务满足最广大人民群众的基本文化权益。各类文化创建活动过程中的社会主义核心价值观教育，是要结合文化多种形式、多类样态，引导文化创建活动主体有方向地将国家发展的价值目标、社会进步的价值取向、公民遵循的价值规范融入其中，引导城市精神、社区文化、农村文化、校园文化、企业文化等文化创建活动既坚持正确发展方向又满足人们精神文化生活的多样化需求。再者，新时代文明实践中的社会主义核心价值观教育，要求以人的价值观自信增强文化主体性，以创造具有思想内涵与内在品质、注重人民体验收获与情操陶冶的文化产品和文化活动，满足人民对精神文化的品质化追求、推进中华民族现代文明建设。比如，农村精神文明建设实践中，将社会主义核心价值观的先进价值理念、现代价值追求融入地方风俗文化、融入乡规民约，能够从建设社会主义先进文化、培育现代公民层面，既满足人们的现实文化诉求又发挥凝聚群众、引导群众的社会效益。

# 第三节　思想政治教育形式创新

形式与内容是辩证统一的，内容要拓展丰富，形式就要创新适应。新时代思想政治教育形式就是以新时代社会环境为背景，以新时代人的思想状况为对象，以实现人民美好生活和全面建成社会主义现代化强国为目标，以新时代社会交往方式为手段，以凸显新时代思想政治教育本质为特征的原则、方法、载体、活动等的总和。结合新时代思想政治教育内容发展，依据新时代社会主要矛盾转化对其形式创新发展的要求与原则，形式创新表现为日益精细化、生活化和立体化。

## 一、思想政治教育形式的精细化

"精细"，即精准细致，与"粗糙"相对，"精细化"是相较于"粗放型"而言的。思想政治教育形式的精细化，就是思想政治教育原则、方法、载体、活动等综合作用过程中凸显出精准细致的特征、发挥出提升育人目标达成效率和增强最广大受众获得感的效果，它是形式的前提性、整体性创新。此精细化的实现，具体要求，针对受众对象的分类、教育内容的分层、社会整体思想政治素质的不同发展水平，思想政治教育叙事思维由"元叙事"发展为强化、注重与"微叙事"的统一，方法论体系中凸显精准方法论的主导地位。

（一）思想政治教育叙事思维由"元叙事"到"微叙事"的转化与统一

"思想政治教育叙事是思想政治教育主体对教育内容进行叙述并阐释的过程。"① 如此，依据内容与形式的关系，可以说，思想政治教育叙事实际上就是思想政治教育形式的外显和运行，并且叙事思维决定着形式的特征和效果。叙事思维为叙事过程提供方向和目标、影响叙事实践的价值取向和推进效率，就思想政治教育叙事经验来看，有元叙事思维和微叙事思维，秉持前者形成的是宏观抽象的宏大叙事风格，后者形成的是微观具体的细致叙事风格。思想政治教育的本质，是主流意识形态的主导与灌输，这就决定了不同于其他教育活动，它一开始就秉持着宏观抽象的"元叙事"思维，以诠释宏大叙事题材，形成具有普遍意义和崇高意义的宏大叙事风格。新民主主义革命时期，党领导人民进行革命以建立人民当家作主的无产阶级政权，决定了解决阶级对抗性矛盾这一集中性、宏伟性的历史主题；党的思想政治工作在初创中围绕此主题采取的是宏观的、权威性的宏大叙事，以争取革命斗争胜利的最大多数人民力量。社会主义革命和建设时期，在接续解决阶级对抗性矛盾基础上主攻社会主义经济建设这一中心任务、基础性工程，党的思想政治工作在发展中围绕此采取体现国家意识形态的、"自上而下"的传播逻辑，为党领导人民大力解放和发展生产力、提高社会生产力的整体水平夯实社会基础。改革开放和社会主义现代化建设新时期，党领导人民继续探索中国建设社会主义的正确道路、解放和发展生产力，致力于人民尽快富裕起来成为社会整体性目标；思想政治教育在社会化、系统化过程中围绕此采取的是强调普遍真理性和历史必然性的叙事逻辑，以保证中国特色社会主义发展方向。中国特色社会主义新时代，党领导人民决胜全面建成小康社会、进而全面建设社会主义现代化强国，逐步实现全体人民共同富裕，不断创造人民美好生活成为时代主题；思想政治教育在现代化进程中应该在提供宏观认知框架、强化核心价值观的同时，聚焦具体的、个体化的生活情境和情感细节，以"自下而上"的传播逻辑激发广大受众的情感共鸣、价值共识，为美好生活的实现与中华民族的伟大复兴提供强大的精神力量。从此梳理中可以总结出，思想政治教育叙事思维应然发生着并在实在进行着由元叙事转化为与微叙事的统一。新时代主题和目标在集中表达下内涵着个体化、多样性，具有宏观性和一致性的思维方式和引导方式，在一定程度上和范围内显得

---

① 史宏波，谭帅男 . 论思想政治教育双重叙事 [J]. 教学与研究 ,2022(04):102.

缺乏现实张力和人文意蕴，需要思想政治教育叙事思维在强调抽象性、全局性和长远性的同时，更要关注具体性、个体性和现实性，融入经济社会的不平衡不充分的矛盾性特征，深入社会个体的学习、工作、生活等日常实践，实现元叙事提供"框架"以保证方向和微叙事填充"血肉"以增进认同的统一。

叙事思维的这一转化，具体指导思想政治教育形式表现为庄重与灵活的统一，具体来说，即在国家、民族、历史进程等宏大主题下，聚焦个人或群体的日常实践、生活经验，将高度抽象的内容转化为具象化的内容，使政治性话语、学理性表达巧妙地与受众的具体情境和情感细节相结合，多用生活化、大众化语言，在延续传统的、制度化传播渠道的同时更多依赖新媒体等灵活多样的传播平台。如高校思想政治教育中对青年学生美好生活观的培养而言，思想政治理论课作为主渠道，要避免单纯的理论灌输，而是将新时代社会主要矛盾、美好生活的内涵、马克思主义劳动观、理想与现实等内容和大学生的成长环境、成才需求、认知水平等具体实际结合起来，促进美好生活观的理论系统性和青年学生群体代入感的统一、课堂学理讲"为什么"和实践感知"怎么做"的统一、教师主导解读和学生主体创造的统一，总体上在理论建构和情感共鸣的融合中使美好生活观在青年学生具体可感的体验中"落地生根"。再如，在农村思想政治工作引领村民美好生活观的养成中，以"乡村振兴大讲堂"等方式进行政策理论宣讲，解读乡村振兴中个人美好生活的内涵、特征和实现途径；通过"乡村故事擂台赛"等活动，由村民讲述时代变化、自身生活变化、乡村变化中的致富故事、家风故事等，并制作成短视频通过抖音、微信等平台传播，从中展现百姓眼中美好生活的实际样态；如此，美好生活观的内涵和养成既贴合时代特征又观照村民生活特点和文化习惯，能够实现在助力乡村振兴中满足村民的美好生活需要。

（二）思想政治教育方法论体系中凸显精准方法论的主导地位

随着"精准扶贫、精准脱贫"基本方略的推进落实和高水准实际效果，"精准"成为中国特色社会主义实践的重要方法论。"精准扶贫"的着力点在于精准施策，即实事求是摸清贫困底数，具体分析并对症下药、分类施策。"精准"即精细准确，精准方法论，是在精细化理念的总体指导下力求"准"，"准"包括方向准、方法准、力度准、效果准。思想政治教育叙事思维由"元叙事"到"微叙事"的转化与统一，指导着思想政治教育方法论体系中凸显精准方法论的主导地位。随着思想政治教育实践的发展，其方法论形成了过程论、认识论、系统论等范式，基于过程的方法论是聚焦思想政治教育的过程与环节形成的认识方法、实施方法、调节方法、反馈方法的过程方法体系；基于认识论的方法论则是依循"认识 - 实践 - 再认识"的规律形成的思想政治教育原则方法、实施方法、综合方法的哲学方法体系；基于复杂系统的方法论则是聚焦思想政治教育的要素与系统形成的主导性方法、主体性方法、民主化方法和信息化方法的结构方法体系。这些范式实际上形成了思想政治教育实践过程中综合作用的方法论体系，指导着不同时期、不同领域思想政治工作中的方法种类选择、方法功能发挥和方法具体运用。精细化理念指导下，新时代思想政治教育主导性内容、主题性内容、社会化内容有效作用于广大人民群众，要求在思想政治教育方法论体系中凸显精准方法论，也就是过程方法体系、哲学方法体系、结构方法体系在具体作用过程中做到抓住关键问题和关键环节、坚持具体问题具体分析、因人因时因事而异、与时俱进等。

　　处理好人民群众美好生活的共同性需要与多样性需要的关系，是美好生活教育实效取得的关键，数智技术日新月异之下，准确勾勒出广大人民群众的"数据画像"，驱动精准思想政治教育方法以有效处理这一关系。"推荐算法"引入思想政治教育，就是凸显精准方法论的鲜明实例。推荐算法通俗来讲就是解决准确匹配问题，引入思想政治教育，就是借助大数据、云计算等技术收集受众信息进而识别受众特征、追踪受众的各种行为轨迹，运用数据提取和分析等技术给受众"精准画像"，从而给受众"量身定制"价值观引导方案。在具体的推荐算法赋能思想政治教育形式创新中，叙事者根据算法给受众的"数据画像"研判其价值观需要，及时更新叙事内容和叙事方式，同时受众在叙事过程中也能够充分发挥其主动性和积极性使得叙事更符合自己的思想需求。比如，受众众多的短视频平台中的"知识图谱推荐"，当检测到用户频繁搜索"致富经"时，依据给用户的画像分析，是农村用户抑或是城镇个体户、青年创业者等，优先推送乡村振兴案例、小微企业政策、科技创新致富、诚信经营法规解读、党建引领合作社经验等，如此，既满足了受众获取致富信息的基本需求，又完成了"勤劳致富""合法经营""共同富裕"等的价值传递。

　　再者，以通过思政课培养学生美好生活观举例。思政课作为学校思想政治教育的主渠道，不同阶段学生美好生活观养成目标要求思政课精准施教，大中小学思政课一体化建设即是精准施教方法论的体现。结合学生思想行为特点，遵循各阶段学生价值观念养成规律，做到精准到人、精准到事、精准到时。小学阶段注重培养学生对美好生活的道德情感、初中阶段注重打牢学生对美好生活观的思想基础、高中阶段重在提升学生理解美好生活作为时代目标的政治素养、大学阶段增强学生创造美好生活的责任担当。聚焦于各阶段的培养目标，思政课在课堂教学和实践教学过程中积极探索具体原则、方法、载体等形式综合作用的精准发挥。

## 二、思想政治教育形式的生活化

生活即教育，教育"是以生活为中心之教育""是生活所原有，生活所自营，生活所必需的教育"。<sup>①</sup>生活化思想政治教育可以从三个方面加以定义，即生活中生成的、通过生活开展的和为了美好生活的思想政治教育。在这里，"生活中生成"说的是本质，"通过生活"是方式，而"为了生活"是目的。通过生活开展的思想政治教育就是其形式的生活化，它是就其形式的具体运行过程而言的创新，即要求思想政治教育活动原则、话语表达、活动方式凸显生活化。

（一）思想政治教育活动原则的生活化

"贴近实际、贴近生活、贴近群众"原则，是党的宣传思想文化工作的重要指导方针，也是增强思想政治教育内容有针对性地、实效性地传达至受众所要遵循的重要原则。新时代思想政治教育形式创新的生活化体现，首要的就是在活动原则中更加凸显"贴近生活"，将传递的思想观念融进受众的日常生活并帮助受众解决现实生活中的精神困惑。如上述"内容拓展"中所谈到的美好生活教育、中国特色社会主义文化教育，都是新时代人们在满足基本的物质文化生活需要基础上对于美好生活的向往、希望拥有更多文化资源诉求的回应，这一回应要真正的发挥实效，依赖于再次回归受众现实生活的活动原则，即日益实现"活动原则的生活化"。思想政治教育活动原则的生活化，是遵循生活化的逻辑，具体做到，一是活动应该嵌入受众的生活场景，实现自然渗透，避免生硬嫁接导致形式与内容的脱节；二是活动需要关照不同受众的生活经验，增强受众适配感，避免同一模式导致的形式与内容的错乱；三是活动能够触发受众生活情感以增强价值共鸣强化内容认同；四是活动应该导向生活实践，引导受众将接收到的思想观念内化为自身价值观进而转化为具体行动，避免停留在符号层面滋生形式主义。

就"美好生活教育"举例，遵循生活化的活动原则增强各领域这一内容的实效性。学校思想政治教育中，比如高校学生美好生活观的养成，结合学生现

---

① 王凤炎.德化的生活——生活德育模式的理论探索与应用研究[M].北京：人民出版社,2005:20-23.

实的择业观、就业观情况，依托社会中青年群体的就业案例讲清楚劳动是创造美好生活的根本途径，以确立正确的劳动观，助力学生做好职业选择和职业生涯规划，为创造美好生活打下基础。党政机关思想政治工作中，领导干部对美好生活观的认识和确立，最实在的途径是将自身工作深入人民群众、为人民群众办实事来深化理解"为人民服务"中成就"大我"的真谛。社区和农村基层领域的思想政治工作，落实活动原则的生活化，即紧密结合居民和村民的需求，将美好生活观念融入乡土文化、风俗习惯，以解决诸如孝老敬亲、邻里矛盾、个人增收、公共事务等实际问题，以影响村居民的行为处事来内化对美好生活的正确认识。企事业单位的思想政治工作，可以对接企事业员工职业场景，融入企事业文化活动，在健康职业观的养成中塑造美好生活观。网络新媒体领域的美好生活观引领，需要适应传播规律，探索生活化策略，比如善用短视频传播，借用不同类型文化形式吸引不同群体，有针对性地引领美好生活观的养成；再如创设社交媒体话题，增强受众参与感，在不断互动中影响美好生活观的正向养成。

（二）思想政治教育话语表达的生活化

思想政治教育话语表达在形式范畴中占据重要地位、发挥着关键作用，形式的生活化也表现在话语表达日益生活化上。这一生活化，是指思想政治教育的语言风格、表达方式、传播形式贴近受众的日常生活，用受众易于理解、乐于接受的话语形态传播抽象的政治理论、价值观念。其具体内涵，是话语主体相互平等，变"权威灌输"为"平等对话"，拉近距离；话语内容尽可能地具象化，将政策、理论等宏大叙事转化为具体的生活案例、个人故事，增强渗透力；话语风格通俗易懂，采用"接地气"的语言表达，增强亲和力。它的主要特征，是使用日常交流语言表现出的口语化、多用典型案例呈现出的故事化、通过共情表达表现出的情感化、增强参与感呈现出的互动化、将抽象理论转化为生活符号表现出的符号化。具体实践路径，首先是话语转化，从"政策术语""政治话语""理论学理"等转化为"生活语言"，比如运用受众能够理解的比喻等"接地气"的修辞。其次，表达方式遵循"小切口、大主题"的逻辑，从"宏大叙事"具象至"微观故事"。再者，传播形式上利用诸如短视频、直播等新媒体，设置"话题讨论"等参与形式，从"单向灌输"拓展至"多元互动"。最后，注重结合情感元素传递价值观，借助艺术形式将"理性说服"融入进"感性触动"中。

以习近平新时代中国特色社会主义思想"入耳、入脑、入心"为例。为有效宣传乡村振兴战略，激发广大农民推进乡村振兴的精神动力和贡献其物质力量，农村思想政治工作中，需要采用通俗易懂、便于口头传播的生活化表达。比如，某地方的方言版快板："乡村振兴咋个搞？五句话儿要记牢：产业兴旺有钱赚，生态宜居好环境，乡风文明邻里和，治理有效少扯皮，生活富裕笑开颜！"让广大人民群众理解"坚持以人民为中心的执政理念"，可以结合各领域不同群体的具体生活经历来实现，比如，通过居民看病考虑费用高而"不敢住院"到"医疗报销80%"的变化，讲述外卖骑手因平台算法优化、工会维权等经历，等等，理解党致力于解决人民群众最关心最直接最现实的利益问题，把以人民为中心的发展思想落到实处。再如，共青团中央在微博平台发起"我的入党故事"话题，吸引网友分享经历，可以使"网络原住民"的青年学生加深理解在思政理论课上学习到"全面从严治党"理论，增强对中国共产党的信任，积极向党组织靠拢。学校思政课的实践教学中、校园文化活动建设中，借助学生喜欢的角色扮演形式，如"觉醒年代cosplay"，还原历史场景，学生扮演陈独秀、李大钊等辩论"青春何为"，激发青年学生的情感共鸣，从而更容易、更实在地确立时代新人的责任担当。

思想政治教育话语表达生活化，还需要警惕两个问题，一是避免庸俗化，即转化为生活语言时要注意思想性、引领力；二是防止娱乐化，即不能过度依赖流行符号如表情包、网络梗等传递价值观。因此，新时代思想政治教育话语表达不仅要体现思想性和严谨性，还要不断生活化，增强话语的感染力和吸引力，做到"经典话语"与"朴实话语"相互映衬。"经典话语"，即书面话语、学术话语和政治话语等标准语言，体现了理论的思想性、严谨性和科学性，能够给人以醍醐灌顶、幡然醒悟之感。"朴实话语"，即生活化话语，更加"接地气"，能够加深人们对理论的把握，从情感上拉近距离，更好融入群众精神世界，使受众更加容易接受。每个时代有每个时代的话语表达方式，人民群众是时代的创造者，新时代思想政治教育话语表达要与时俱进，选择符合人民群众需要的话语，提升亲切感；以具有积极导向的话语，展现理论魅力。

（三）思想政治教育活动方式的生活化

思想政治教育活动方式在形式范畴中属于具体落实的要素，是在遵循活动原则前提下，运用具体的方法、载体组织活动，使话语表达落在实处、产生效果。活动原则的生活化、话语表达的生活化，自然要求活动方式实现生活化。思想政治教育活动方式的生活化，首先是指活动设计注重场景化，即组织活动要以生活需要为切入点，随着智媒技术影响着生活的方方面面，数字化生活场景成为重点，在虚拟与现实融合中创设"类生活场景"；其二是参与方式的互动性强，即组织活动时更加注重受众的主体地位，发挥受众的积极主动性，在生活实践中体验式学习，主动内化核心价值观念；其三是方法载体的延展空间宽广，即活动过程中随着受众生活方式的变化、生活空间的流动，使用的方法、载体可多样化转换、多空间延伸。

就中国特色社会主义文化教育这一内容通过突出活动方式的生活化取得实效举例。学校思想政治理论课教学中实践教学所占比例日益增长，实践教学的探索聚焦于课堂活动和课外活动的设计，比如高校"思想道德与法治"课程中关于"弘扬以改革创新为核心的时代精神"的内容，应该多结合高校学生的专业特点、择业需求、行业成就来设计实际的、可感的活动，如"调研自身专业发展前沿，探究专业创新设想""梳理改革开放进程中自身专业中的行业楷模、时代楷模"，在学生主动了解专业纵深发展和满足自身成才需求中以激发其内在地培养创新创业的进取精神。推进乡村全面振兴中的精神文明建设进程，应该注重村民的体验式文明养成，比如近年来的"村超热""村晚热"，都很好地调动了村民的主观能动性和积极参与感，在自身参与和主体作用发挥中深化对活动所传递的价值观的认同、内化；再如，网络使用群体几乎全覆盖的形势下，短视频等自媒体成为村民主动创造精神文化产品的媒介，这就要求充分发挥村民的首创精神，以创作能够赓续农耕文明、传播淳朴乡风的文化产品来引领种类众多、内容各异、形式各类文化作品的价值导向。数字经济的兴起和社会结构变化所形成的新兴领域和新就业群体中更应注重以文化人、以文育人，基于其特征，更多地是要调动方法载体传递价值观的综合作用，比如通过新就业群体集中所在的数字平台运用短视频、表情包、漫画等推送内涵敬业价值观、诚信价值观、和谐价值观等的行业先锋事迹；结合新兴领域的社会交往特征、新就业群体的观念行为特点，通过行业文化培训、团队建设活动传递职业文化认同、社会责任意识；建立"新就业群体之家"或是融入其所生活社区建立职业文化实践基地，通过职业群体与用户群众的相互了解增进理解和尊重，提升新就业群体的职业归属感、自豪感，从而主动成为社会新风尚的践行者和传播者。

### 三、思想政治教育形式的立体化

原则、方法、载体等的综合作用过程，内在地包含着空间维度，形式的立体化，即增强原则、方法、载体等作用空间结构的联合性、互动性。思想政治教育形式的联动性，即实现由"单向输出"到"联动发力"的适应性发展，包括传统形式与新兴形式的有机融合、顶层设计与基层创新统筹协调。

（一）传统形式与新兴形式的有机融合

思想政治教育内容与形式创新发展的原则中，继承性与时代性相统一，要求将传统形式与新兴形式进行有机融合。传统形式，即思想政治教育实践中积累形成的具有普遍性的、有明显效果性的活动形式。新兴形式，即随着时代发展，体现时代特征，在时代实践活动中有积极效果的活动形式。传统形式有独特的优势，但在新的时代条件下单独发挥效果存在着局限性；新兴形式体现时代特性，但由于生成发展的时间短，在一定程度上和一定范围内还不完全独当一面。这就要求将传统形式与新兴形式有机融合，实现两者的优势互补，发挥最大的效果。同时，要注意到两者的有机融合，不是简单叠加、简单搬运，而是互动升级、渠道协同，要防止"两张皮"，避免形式化，确保价值观传播功能不被技术工具弱化，以扩大覆盖面、增强互动性、提升传播效果。

这里，我们围绕新时代人们的信息交互方式来讨论思想政治教育过程中内容传播载体和方法的传统表现与新兴表现的有机融合和有效运用。以传媒载体为例，广播、电视、报纸、书刊等为传统媒体，依托互联网技术的数字化传播平台为新兴媒体，如社交媒体、短视频、人工智能应用等。传统媒体传播具有权威性、理论深度性，而新兴媒体传播中因自媒体等表现出传播内容多样性、权威与非权威并存、形式灵活性，也因传播的碎片化在一定程度上缺乏理论深度。同时，传统媒体的传播周期相对较长，而新兴媒体则以瞬时性取胜。将两者有机融合，就要求思想政治教育者分析受众接收信息的特点，如青年学生更热衷于新兴媒体，新兴领域所指向的是新兴媒体，新就业群体的日常工作就在新兴媒体上进行，在具体内容传播中充分发挥传统媒体的核心优势，积极与新兴媒体对接，以传统媒体权威理论阐发引导新兴媒体内容传播，新兴媒体以灵活多样的传播技术及时升级传统媒体形成协同作用的载体合力。比如，《人民日报》《光明日报》等党报党刊发布的理论文章与新媒体可视化解读同步推出，或改编成短视频、图文推送，或设置"每日金句"等可读性强的栏目，形成全媒体传播矩阵。以理论教育法为例，其传统表现有讲授讲解、理论学习、宣传教育、理论培训、理论研讨等，呈现着系统性、直接性和权威性的特点，强调理论的灌输；其新兴表现有数字化与新媒体传播、互动式教育、分众化与精准教育、实践融合与隐性教育，它们是结合信息技术、遵循传播规律和受众需求的产物，注重互动性、分众化和生活化。将两者有机融合，就要求思想政治教育者实际分析理论教育的具体内容、受众的观念行为特点、所在环境和可依托载体情况，以理论教育传统表现的系统性为基础，借助新兴表现实现"精准滴灌""润物无声"的教育效果。比如，就"中国式现代化"开展的专题讲座可采用"互动直播"讲座形式，专家直播权威解读，听众用弹幕提问、点赞，专家筛选弹幕问题，实时回应并引导话题互动。

（二）顶层设计与基层创新统筹协调

思想政治教育作为思想上层建筑，构建主流意识形态，为中国特色社会主义实践凝聚思想共识、提供精神动力；作为影响人的思想观念的实际活动，是具体作用于各领域人群的，为广大人民群众美好生活实现提供价值引导、实践动力。由此，可归纳出这一实践活动是顶层设计和基层实践的统一。顶层设计，是关于思想政治教育的总体设计，构建系统性框架，发挥方向引领、规范标准的作用，具有全局性、普遍性、指导性的意义；基层实践，是关于思想政治教育的具体实施，激发各领域群体内生动力，表现出问题导向性、文化适应性的特点，具有局部性、特殊性、实践性的意义。活动形式自然也包括在其中，形式的立体化，也就要求顶层设计与基层创新统筹协调。形式的顶层设计是围绕全局性的思想政治教育，制定的具有普遍性、制度化、规范性的原则、方法、载体等的作用方案，指导着整体思想政治教育活动。形式的基层创新，是各领域依据自身的特殊性，在遵循顶层设计的基础上，创新适合自身领域实践的方法、载体，取得局部效果，以推动整体思想政治教育的发展。两者统筹协调，要坚持系统思维与实践创新的辩证统一，从全局性谋划和局部性探索两个维度协同发力，"顶层"提供政策框架、资源平台、技术标准等，"基层"结合地域、行业、群体特点创新形式，尤其注重充分发挥基层创新的力量，着眼于基层群众实践，打通基层思想政治教育的"最后一公里"。

比如，"话语体系转换"方面，顶层要求"推动党的创新理论'青年化'阐释"，基层实践有共青团"青马工程"用"网言网语"解读政策；"组织形态创新"方面，顶层设计提出"推进新经济组织、新社会组织党建全覆盖"，基层探索出"互联网企业'链上党支部'""设立'骑士党员驿站'"等；"载体方法协调"方面，顶层设计，如国家推动"大思政课"建设，用好社会大课堂，共青团中央推广"青年大学习"网上主题团课，形成全国统一学习平台，基层创新，如红色革命老区利用革命旧址打造"沉浸式思政课"，增强受众体验感。再如，新时代开展中国特色社会主义文化教育，在坚定文化自信，以创造性转化和创新性发展为重要着力点的引导下，突出基层文化教育形式的地区特色。红色革命圣地的基层教育实践，充分利用红色资源，如革命历史遗址、纪念馆等，开展革命文化主题教育活动，以发扬红色传统、培育民族精神。"时代楷模"的宣传，既遵循关于选树典型的标准，又通过基层挖掘鲜活故事，实现先进性和亲和力的统一。

# 第四节　思想政治教育内容发展和形式创新的统一

内容与形式，是实践中的内容与形式，内容适当、形式适当以及内容与形式协调，实践才会有效果。新时代思想政治教育是解决新时代社会主要矛盾的实践过程。通过内容发展与形式创新，形成新时代思想政治教育有效性实践，助力解决社会主要矛盾，为满足人民美好生活需要、促进经济社会高质量发展凝聚思想共识、提供精神动力。

## 一、思想政治教育内容、形式与实践

从实践操作层面上讲，内容与形式，是理论的思想内容与实现方式和表现方式的关系。所以，内容与形式，是实践中的内容与形式，特定的内容与形式表现为特定的实践。思想政治教育的内容与形式，表现为思想政治教育实践。内容与形式是辩证统一的，内容决定形式、通过形式来展现，形式反作用于内容。内容的变化，要求形式也随之变化，更充分展现内容；形式发生变化，会影响内容的展现。内容与形式的变化表现为新的实践。思想政治教育内容与形式的变化，表现为新的思想政治教育实践。作为社会系统的子系统，思想政治教育要发挥主流意识形态的建设作用，必然随着社会境况和人的诉求的变化而作出相应调整。这一调整过程从实践意义上讲就是其内容与形式的变化发展。

内容与形式表现为实践，还存在一个"效果"的关系，即内容、形式与效果的辩证关系。没有内容，也就不需要形式来展现，更谈不上效果；有内容，没有形式，内容无法展现，自然不会有效果；有内容，也有形式，不一定有效果，因为内容适当、形式不适当，或者形式适当、内容不适当，都不会产生预想的效果；有内容，也有形式，并且内容适当、形式适当、内容与形式关系协调，这时才能产生积极的效果。思想政治教育内容、形式与效果的辩证关系，也是如此，只有当内容与形式各自适当，且两者关系协调时，才能产生思想政治教育效果。产生了效果，也就彰显了实践的有效性。

思想政治教育实践进程中，存在效果不佳的境遇，在一定程度和一定范围内可以从内容、形式与效果的辩证关系中找到答案。空洞的形式或者形式主义，没有内容，不会产生任何效果，相反还会引起人们的反感。思想政治教育理论研究或实际工作中，存在着只关注形式优化、对内容问题有所忽视的现象，如在思想政治理论课教学中侧重对课堂形式的创新而忽视了内容的深度，还有在网络思想政治教育中也集中讨论形式的网络化而忽视对内容的选择。所以，需要同时探究思想政治教育内容适当、形式适当，及两者关系协调，才会使思想政治教育实践产生效果，凸显有效性。内容适当、形式适当，以及两者相协调，需要适应社会发展和人的诉求作出相应的变化，不断发展内容、创新形式，并促进内容发展与形式创新相协调。因此，本书立足内容与形式这一基本范畴来把握思想政治教育实践，依循内容拓展和形式创新来形成、强化新时代思想政治教育的实践效应。这一实践效应实际上是关于思想政治教育方法论的新时代思考，即社会主要矛盾转化作为中国特色社会主义新时代的显著标志，新时代思想政治教育在这一视域下如何形成、强化其实践效应，是关乎其具体发展的实际效果问题。

### 二、思想政治教育有效性实践

内容与形式指向实践，新时代社会主要矛盾转化境遇下，思想政治教育的内容发展和形式创新，不是其系统发展的外在诉求，而是展示其实践效应的必然选择。推进经济社会平衡充分发展以满足人民群众美好生活需要的过程中，思想政治教育内容发展与形式创新，为其实践效应的生成和强化提供了更为广阔的开发空间和有利条件。"实践效应的生成和强化"即实践的"有效性"。即，开展以习近平新时代中国特色社会主义思想为主导的思想教育、开展美好生活教育、开展中国特色社会主义文化教育，促进其形式的日益精细化、生活化、立体化，形成和强化了思想政治教育有效性实践。

开展以习近平新时代中国特色社会主义思想为指导的思想教育，推进主导性教育内容的与时俱进，保证其内容的政治性，能够激励广大人民群众不断在政治上、思想上、理论上、情感上自觉增进认同、内化和践行，保证思想政治教育实践在解决新时代社会主要矛盾过程中的政治性和方向性、提升自身实践效果的思想性和价值感。开展美好生活教育，赋予主题性教育内容时代特征，增强其内容的时效性，能够实现以美好生活需要观教育阐释"美好生活"的内涵，以新时代劳动教育激发人民群众创造美好生活，以协调利益关系教育调适制约人民群众享有美好生活的思想矛盾。开展中国特色社会主义文化教育，拓展社会化教育内容，完善其内容的系统性，提供了实现人民美好生活需要的文化熏陶路径，以文育人、以文化人，引导最广大人民群众满足美好生活需要的价值判断，发挥着社会主义核心价值观对经济社会平衡充分发展观念的引领作用。

思想政治教育形式的日益精细化，作为形式的前提性、整体性创新，凸显出微叙事思维和精准方法论的主导作用，能够发挥出提升育人目标达成效率和增强最广大受众获得感的效果。思想政治教育形式的日益生活化，是就其形式的具体运行过程而言的创新，通过融入生活方式、回归生活场景、导向生活实践的活动原则遵循、话语表达转换、活动方式选择，能够提升思想教育的亲和力与接受度，增强精神养成的实践参与、促进价值观的内化与行为转化。思想政治教育形式的立体化，是就形式的空间结构联合性、互动性而言的创新，推进传统形式与新兴形式的有机融合、顶层设计与基层创新统筹协调，能够推动育人的现代化，增强育人的覆盖面，增进育人的协同化，构建全链条育人生态。

以上内容发展与形式创新及两者的协同作用，形成、强化新时代思想政治教育有效性实践，是对以往实践状态的超越。有效性实践的核心是以受众为中心、以问题为导向、以实效为标准，如上内容发展与形式创新的有机统一，体现了新时代思想政治教育围绕人的美好生活满足和人生价值追求而展开，引领人们以健康文明、能动创造的思维方式和生活方式来调节和处理现实生活世界中的思想矛盾、价值困惑、实践难题，以建构广大人民群众的马克思主义信仰、社会主义核心价值观、崇德向善的道德实践。

### 三、新时代思想政治教育发展的实践性和实效性

思想政治教育的有效性实践，要求新时代思想政治教育发展过程中增强实践性和实效性。实践性是其发展的鲜明特征，即实践性呈现；实效性是其发展的根本指向，即实效性目标。

（一）发展的鲜明特征：思想政治教育的实践性呈现

实践相对于理论来说，是系统要素关系的具体展开，是实现目标的活动运行过程。思想政治教育实践，是其要素关系在时间上和空间上的具体展开，即，反映目标和任务的内容，通过原则、方法、载体等综合作用于教育者和教育对

象，以提升人们思想政治道德素质的系统运行过程。从这一运行过程来看，思想政治教育的内容与形式连接着并反映着各要素的作用关系，将各要素贯穿在实践活动中。所以对内容与形式的审视，就是对思想政治教育实践的考察。对新时代社会主要矛盾转化下内容发展与形式创新的探究，就形成了新时代思想政治教育实践的认识。思想政治教育是理论与实践的相统一，实践是理论的运用过程，它从根本上讲是一种实践活动。只有在实实在在的实践过程中，才能真正实现思想政治教育的目标和任务，体现其地位和功能。所以，实践性是其根本特征，新时代思想政治教育发展要呈现出鲜明的实践性。

马克思在《关于费尔巴哈的提纲》中指出："哲学家只是用不同的方式解释世界，而问题在于改变世界。"[①]思想政治教育实际上是马克思主义理论教育，也正是通过实践将主流意识形态转化为广大人民群众的现实力量，比如在对象化实践中将抽象价值观转化为受众的具体行动，在交往性实践中通过教育者与受教育者的互动、社会参与中建构价值共识，在反思性实践中通过"认识到实践再到新的认识"促进价值观修正。遵循"做中学"的教育规律，突破"灌输-接受"单向模式，强调通过社会体验、真实的生产实践养成正确的价值观念，也要求增强思想政治教育的实践性。同时，克服群众"知而不行"的矛盾，如广大人民群众已经能够准确表述社会主义核心价值观，但较多人却未在具体情境中践行；回应时代的挑战，如社交媒体解构权威、价值多元化削弱主流意识形态的主导，都强调思想政治教育注重内容与形式的协调增强其实践性。

新时代思想政治教育发展呈现出鲜明的实践性，实际上强调的是它不仅是理论教育，更是通过实践实现价值内化、行为外化的动态过程。这就要求主导性思想教育内容、时代主题教育内容、社会化教育内容通过形式的日益精细化、生活化、立体化形成时代实践，在具体实践中掌握理论知识、内化思想观念、外化积极行为。如将学校思想政治理论课程中的理论内容设置为结合生活实际的具体现实问题，使学生在解决现实问题中领悟马克思主义立场观点方法、理解习近平新时代中国特色社会主义思想；构建美好生活教育的社会实践体系，即先通过受众喜闻乐见的方式传播新时代美好生活观念，使人民群众在头脑中形成对美好生活的普遍认知，继而结合社会大众的生产生活实践有针对性地调整、内化各领域受众切实的美好生活观念，最后在群众创造自身美好生活的实践中激发群众的主体力量，使美好生活观念蔚然成风；依循受众的网络化行为

①　马克思恩格斯选集（第一卷）[M].北京：人民出版社,2012:140.

特点，开拓中国特色社会主义文化教育的数字实践新场域，也就是通过数字技术构建融合文化的新型实践场景，如博物馆"数字文物库"与 VR 展览、革命老区的"红色云展厅""AI 主播讲新时代"栏目等等，实现文化教育的沉浸化、个性化，增强受众涵养中华文明的主动性。

（二）发展的根本指向：思想政治教育的实效性目标

思想政治教育内容发展与形式创新的有机统一，形成思想政治教育实践体系、增强其实践性特征，都是为了强化其实践效应。"强化实践效应"即提升思想政治教育实效性，这是它创新发展的根本指向。任何理论和实践的创新发展都是随着所在境遇的变化而做出的积极变化，为的是保持理论的与时俱进性和实践的现实意义感。在社会主要矛盾转化这一影响全局变化的视域中探究思想政治教育创新发展，自然也是追求其实效性，避免其实践效应的滞后性、薄弱化。

实效性，就其实质而言，是体现特定价值关系中的价值属性问题。价值关系，是客体在满足主体需要的过程中所构成的主客体之间的关系。因而，思想政治教育的实效性，从宏观上来讲，就是将其作为价值客体，放置在整个社会运行系统这一价值主体中，去确立对后者的需要或满足程度。它促进社会发展便构成有意义的价值关系，便发挥出其实践效应。将以解决新时代社会主要矛盾为主题的思想政治教育实践放置在新时代中国特色社会主义社会系统运行过程中，两者形成了具有新时代特征的价值主客体关系。新时代思想政治教育内容发展，以习近平新时代中国特色社会主义思想为核心的思想理论教育，凝聚全国人民的思想共识，保证社会主要矛盾转化过程的政治性、思想性；开展美好生活教育团结广大人民群众创造美好生活，满足人们在社会各领域内的需要，体现思想政治教育作为解决人民内部矛盾的基本方式；发挥构建精神家园的功能，开展中国特色社会主义文化教育，以文育人、以文化人，引领社会发展观念和人的发展观念。新时代思想政治教育形式创新，以体现时代特征，针对教育对象的整体性和差异性，发展思想政治教育遵循贴近生活的活动原则，凸显精准方法论的主导地位，话语表达进行生活化转换，将传统形式与新兴形式相融合，注重顶层设计与基层创新的协调统筹，能够实现寓内容于人们生活实践中，激发人们自觉体验、感知、领悟主流价值观念，继而将其转化为人们的精神品质和生活质量。如此，内容发展与形式创新形成的新时代思想政治教育实践，以解决人们思想观念领域的矛盾来推动社会主要矛盾转化，体现了对新时代中国特色社会主义社会运行系统这一价值主体的需要和满足。这就是新时代思想政治教育实效性目标的达成。

新时代思想政治教育创新发展中为进一步强化其实践效应，应该在其系统性存在和协同性运行中，促进内容与形式的统筹协调。"零敲碎打调整不行，碎片化修补也不行，必须是全面的系统的改革和改进"[①]，这就是说"统筹协调"涉及内容与形式的联动和集成，既要契合主流意识形态的主导与灌输，又要着眼于满足广大人民群众的美好生活需求和期待，既要根据社会实践的发展变化及时更新、选择、开发内容与形式，也要紧密结合自身实践特征及时有效提升效果。具体要求，一是选择内容与形式有机统一的高质量载体以强化实践效应。以思想教育举例，学校思政理论课教学中的"翻转课堂"，党政机关理论学习中的"学习强国"等平台，农村或社区的文化长廊等"墙上课堂"、微信群等"指尖课堂"，企事业单位的"榜样直播间"等朋辈教育平台，等等都是注重通俗性、实用性、参与性，又不失思想性、政治性、方向性，以帮助受众理解并掌握习近平新时代中国特色社会主义思想。二是系统推进内容与形式有机融合的有效性活动以强化实践效应。以美好生活教育举例，强调理论研学、社会调研和沉浸式体验的"行走的思政课堂"，通过社区"议事厅"、农村邻里中心讨论解决群众实际难题、宣传共建共治共享理念，企事业单位的文化 IP 化活动，新媒体领域的话题讨论、学习打卡、云游览，等等，使受众在主动参与体验中内化美好生活观，积极创造美好生活。三是激发内容与形式共同深化价值观传递以强化实践效应。以文化教育举例，内容的设计和形式的选择必须传递给受众一种美好生活理想和先进性价值理念，以社会主义核心价值观为内核进行内容整合，以凸显中华优秀文化基因、结合受众生活世界创设文化育人形式、营造文化浸润环境。

---

① 习近平关于全面深化改革论述摘编 [M]. 北京：中央文献出版社，2014:27.

# 结　语

　　创新发展研究，是思想政治教育研究领域中的焦点问题，也是一个不断丰富、不断深入的研究过程。新时代社会主要矛盾转化背景下思想政治教育创新发展的研究，是一个时代课题，"社会主要矛盾转化"是研究视域，"思想政治教育"是研究论域，"创新发展"是研究的根本指向。不同于以往思想政治教育发展研究聚焦于要素发展研究、领域发展研究，本书以"新时代社会主要矛盾转化是思想政治教育创新发展的根本前提"为研究立足点，以"社会主要矛盾转化下思想政治教育创新发展的理论逻辑、历史逻辑、现实逻辑"为分析基础，以"新时代思想政治教育形态和新时代思想政治教育实践"为落脚点。思想政治教育形态是其存在状态和运行方式，实践是其活动过程和运行效果，前者是本体论、理论性、静态化的认识，后者是过程论、实践性、动态化的认识，两者是认识论和实践论的统一。所以，本书对新时代社会主要矛盾转化下思想政治教育创新发展的研究，就是对新时代思想政治教育形态和实践的分析与归纳。

　　结构与功能统一于形态，内容与形式表现为实践。依据结构与功能的辩证关系，剖析新时代主要矛盾转化对思想政治教育结构调整和功能发展的要求和原则，提出其社会结构的关系完善、系统结构的体系整合、要素结构的整体平衡，结构决定功能，结构调整推动功能拓展，思想政治教育基本功能的时代发展体现为价值引领功能、培育时代新人功能、人文关怀功能。结构优化与功能发展形成整体性形态，即整体性成为中国特色社会主义实践的重要战略思维、整体性发展成为我国发展的主导形态这一时代背景下思想政治教育的系统性存在状态和协同性运行方式。依据内容与形式的辩证关系，剖析新时代社会主要矛盾转化对思想政治教育内容发展与形式创新的要求和原则，提出以习近平新时代中国特色社会主义思想为核心的思想教育丰富主导性教育内容，开展美好生活教育增强主题性教育内容的时代感，开展中国特色社会主义文化教育拓展社会化教育内容，内容通过形式呈现出来，内容发展要求形式创新，思想政治教育形式呈现精细化、生活化和立体化。内容发展和形式创新，促进内容适当、形式适当、内容与形式协调，使思想政治教育实践在解决新时代社会主要矛盾过程中产生实现人民美好生活的效果，彰显新时代思想政治教育的实践性和实效性。

本书的研究视域"新时代社会主要矛盾转化"，是以中国特色社会主义进入新时代的"显著标志"来讨论思想政治教育创新发展的。社会主要矛盾规定着社会特定发展阶段的时代主题和发展任务、是推动社会发展的根本动力。所以，选择这一研究视域具有根本前提性。但"具有根本前提性"并不代表有"全面覆盖性"，"新时代"既是时间概念，又是空间概念，社会主要矛盾转化是其根本指标，不是其唯一特征。在讨论了新时代社会主要矛盾转化视域下思想政治教育创新发展的基础上，还需要从多个维度选取新时代的时代特征或时代境遇来考察，如国家治理体系和治理能力现代化推进过程中创新发展研究以形成思想政治教育治理效能等。

本书的研究论域"思想政治教育"，选取的是宏观思想政治教育，致力于发展的整体性研究。这在体现研究创新点的同时，也在相对立层面上显示出了研究中存在的不足。即，宏观思想政治教育的整体性发展研究，在抓住新时代社会主要矛盾转化作为思想政治教育创新发展的根本前提的基础上，对新时代领域思想政治教育、新时代思想政治教育场域等微观思想政治教育的创新发展缺乏针对性的认识。当然，一项研究在有限的时间和空间范围内不可能面面俱到，"存在的不足"也将是日后的研究重点。在把握新时代宏观思想政治教育创新发展的前提下，以此研究为理论基础和实践依据，指导日后对类似新时代基层、新兴行业、新时代大学生等中观、微观思想政治教育创新发展研究，也反过来以具体领域和对象的思想政治教育创新发展研究审视和完善本书的研究结论。

本书研究根本指向是"创新发展"，将新时代社会主要矛盾转化下思想政治教育的创新发展归纳为实现系统性和协调性、增强实践性和实效性。这是对宏观思想政治教育在中国特色社会主义新时代的存在状态和活动过程的研究，属于创新发展研究的宏观层面。虽然思想政治教育结构包含着主体、客体、介体、环体，思想政治教育功能反映其地位、目标、任务，但结构与功能的辩证分析更多地是谈这些要素间的关系；思想政治教育内容体现着其目标、任务，思想政治教育形式是原则、方法、载体等的总和，但内容与形式的辩证分析更多地是谈这些要素的作用过程。所以在探究思想政治教育系统创新发展的基础上，以此结构和功能的创新发展、内容和形式的创新发展为蓝本，深入开展新时代思想政治教育主体、客体、载体、方法等具体要素的细化发展研究。

# 参考文献

**一、经典著作及党的文献**

[1] 马克思恩格斯选集 ( 第 1-4 卷 )[M]. 北京 : 人民出版社 ,2012.

[2] 马克思恩格斯文集 ( 第 1 卷 )[M]. 北京 : 人民出版社 ,2009.

[3] 马克思恩格斯文集 ( 第 2 卷 )[M]. 北京 : 人民出版社 ,2009.

[4] 马克思恩格斯文集 ( 第 9 卷 )[M]. 北京 : 人民出版社 ,2009.

[5] 列宁选集 ( 第 1 卷 )[M]. 北京 : 人民出版社 ,2012.

[6] 毛泽东选集 ( 第 1-4 卷 )[M]. 北京 : 人民出版社 ,1991.

[7] 邓小平文选 ( 第 1-2 卷 )[M]. 北京 : 人民出版社 ,1994.

[8] 邓小平文选 ( 第 3 卷 )[M]. 北京 : 人民出版社 ,1993.

[9] 江泽民文选 ( 第 1-3 卷 )[M]. 北京 : 人民出版社 ,2006.

[10] 胡锦涛文选 ( 第 1-3 卷 )[M]. 北京 : 人民出版社 ,2016.

[11] 习近平谈治国理政 [M]. 北京 : 外文出版社 ,2014.

[12] 习近平谈治国理政 ( 第二卷 )[M]. 北京 : 外文出版社 ,2017.

[13] 习近平谈治国理政 ( 第三卷 )[M]. 北京 : 外文出版社 ,2020.

[14] 习近平谈治国理政 ( 第四卷 )[M]. 北京 : 外文出版社 ,2022.

[15] 中共中央文件选集 ( 一九四九年十月——一九六六年五月 )( 第 24 册 )[M]. 北京 : 人民出版社 ,2013.

[16] 中共中央文件选集 ( 一九四九年十月——一九六六年五月 )( 第 25 册 )[M]. 北京 : 人民出版社 ,2013.

[17] 三中全会以来重要文献选编 ( 下 )[M]. 北京 : 人民出版社 ,1982.

[18] 十二大以来重要文献选编 ( 上 )[M]. 北京 : 人民出版社 ,1986.

[19] 十三大以来重要文献选编 ( 上 )[M] 北京 : 中央文献出版社 ,2011.

[20] 十四大以来重要文献选编（上）[M]. 北京：人民出版社,1996.

[21] 十五大以来重要文献选编（上）[M]. 北京：人民出版社,2000.

[22] 十六大以来重要文献选编（上）[M]. 北京：中央文献出版社,2005.

[23] 十七大以来重要文献选编（上）[M]. 北京：中央文献出版社,2009.

[24] 十八大以来重要文献选编（上）[M]. 北京：中央文献出版社,2014.

[25] 决胜全面建成小康社会 夺取新时代中国特色社会主义伟大胜利——在中国共产党第十九次全国代表大会上的报告 [M]. 北京：人民出版社,2017.

[26] 高举中国特色社会主义伟大旗帜 为全面建设社会主义现代化国家而团结奋斗——在中国共产党第二十次全国代表大会上的报告 [M]. 北京：人民出版社,2022.

[27] 中国共产党历史:1921-1949 年（第一卷）（上、下册）[M]. 北京：中共党史出版社,2011.

[28] 中国共产党历史:1949-1978 年（第二卷）（上、下册）[M]. 北京：中共党史出版社,2011.

[29] 中共中央关于党的百年奋斗重大成就和历史经验的决议 [M]. 北京：人民出版社,2021.

**二、学术著作**

[1] 田志松,等. 紧紧抓住社会主义社会的主要矛盾 [M]. 昆明：云南人民出版社,1976.

[2] 高齐云,刘景泉. 社会主义社会矛盾概论 [M]. 广州：中山大学出版社,1985.

[3] 王伟光. 社会主义矛盾·动力与改革 [M]. 哈尔滨：黑龙江人民出版社,1988.

[4] 王伟光. 经济利益、政治秩序、社会稳定：社会主义社会矛盾的深层反思 [M]. 北京：中共中央党校出版社,1991.

[5] 中共中央党校哲学教研部编. 邓小平发展理论与当代中国社会矛盾 [M]. 北京：中共中央党校出版社,1999.

[6] 梁周敏,衡彩霞. 新时期人民内部矛盾问题研究 [M]. 北京：人民出版社,2001.

[7] 徐可纯. 矛盾与对策：中国共产党社会主义社会矛盾理论探微 [M]. 厦门：厦门大学出版社,2008.

[8] 陈占安 . 从基本矛盾理论到改革开放理论 : 新中国 60 年马克思主义中国化的理论发展轨迹 (1949-2009)[M]. 北京 : 中国社会出版社 ,2010.

[9] 冯海波 . 马克思主义社会矛盾理论与现阶段我国社会矛盾问题研究 [M]. 北京 : 中共中央党校出版社 ,2014.

[10] 赵科天 . 新世纪新阶段人民内部矛盾问题研究 [M]. 北京 : 中国社会科学出版社 ,2017.

[11] 朱力 , 等 . 现阶段我国社会矛盾演变趋势、特征及对策 [M]. 北京 : 中国科学出版社 ,2018.

[12] 石建勋 . 新时代我国社会发展的主要矛盾研究 [M]. 北京 : 人民出版社 ,2019.

[13] 卢伟 . 新时代我国社会主要矛盾研究 [M]. 北京 : 中共中央党校出版社 ,2021.

[14] 靳连芳 . 转型期人民内部矛盾与思想政治工作 [M]. 北京 : 党建读物出版社 ,2003.

[15] 王敏 . 社会主要矛盾转化对新时代思想政治工作的影响研究 [M]. 北京 : 光明日报出版社 ,2024.

[16] 光明日报理论部 . 论思想政治工作科学化 [M]. 太原 : 山西人民出版社 ,1981.

[17] 张蔚萍 . 新编思想政治教育概论 [M]. 北京 : 中共中央党校出版社 ,1989.

[18] 张耀灿 . 思想政治教育学前沿 [M]. 北京 : 人民出版社 ,2006.

[19] 张耀灿 , 郑永廷 , 吴潜涛等 . 现代思想政治教育学 [M]. 北京 : 人民出版社 ,2006.

[20] 郑永廷 , 等 . 思想政治教育学原理 [M]. 北京 : 高等教育出版社 ,2016.

[21] 平章起 , 梁禹祥 . 思想政治教育基本理论问题研究 [M]. 天津 : 南开大学出版社 ,2009.

[22] 孙其昂 . 思想政治教育现代转型研究 [M]. 北京 : 学习出版社 ,2015.

[23] 盛跃明 . 思想政治教育转型论 : 现代性的观点 [M]. 北京 : 人民出版社 ,2015.

[24] 李伟 . 思想政治教育的现代化转型及其构建 [M]. 北京 : 中国社会科学出版社 ,2018.

[25] 秦宣 . 分化与整合 : 社会转型期的思想政治教育研究 [M]. 北京 : 中国人民大学出版社 ,2017.

[26] 刘建军. 中国共产党思想政治教育的理论与实践 [M]. 北京：中国人民大学出版社,2008.

[27] 李德芳，李辽宁，杨素稳. 中国共产党思想政治教育史料选编 [M]. 武汉：武汉大学出版社,2009.

[28] 王树荫. 中国共产党思想政治教育史 [M]. 北京：中国人民大学出版社,2011.

[29] 李德芳，杨素稳. 中国共产党农村思想政治教育史 [M]. 北京：中国社会科学出版社,2007.

[30] 李俊伟. 思想政治工作现代化与科学化 [M]. 北京：红旗出版社,2007.

[31] 周中之，石书臣. 现代思想政治教育理论与实践探微 [M]. 北京：人民出版社,2009.

[32] 熊建生. 思想政治教育内容结构论 [M]. 北京：中国社会科学出版社,2003.

[33] 万美容. 思想政治教育方法发展研究 [M]. 北京：中国社会科学出版社,2007.

[34] 陈秉公. 21 世纪思想政治教育工作创新理论体系 [M]. 长春：吉林教育出版社,2000.

[35] 刘建军. 马克思主义基本原理与当代中国思想政治教育专题研究 [M]. 北京：中国人民大学出版社,2015.

[36] 廖志诚. 思想政治教育创新动力论 [M]. 北京：社会科学文献出版社,2012.

[37] 周从标. 全球化背景下思想政治教育创新研究 [M]. 北京：中国社会科学出版社,2005.

[38] 徐志远. 现代思想政治教育学范畴研究 [M]. 北京：人民出版社,2009.

[39] 杨威. 思想政治教育发生论 [M]. 北京：中国社会科学出版社,2009.

[40] 杨威. 思想政治教育的社会学研究 [M]. 北京：中国社会科学出版社,2014.

[41] 廖启云. 现代化视域下思想政治教育发展研究 [M]. 北京：中国社会科学出版社,2015.

[42] 冯刚. 探索思想政治教育发展的内生动力 [M]. 北京：人民出版社,2017.

[43] 杨业华. 思想政治教育创新的价值基础 [M]. 北京：中国社会科学出版社,2017.

[44] 闫艳.马克思交往理论视界中的思想政治教育创新探究 [M].天津：南开大学出版社,2015.

[45] 章忠民,魏华.新时代思想政治教育论要 [M].北京：人民出版社,2019.

[46] 佘双好.新时代思想政治教育创新发展研究 [M].北京：人民出版社,2023.

[47] 杨启国.创新发展论 [M].北京：人民出版社,2014.

[48] 王习胜.思想政治教育人文关怀的理论与方法研究 [M].北京：人民出版社,2018.

[49] 景中强.马克思精神生产理论研究 [M].北京：中国社会科学出版社,2004.

[50] 陈奇佳.马克思精神生产理论的当代诠释 [M].北京：人民出版社,2011.

## 三、学术论文

[1] 韩庆祥,黄相怀.中国特色社会主义新时代的哲学理解 [J].哲学研究,2017(12).

[2] 李君如.我们进入了中国特色社会主义新时代 [J].当代世界与社会主义,2017(06).

[3] 陶文昭.中国特色社会主义新时代的逻辑要点 [J].马克思主义研究,2019(09).

[4] 刘建军.试论中国特色社会主义新时代的历史起点 [J].思想理论教育,2017(12).

[5] 颜晓峰,赵坤.中国特色社会主义新时代的重大政治判断和战略考量 [J].马克思主义理论学科研究,2017(06).

[6] 田克勤.中国特色社会主义新时代内涵的多维思考 [J].马克思主义理论学科研究,2018(02).

[7] 李宏伟.中国特色社会主义新时代的本质特性 [J].江汉论坛,2019(01).

[8] 张泽强.论中国特色社会主义新时代的鲜明特征 [J].思想理论教育导刊,2021(02).

[9] 杨凤城,肖政军.论中国特色社会主义新时代的里程碑意义 [J].教学与研究,2023(04).

[10] 李君如.社会主要矛盾新变化和中国特色社会主义新时代 [J].学习论坛,2017,(11).

[11] 金民卿.全面准确地理解中国特色社会主义新时代我国社会主要矛盾的深刻变化 [J].国外理论动态,2017(11).

[12] 毛升.社会主要矛盾转化与中国特色社会主义新时代的发展逻辑 [J].治理研究,2019(03).

[13] 韩喜平,金光旭.准确把握新时代社会主要矛盾的科学内涵 [J].马克思主义理论学科研究,2018(02).

[14] 谢富胜.如何理解中国特色社会主义新时代社会主要矛盾的转化 [J].教学与研究,2018(09).

[15] 张秀峰,刘卓红.新时代社会主要矛盾转化科学命题的三大哲学逻辑 [J].广东社会科学,2019(01).

[16] 孙贺.新时代社会主要矛盾"转化"的属性透视 [J].红旗文稿,2018(10).

[17] 赵中源.新时代社会主要矛盾的本质属性与形态特征 [J].政治学研究,2018(02).

[18] 王美玲.新中国·新时期·新时代:社会主要矛盾的演进理路及逻辑 [J].东南学术,2019(03).

[19] 白显良,崔建西.中华人民共和国成立 70 年来我国社会主要矛盾变化的三重逻辑 [J].思想教育研究,2019(08).

[20] 李传兵.供需视域下我国新时代社会主要矛盾基本形态论析 [J].江汉论坛,2018(06).

[21] 李松龄.新时代社会主要矛盾的理论认识与制度安排 [J].湖南大学学报 (社会科学版),2019(01).

[22] 孙伊凡.新时代社会主要矛盾的经济学解析与解决思路 [J].云南社会科学,2018(05).

[23] 任保平,刘笑.中国特色社会主义新时代主要矛盾变化下的发展路径转型 [J].学术研究,2018(03).

[24] 张景荣.新中国 60 年中国化马克思主义矛盾理论发展回顾 [J].马克思主义研究,2009(09).

[25] 范和生,刘凯强.新时代社会主要矛盾变迁下的消费结构转型与升级 [J].理论学刊,2019(02).

[26] 陈国平,韩振峰.把握新时代人民群众美好生活需要的三个维度——基于新时代社会主要矛盾的分析 [J].人民论坛·学术前沿,2018(09).

[27] 夏一璞.论新时代社会主要矛盾的三重维度:真、善、美 [J].理论月

224

刊 ,2018(05).

[28] 方兴起 . 新时代社会主要矛盾与创新驱动发展战略 [J]. 华南师范大学学报 ( 社会科学版 ),2019(05).

[29] 张媛媛 , 张荣军 . 化解新时代社会主要矛盾的科学方法论与实践逻辑 [J]. 江西社会科学 ,2020(05).

[30] 谢加书 . 美好生活建设的中国道路 [J]. 马克思主义研究 ,2017(10).

[31] 沈湘平 , 刘志洪 . 正确理解和引导人民的美好生活需要 [J]. 马克思主义研究 ,2018(08).

[32] 欧阳康 , 熊翔宇 . 新时代美好生活的本质要义、建构逻辑与实践方案 [J]. 湖北社会科学 ,2019(05).

[33] 张彦 , 郗凤芹 . 论新时代美好生活的选择悖论及其超越 [J]. 思想理论教育 ,2018(06).

[34] 陈新夏 . 人的发展视域中的美好生活需要 [J]. 华中科技大学学报 ( 社会科学版 ),2018(04).

[35] 李铭 , 汤书昆 . 马克思生活哲学视域下的 "美好生活方式" [J]. 学术界 ,2018(11).

[36] 张三元 , 彭歆格 . 论美好生活的精神向度 [J]. 思想理论教育 ,2020(01).

[37] 陈学明 , 毛勒堂 . 美好生活的核心是劳动的幸福 [J]. 上海师范大学学报 ( 哲学社会科学版 ),2018(06).

[38] 王习胜 . 美好生活的文化需要 : 新时代文化建设的基本视点 [J]. 中国特色社会主义研究 ,2018(03).

[39] 刘吕红 . 人民美好生活创造的逻辑理路——基于需要满足和价值实现的研究 [J]. 马克思主义理论学科研究 ,2019(01).

[40] 章忠民 , 秦关 . 论在追求美好生活中构建当代中国人的精神世界 [J]. 学术论坛 ,2018(06).

[41] 李霞 . 美好生活的追求与人的个性发展 [J]. 山东社会科学 ,2019(08).

[42] 吴宏政 , 吴暇 . 新时代美好生活的 "劳动价值论" [J]. 湖湘论坛 ,2019(05).

[43] 朱雪微 . 新中国成立 70 年来中国 "美好生活" 的观念演进与实践探索 [J]. 教学与研究 ,2019(10).

[44] 佟德志 , 刘琳 . 美好生活需要与中国社会主要矛盾的变迁分析——基于 1990-2012 年世界价值观调查 (WVS) 数据的分析 [J]. 理论与改革 ,2019(02).

[45] 项久雨 . 新时代美好生活的样态变革及价值引领 [J]. 中国社会科

学 ,2019(11).

[46] 马纯红 . "美好生活"的内在属性及其实践方略论析 [J]. 思想理论教育导刊 ,2020(03).

[47] 王俊秀 , 刘晓柳 , 刘洋洋 . 人民美好生活需要的层次结构和实现途径 [J]. 江苏社会科学 ,2020(02).

[48] 周锦章 . 马克思的美好生活观及其当代价值 [J]. 思想理论教育导刊 ,2020(04).

[49] 项久雨 . 新发展理念与美好生活 [J]. 马克思主义研究 ,2021(10).

[50] 杨金华 , 耿文秀 . 论从"小康生活"到"美好生活"的逻辑演进 [J]. 思想理论教育导刊 ,2022(02).

[51] 田宇 , 杨威 . 新时代美好生活的探索历程、理论特质与价值定位 [J]. 道德与文明 ,2023(04).

[52] 高奇 , 邹晓宇 . 习近平美好生活观的三维透视 [J]. 理论学刊 ,2024(01).

[53] 宋芳明 , 余玉花 . 人民美好生活视域下思想政治教育发展的新任务 [J]. 思想理论教育 ,2018(02).

[54] 陈华洲 , 赵耀 . 美好生活视域下思想政治教育的现代转型 [J]. 思想教育研究 ,2018(11).

[55] 李敏 . 实现人民美好生活的思想政治教育路径探析 [J]. 思想理论教育 ,2019(02).

[56] 黄英燕 , 陈宗章 . "美好生活"的四个维度及其对思想政治教育的新要求 [J]. 河海大学学报 ( 哲学社会科学版 ),2019(04).

[57] 王永益 . 问题与思路：新时代社会主要矛盾变化下的思想政治教育 [J]. 湖湘论坛 ,2018(02).

[58] 吴宏政 , 辛欣 . "价值观先导"在解决社会主要矛盾中的基本功能 [J]. 马克思主义理论学科研究 ,2019(03).

[59] 方桐清 . 党的十九大报告蕴含的思想政治教育重要内容论析 [J]. 思想理论教育导刊 ,2018(11).

[60] 张林 . 思想政治教育助益美好生活建设的逻辑理路 [J]. 思想理论教育 ,2020(05).

[61] 刘卫琴 . 刍论新时代思想政治教育"变"中"不变"——基于社会主要矛盾转化视角 [J]. 理论导刊 ,2019(04).

[62] 张毅翔 , 刘钟基 . 新时代思想政治教育发展的实践逻辑及其建构 [J]. 学

校党建与思想教育 ,2018(05).

[63] 张毅翔 . 社会主要矛盾转化影响新时代思想政治教育的机理、根源与应对 [J]. 思想理论教育 ,2019(04).

[64] 骆郁廷 , 项敬尧 . 论新时代思想政治教育创新发展的基本遵循 [J]. 思想理论教育 ,2018(01).

[65] 佘双好 . 论新时代思想政治教育发展的新使命 [J]. 思想理论教育 ,2018(05).

[66] 王海亮 , 李庆华 . 推动新时代思想政治教育内涵式发展的三个逻辑点 [J]. 马克思主义与现实 ,2018(03).

[67] 李辉 . 论新时代语境下思想政治教育思维再定位 [J]. 探索 ,2019(04).

[68] 宇文利 . 新时代思想政治教育创新之魂 [J]. 思想理论教育 ,2019(01).

[69] 刘建军 , 邱安琪 . 论新时代思想政治教育的高质量发展 [J]. 思想理论教育 ,2021(04).

[70] 虞花荣 . 新时代思想政治教育的守正创新 [J]. 思想理论教育导刊 ,2023(09).

[71] 王学俭 , 赵文瑞 . 论新时代思想政治教育与中国式现代化 [J]. 思想理论教育 ,2023(04).

[72] 王学俭 , 顾超 . 新时代思想政治教育矛盾的新特点与解决思路 [J]. 思想理论教育 ,2019(02).

[73] 孙梦婵 . 论新时代思想政治教育主要矛盾 [J]. 思想政治教育研究 ,2019(01).

[74] 匡宁 , 王习胜 . 思想政治教育基本矛盾新论 [J]. 思想教育研究 ,2019(06).

[75] 匡宁 , 王习胜 . 思想政治教育基本矛盾与主要矛盾的差异和关联 [J]. 思想理论教育 ,2019(08).

[76] 方闻昊 . 新时代思想政治教育基本方法的新特点新要求 [J]. 马克思主义与现实 ,2021(03).

[77] 反向内省 : 新时代思想政治教育的方法创新 [J]. 思想教育研究 ,2023(08).

[78] 刘萍萍 , 冯霞 . 新时代思想政治教育的文化话语体系创新探究 [J]. 广西社会科学 ,2019(02).

[79] 孙晓琳 . 新时代思想政治教育话语发展的核心要义 [J]. 马克思主义理论学科研究 ,2024(01).

[80] 闵雪 , 石书臣 . 数智技术赋能新时代思想政治教育话语创新论析 [J]. 思

想教育研究 ,2024(07).

[81] 梅萍 . 新时代思想政治教育心理疏导的发展走向探析 [J]. 马克思主义研究 ,2019(07).

[82] 毕红梅 , 欧玲 . 新时代思想政治教育主客体面临的新表征、新质疑及其发展路向 [J]. 思想理论教育 ,2019(10).

[83] 陈慧军 , 平章起 . 论新时代精准思想政治教育的逻辑向度 [J]. 学术论坛 ,2019(05).

[84] 万美容 , 吴倩 . 新时代思想政治教育内容有效供给论析 [J]. 马克思主义理论学科研究 ,2020(01).

[85] 熊建生 , 郭榆 . 新时代思想政治教育内容建设的新要求 [J]. 思想理论教育 ,2022(03).

[86] 王少 . 机遇与挑战 :AIGC 赋能新时代思想政治教育 [J]. 教学与研究 ,2023(05).

[87] 张景泊 . 在拓展实践育人空间中打造新时代思想政治教育新阵地 [J]. 思想教育研究 ,2024(10).

[88] 王永友 , 粟国康 . 思想政治教育功能的生成逻辑 [J]. 思想理论教育 ,2018(03).

[89] 侯勇 . 论思想政治教育系统思维转型 [J]. 思想教育研究 ,2012(03).

[90] 王学俭 , 顾超 . 思想政治教育整体性协同创新 [J]. 湖北社会科学 ,2016(12).

[91] 叶方兴 . 论思想政治教育形态 [J]. 学术论坛 ,2019(04).

[92] 杨威 , 陈毅 . 思想政治教育形态问题初探 [J]. 思想理论教育 ,2020(01).

[93] 王哲 . 思想政治教育形态研究述评 [J]. 湖北社会科学 ,2020(02).

[94] 邓纯东 . 新时代思想政治教育社会化的理论与实践审视 [J]. 思想理论教育 ,2022(08).

[95] 张毅翔 . 新时代思想政治教育实践形态的辩证发展 [J]. 马克思主义理论学科研究 ,2021(01).

[96] 杨晓帆 , 王习胜 . 思想政治教育实践逻辑的概念提出和意涵阐释 [J]. 思想教育研究 ,2019(01).

[97] 胡洪彬 . 系统思维与新时代思想政治教育资源的整合优化 [J]. 思想理论教育 ,2021(12).

[98] 刘兴平 , 马思琪 . 新时代思想政治教育空间塑造的实践路向 [J]. 江苏高

教 ,2024(05).

[99] 程仕波 , 熊建生 . 论思想政治教育获得感 [J]. 思想教育研究 ,2017(07).

[100] 赵本燕 , 王建新 . 新时代思想政治教育面向个体需要的多维审思 [J]. 河海大学学报（哲学社会科学版）,2024(02).

[101] 王俊秀 . 新社会阶层与社会凝聚力 : 社会心态的视角 [J]. 西北师大学报 ( 社会科学版 ),2018(05).

[102] 杨军 . 当前多元社会心态与价值引导 [J]. 人民论坛 ,2020(Z2).

[103] 侯静 . 社会转型中社会心态的理论内涵、逻辑建构及变迁 [J]. 北京社会科学 ,2022(04).

[104] 王俊秀 , 张衍 . 共同富裕的社会心态基础 [J]. 中共中央党校 ( 国家行政学院 ) 学报 ,2023(04).

[105] 韩东云 . 深化与发展 : 社会主义核心价值观的历史演进与新时代内涵 [J]. 河南社会科学 ,2019(02).

[106] 李忠军 . 社会主义核心价值观与人民精神生活共同富裕 [J]. 社会主义核心价值观研究 ,2022(06).

[107] 柏路 , 乔庄 . 社会主义核心价值观融入社会发展 : 推进中国式现代化的实践自觉 [J]. 思想理论教育 ,2023(10).

[108] 张世豪 , 罗建文 . 论劳动教育与新时代人的全面发展 [J]. 思想理论教育导刊 ,2019(11).

[109] 吴家庆 , 蔡艳 . 美好生活视域下劳动教育的新意蕴 [J]. 湖湘论坛 ,2021(02).

[110] 曹金龙 . 中国共产党思想政治教育意识形态功能的历史考察 [J]. 思想教育研究 ,2017(02).


## 四、学位论文

[1] 祁靖 . 新时代思想政治教育文化价值研究 [D]. 山东师范大学博士学位论文 ,2023.

[2] 孙文倩 . 新时代思想政治教育社会整合作用研究 [D]. 东北师范大学博士学位论文 ,2022.

[3] 高微 . 习近平关于思想政治教育的重要论述研究 [D]. 陕西师范大学博士学位论文 ,2020.

[4] 孙晓琳 . 新时代思想政治教育话语发展研究 [D]. 东北师范大学博士学位

论文,2019.

[5] 刘震.新时代我国农民思想政治教育研究 [D].山东大学博士学位论文,2018.

[6] 任丽涛.国家治理现代化视域下的思想政治教育发展研究 [D].东北师范大学博士学位论文,2016.

[7] 陈燕.思想政治教育社会治理功能研究 [D].苏州大学博士学位论文,2017.

[8] 赵浚.思想政治教育的终极关怀研究 [D].东北师范大学博士学位论文,2017.

[9] 郗波.思想政治教育现代转型的基本逻辑 [D].陕西师范大学博士学位论文,2016.

[10] 包红梅.思想政治教育的社会治理功能研究 [D].郑州大学博士学位论文,2016.

[11] 李晓莉.思想政治教育协同创新研究 [D].兰州大学博士学位论文,2016.

[12] 陈炳.现代性与思想政治教育发展研究 [D].苏州大学博士学位论文,2014.

[13] 武素云.新中国成立以来我国社会主要矛盾演进认知研究 [D].扬州大学博士学位论文,2021.

[14] 刘鑫.新时代中国社会主要矛盾及其解决路径研究 [D].山东大学博士学位论文,2023.

[15] 李响.新时代美好生活观的培育与践行研究 [D].吉林大学博士学位论文,2024.

[16] 吴晓庆.习近平新时代价值观教育重要论述研究 [D].东北师范大学博士学位论文,2022.